主编　朱大旗

中国人民大學法学院
RENMIN UNIVERSITY OF CHINA LAW SCHOOL

明德经济法学文库　15

论共有私产及其法律治理

付大学/著

2019年度教育部人文社会科学研究规划基金项目
『共享经济下混合财产权研究』（19YJA820010）阶段性成果

法律出版社
LAW PRESS·CHINA

总　序

当代中国经济体制改革和社会主义市场经济建设催生了经济法学这一新的法律门类和法学学科。1983 年中国人民大学经济法教研室成立,成为全国早期的经济法学科点之一;1984 年起招收民法学专业经济法学方向的硕士研究生;1987 年起招收经济法学专业硕士研究生;1994 年成为全国首批经济法学博士点。

30 多年来,人大经济法学人以"求经世之道,思济民之法"的精神,致力于经济法学人才的培养和教育,注重学术修养和调查研究,以解决中国社会现实生活中的经济法治问题为方向,理论联系实际,跟踪、把握国际、国内相近学科的最新发展动态,不断开拓创新,自成一脉,在全国经济法学界具有学科前沿地位,为中国经济法学的理论建构和中国社会主义经济法治事业做出了自己应有的贡献。

人大经济法学科自 1994 年培养新中国第一位经济法学博士以来,迄今已累计培养了 200 多位经济法学博士。这些博士肩负着人大经济法学科各位老师的谆谆教诲和殷切期望,就职于国家立法、司法、行政机关、国内著名大学、科研机构和其他经济、金融等实务部门,埋头苦干,求真务实,屡创佳绩,成为相关行业领域的领军人物和中坚力量。无疑地,他们在人大经济法学科所受的科学的、前瞻的经济法理论教育、规范的专业培训和严格的学术熏陶，给予了他们茁壮成长的丰富养料和厚实基础，奠定了他们人生事业的良好起点。

据我观察而言，博士阶段的学习无疑是人的一生中最为宝贵的黄金时期。在这弹指即逝的几年里，青年博士的心灵由稚嫩到成熟，眼界由褊狭趋全面，思维由直线而多维，知识由零散臻体系，正是勃发朝阳而成其大光的关键时刻。但毋庸讳言，这一时期也是青年博士生活压力最重、学术困境最多、外界诱惑最大，因而也是最需要关爱、最需要帮助、最需要提携的时期。在市场经济蝇营逐利、浮躁盲动的大环境下，如何引导广大青年博士理性务实、潜心学术、夯实基础、厚积薄发，奠定未来宏大人生事业的坚实基础，实为我们教书育人、为人师表者不能不关注和解决的重大问题。为此，中国人民大学经济法学研究中心的全体老师在各方面条件都非常薄弱的情况下，决定想方设法争取各界支持，创造条件为人大经济法学专业的博士生纾难解困，提供脱颖而出的便利环境。在取得法律出版社的支持下，广泛筹措资金，遴选、资助每年优秀经济法学博士学位论文及青年教师的优秀著作出版。这一方面可以使优秀的博士学位论文精品得以付梓，使莘莘学子多年呕心沥血的研究成果不至于埋没；另一方面又可以对广大的在读经济法学博士研究生以激励，使他们可以比较安心地埋头学术研究，创造出更多的经济法学学术精品，同时还可以奉献给中国经济法学学科和中国经济法治事业以智识，这是一项非常值得投资的多赢的事业。我们有理由也有信心把这一工作持久不懈地开展下去。

在此，我作为中国人民大学经济法学的一名老教师，作为中国经济法学教学科研事业的初创者、参与者，谨对广大在校的、未来的人大经济法学博士研究生提出以下期盼：

希望你们好好珍惜博士阶段的学习机会和美好时光，多读书，多思考，多讨论，多写文章，夯实理论基础，提升实践能力，争取写出优秀博士论文，不断充实明德经济法学文库，把人民大学的经济法理论体系传承永续。

长江后浪推前浪，一代风流冀尔侪。诚望后生小子撷万方之优长，成一家之精微，将人大经济法学的优良传统发扬光大，为推进中国的经济法学事业暨经济法治建设，添砖加瓦，贡献无垠。

是为序。

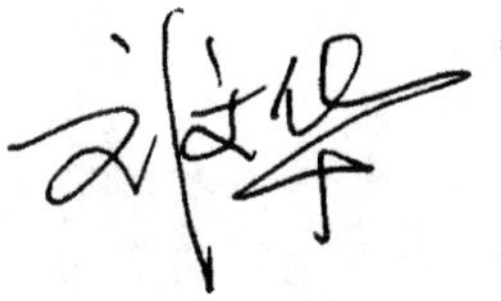 *

2012 年 8 月 4 日
于中国人民大学明德楼

---

* 中国人民大学法学院教授、博士研究生导师。

序

财产无疑是经济法律关系的重要客体之一。经济法学者往往只重视对国有资产的研究,而忽视对经济法学领域其他特殊财产的研究。以住房专项维修资金、住房公积金和企业年金等为典型代表的共有私产,就是经济法学界应该研究的一类重要财产。共有私产是私有和共有的混合财产,既不是公有财产也不是私有财产,而是私有财产社会化的产物。建立在物权法之上的私有财产理论与坚持公私二分的法律思想,无法揭示共有私产的本质,突出私有财产与个人权利的私法学者难以打破物权法固有理论的禁锢,在此类财产研究中裹足不前。对共有私产的研究成为经济法学者义不容辞的责任,付大学作为我的博士学位关门弟子,我积极推荐和支持他对此问题进行研究,以填补共有私产财产理论的空白。

由于经济法学理论思维的优势,共有私产理应成为经济法学者重点耕耘的领域之一。其一,经济法学具有公私混合观思维。我国物权法毫无疑问主要移植于大陆法系的法律制度。大陆法系公法与私法之分的二元论,有其合理的客观基础和法制价值,但传统的大陆法系理论却把这种区分绝对化、固定化,将两者的关系视作根本对立的进退消长关系,不承认两者之间相互一致、相互交错的同向并行关系;不承认两者之间有相互渗透、相互转化的反向相成关系;不承认两者之间有非公非私、有公有私、亦公亦私的中间地带。共有私产就是非公非私的中间地带,需要公私混合观思维。而经济法学就是公私混合、纵横统一的法,契合于共与私混合财产的研究。其二,经济法学者更擅长于中观和宏观思维。私法学虽也使用宏观思维,但更倾向于微观思维,对具体制度做精致化设计;而经济法学虽也进行微观思维,但更倾向于中观和宏观思维,对共有私产这种中观财产研究具有思维优势。其三,经济法学不走极端,体现中庸之道,是共有私产研究的思维基础。经济法学不会过分强调"公"或者"私",会平衡协调"公""私""共"之间关系。然而,私法却不同,"私法的观察方式却看不到第三人,亦即各种经济关系中最大的利益人:公众"(拉德布鲁赫言),这恰恰是经济法学所能避免的。

自从制度经济学家阿尔钦提出"共有私产"概念后,没有学者对此财产进行系统研究。本书从共有私产的本质和治理两个方面对其进行了开创性研究。在共有私产本质方面,本书深入探究了共有私产的历史演进、思想基础、形成机理、权利构造与保护规则。历史演进中,共有私产是公与私、共与私结合的产物;思想基础上,共有私产是自由所有权思想受限的结果;形成机理下,共有私产是三种典型混合财产的一种,是共与私的混合;权利构造和保护规则中,共有私产具有不同于私有财产和公有财产的构造模式与救济规则。在共有私产治理方面,本书从理论到实践进行了系统分析。治理问题上,共有私产出现了公地悲剧和反公地悲剧;治理定理中,共有私产应用了科斯定理、霍布斯定理和奥斯特罗姆定理;治理路径上,共有私产离不开政府、市场和社群;治理实践上,以住房专项维修资金为例,共有私产实行政府主导的一体化与投资管理的信托化,并提出了相关立法建议稿。本书的研究既有理论深度,又紧贴中国国情与实践,具有重要的理论创新意义和实践应用价值。

付大学作为我精心培养的最后一位博士研究生,具有较深厚的理论功底,但成为第一位研究共有私产的人还需要勇气和智慧。在博士学位论文撰写期间,他心无旁骛、潜心研究,一次次遇到挑战、一次次与我交流,付出巨大努力得以完成论文撰写工作。令人欣慰的是,他的博士学位论文受到答辩与外审专家的一致好评,也在此基础上最终凝结为一本著作。中青年学者的每次创新与跨越都需要鼓励与呵护,共有私产的开创性研究只是一个开端,肯定还存在诸多问题有待深入分析。我希望付大学对此类财产进一步深挖与拓展,取得更多成果,也希望其他经济法学者对此类财产多加关注与研究,让经济法学科这个新型躯体长满更多贴近中国现实与国情的血肉。

得知本书纳入人民大学“明德经济法学文库”，并将在法律出版社出版，作为导师甚是为他高兴。在本书即将付梓之际，是为序！

于中国人民大学宜园

2019 年 3 月 28 日

Contents

目录

导　论

一、选题背景和研究价值

（一）选题背景

随着人们社会化生活的扩大，基于多种因素一些不同财产组合形式不断出现。共有私产就是一种不同的共有财产组合方式，如住宅专项维修资金（以下简称维修资金）、住房公积金、企业年金等。此类财产数额巨大（如维修资金 2015 年全国总额超过 1 万亿元；住房公积金 2015 年全国总额超过了 8.9 万亿元），其管理和使用直接涉及权利人的利益。由于我国《物权法》仅有按份共有、共同共有和建筑物区分所有中的共有关系三种类型，依据严格限制的共有制度很难对此类财产进行有效治理。下文以维修资金和住房公积金为例简要分析二者管理运作中存在的主要问题。

1. 维修资金管理运作中存在的问题

首先，维修资金提取难、使用难。维修资金是为了住宅共用部位、共用设施的维修和确保其正常使用所提前储备的资金，在对小区共用部位等维修时理应随时提取、随时使用。然而，现行法律制度却造成维修资金提取程序极其烦琐，合法合规提取却面临重重障碍。[①] 根据我国《物权法》第 76 条规定,维修资金的筹集和使用要经过绝对多数业主(2/3 以上)的同意,而且专有部分占建筑物总面积和人数同时达到绝对多数(2/3 以上),即实行“绝对多数决”原则。《住宅专项维修资金管理办法》(以下简称建设部 165 号令)和各个地方规定进一步细化了我国《物权法》的规定,将“绝对多数决”简化为共用部位所涉及业主的“绝对多数决”,但在提取时依然困难重重。例如,某幢楼屋顶漏水的业主欲动用维修资金维修楼顶,即使是要求该幢楼(而不是整个小区)全体业主 2/3 以上同意就非常之难,因为非顶楼的业主一般不会同意。因此,维修资金的使用率非常之低,成为“沉睡”的巨额资金。以深圳为例(见图 1),资金归集总计达人民币 116.65 亿元,资金划拨总计才 2.766 亿元,占比约 2.4%,近 5 年划拨总计 2.622 亿元,占比约 2.2%。有些地方的维修资金使用率则更低,甚至不足 1%。

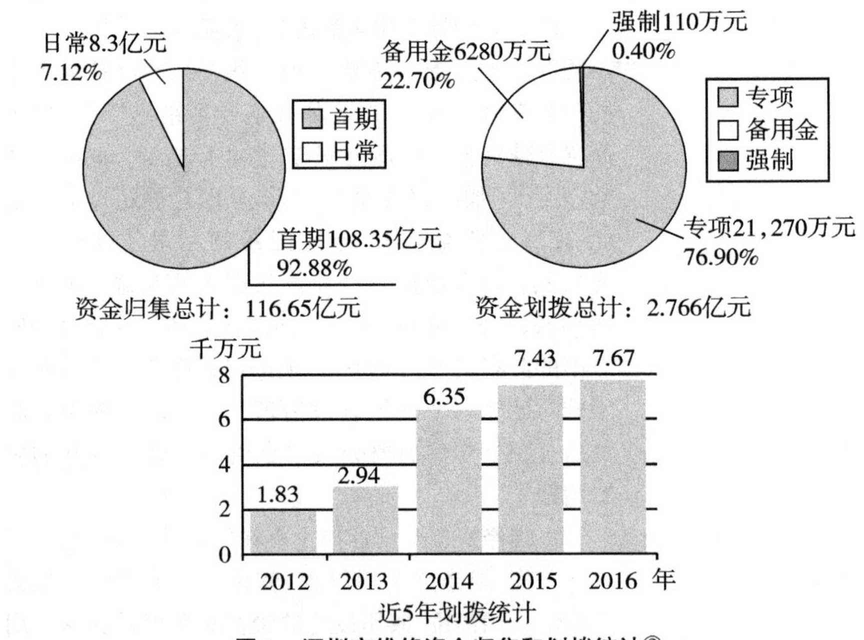

图 1 深圳市维修资金归集和划拨统计[②]

---

① 如张女士因楼顶漏水需要动用维修资金,却遇到麻烦而只能自己埋单。参见高芳芳:《小区顶楼漏水,维修谁来埋单?》,载河源网:http://www.heyuan.cn/xw/20141113/106022.htm,最后访问日期:2015 年 12 月 20 日。

② 深圳市物业专项维修资金管理中心:http://www.szjs.gov.cn/csml/szwxzj,最后访问日期:2016 年 11 月 6 日。

其次,维修资金监管难。为了避免维修资金被违规使用、挪用等现象发生,政府对其进行监管,但监管过程中也暴露出诸多乱象。乱象之一,维修资金被挪用问题。房地产商有关维修资金的违法行为时有发生,如应缴未缴、挪用等情形,[①]另外负责监管的国家工作人员挪用维修资金也禁而未绝。[②] 乱象之二,维修资金收益被侵占问题。尽管建设部165号令已明确规定维修资金收益归业主所有,但实际中维修资金收益仍存在被非法侵占现象。如南京某小区的业主发现一部分维修资金被主管部门(某区住建局)私自从活期转存为定期,并盈利293.5万元。[③] 乱象之三,伪造业主签名,非法使用维修资金问题。物业公司和业主委员会相互勾结伪造业主签名,非法使用、侵占维修资金的现象也屡见不鲜。

最后,维修资金增值难。一方面,维修资金作为小区业主的共用资源,每位业主并不关心其增值问题。在没有投资激励制度下,业主委员会委员也缺少投资的动力。另一方面,尽管建设部165号令第26条规定维修资金可以用来购买国债,但大多数维修资金仍以定期存款形式(甚至很多是活期存款)存在银行专用账户中。因为,即使是购买收益稳定的国债,无论是否成立业主大会,都需全体业主的"绝对多数决"通过。业主委员会为了避免烦琐程序,多倾向于由监管机构将维修资金存在指定银行。可见,除存款和购买国债外无其他投资渠道,维修资金存在增值难问题。

2. 住房公积金管理运作中存在的问题

首先,住房公积金使用效率低,巨额资金成为沉淀资金。根据住房和城乡建设部等3部委公布的公积金2015年年度报告,截至2015年12月缴存总额89,490.36亿元,而缴存余额40,674.72亿元(占比45.45%),住房公积金的利用率仅为54.55%。4万多亿元巨额资金利用率低,成为沉淀资金,无不与

---

① 如2014年年初福州市某小区业主发现,11年前他们缴纳给开发商的总计150万余元住宅专项维修资金根本就没有存入福州市房管局专用账户。参见李洁:《上万亿的住宅专项维修资金,为何想用用不了?》,载《都市快报》2014年5月25日,A19版。

② 如2009年北京市住房资金管理中心矿务局分中心原主任范子林,挪用400万元公共维修基金炒股。参见刘晓莉、马姝瑞:《住维资金:"漏洞""黑洞"如何解?》,载新华网:http://news.xinhuanet.com/fortune/2014-05/24/c_1110840953.htm,最后访问日期:2015年12月7日。

③ 查道坤、杨羚强:《代管机构"借鸡生蛋"290万维修基金定存收益归属成疑》,载凤凰网:http://finance.ifeng.com/a/20140912/13100889_0.shtml,最后访问日期:2015年12月7日。

权利人提取使用程序烦琐、贷款额度较小、适用范围较窄等因素相关。为此，3部委在2015年9月发出提升公积金使用效率的专项通知，[①]但在许多地方其使用率仍然不高，显然是稀缺资源的浪费。

其次，住房公积金投资受限，权利人收益率低。除发放个人住房贷款外，唯一投资渠道就是购买国债(2015年年末购买国债数额仅为42.77亿元)，其增值主要用于建立风险准备金、管理费用和公共租赁住房建设补充资金。2015年增值收益1075.02亿元，即使按缴存余额40,674.72亿元计息，年收益率也只有2.6%。可见，住房公积金收益率非常之低。在增值分配中，权利人实际收益很少，甚至可以忽略。如2015年增值收益1075.02亿元的分配中，风险准备金为339.20亿元，管理费用为107.24亿元，公共租赁住房建设补充资金为618.08亿元，待分配增值收益为10.50亿元。[②] 因此，有学者认为，住房公积金投资受限损害了权利人的资金收益权。[③]

再次，用住房公积金增值收益投资公共租赁住房，有侵害权利人的嫌疑。法律规定住房公积金属于职工个人所有，[④]然而其增值收益主要用来建设公共租赁住房(2015年占收益总额的57%)。一方面，法律规定属于私人所有；另一方面，又强制用私有财产收益来提供社会公共福利，从法律角度显然剥夺了权利人的收益权利。因为公共租赁住房的承租者并未限定在住房公积金缴纳者范围之内，更多的是未缴纳的低收入者。因此，有学者认为政府这种做法有侵害权利人的嫌疑。

最后，住房公积金管理体制存在缺陷。住房委员会作为住房公积金的决策机构，主要由政府工作人员和专家组成，没有独立财产、不能独立承担责任，决策执行力不强，法律责任虚化。住房公积金管理中心作为日常管理机构，是政府成立的事业单位，并不具有资产管理和投资的专业能力，突出问题表现在

---

① 参见住房和城乡建设部、财政部、中国人民银行2015年9月29日发布的《关于切实提高住房公积金使用效率的通知》。

② 参见住房和城乡建设部、财政部、中国人民银行2016年6月联合发布的《全国住房公积金2015年年度报告》。

③ 陈杰：《中国住房公积金的制度困境与改革出路分析》，载《公共行政评论》2010年第3期。

④ 参见《住房公积金管理条例》第3条规定，职工个人缴存的住房公积金和职工所在单位为职工缴存的住房公积金，属于职工个人所有。

管理效率低但管理成本不低(2015 年管理费用占增值收益总额的 9.97%)。

3. 小结

维修资金和住房公积金等共有私产管理使用存在的问题,应反思治理这些财产的现有法律制度。诸多问题与我国物权法律制度缺陷不无关联。我国《物权法》现有两种共有制度较适合调整少数人共有的财产(主要是特定物),调整多数人共有的共有私产(本书主要指作为种类物的货币)难免问题重重。

就维修资金而言,虽然该资金被纳入了以按份共有为其理论基础的建筑物区分所有权之中调整,但我国《物权法》建筑物区分所有权制度只适合调整社区的实物性财产,用来调整非实物性的维修资金难免缺乏契合性。即使调整社区实物性财产也存在诸多问题,如很多新小区公共部位过了 5 年之后呈现破败不堪景象,用来调整非实物性财产就更力有不逮。换言之,我国维修资金治理中的种种问题,就是因为将其纳入以按份共有理论为基础的区分所有制度调整所致。

就住房公积金而言,政府已经发现该类财产不能适用《物权法》中两种法定共有制度,需要另辟蹊径。然而,政府又落入了"管理"的传统路径,缺乏"治理"的创新思想,于是该资金强制纳入政府成立的事业单位集中管理,从而产生利用和增值低效、权利人权利被侵害等诸多弊端。

(二)研究价值

1. 理论价值

其一,拓展与深化对共有财产的理论研究。共有私产在我国一直被看作按份共有财产(如企业年金、住房公积金等)或者建筑物区分所有财产(如维修资金),实践中难以突破法律治理的困局。本书将共有私产作为一种不同类型的共有形式,突破现有两种法定共有制度的局限,以全新的视角重新构建此类财产制度,对丰富我国财产权理论具有重要价值。本书以法学、法经济学和法哲学等多学科方法探究共有私产的思想基础、构成原理、权义结构、保护规则等基本法理问题,拓展对共有财产的理论研究范围。

其二,丰富财产理论观点,有利于更多学者对混合财产的关注。本书分析传统财产三分法(私有财产、共有财产和公有财产)存在的理论缺陷,并提出共有私产属于一种共—私混合财产的观点。我国财产法理论学者很少对公—共混合、公—私混合和共—私混合财产进行研究,通过对一种混合财产——共有私产的研究,有利于学者们对混合财产理论的关注。而且,本书从混合财产理论视角对共有私产进行分析,也丰富了共有财产研究的理论观点。

其三,提升共有私产治理研究的理论深度。目前,更多学者多从具体操作的制度层面分析维修资金等共有私产管理中存在的问题,很少有学者从共有私产理论高度来研究,也未能很好地抽象出其背后的理论原因,难以从源头解决问题。本书将共有私产作为财产权中共有财产的一种(而不是纳入我国《物权法》中现有两种法定共有框架内),从财产权基础关系角度分析共有私产产生公地悲剧和反公地悲剧的原因,提升其研究的理论深度。

2. 实践价值

其一,增强法律对共有私产调整的涵摄能力。共有私产在我国极为常见,很多是巨额财产。我国法律制度在共有制度固化与所有权泛化的影响下,现有制度对共有私产调整时凸显力有不逮。本书的研究将提出一些不同的法律制度设计,增强法律对共有私产调整的针对性和涵摄能力。

其二,提高共有私产的使用效率,增加人民福祉。共有私产与其他完全对外开放的公地资源一样存在过度使用或者使用不足问题,使用效率难以处于最佳状态。以维修资金为例,上万亿元的资金利用率严重不足,无疑是稀有资源的浪费。本书研究的最终目的是对共有私产治理提出有针对性的制度建议,提高该财产的利用效率和管理效率。

其三,提升共有私产的投资效益。由于现有制度设置的不合理,很多共有私产的保值增值一直是非常不理想的。本书主要以维修资金为例,以一体化和信托理论为基础对共有私产的使用管理与投资管理进行研究,有利于提升共有私产的投资收益,确保共有私产的保值增值。

二、概念界定与研究范围

(一)概念界定

1. 共有私产的概念及特征

制度经济学家阿尔钦(Alchian)和财产法学家齐夫(Ziff)在不同时期分别提出“共有私产”的概念,其英文为“common-private property”(或“shared private property”)。阿尔钦在《产权:一个经典注释》一文提出共有私产问题,他认为,为了提升私有财产相关价值,常采用“共有”形式,人们很少研究共有私产这种财产形式,它不允许权利人匿名让渡,共有私产权利人未经其他权利人同意是不能转让其权益的，这些例子有互助会的、社会的以及国家俱乐部等。[①] 齐夫认为，共有私产是共有和私有的交叉领域。[②] 显然，两位学者只是呈现出这样一种财产类型和状态，对共有私产概念没有一个清晰的界定。

共有私产是指由许多个体组成的一个特定群体，为了处理群体内共同面临的问题或者为了发展共同的事业，每个成员分别让渡一部分私人财产或用人单位的福利（主要是货币）而形成的特定成员间共用的一种财产，属于共—私混合财产的一种。本书将共有私产分为广义的共有私产和狭义的共有私产，广义共有私产之客体既包括货币也包括实物等，而狭义共有私产之客体仅指货币，本书所研究的是狭义的共有私产。本书中共有私产的权利内容是物权性价值请求权，是一种带有某些债权成分的物权。从狭义角度，为了便于交接和使用，特定群体中每个成员初始让渡的财产形式为货币，因此共有私产初始状态常是一种种类物——货币，如维修资金、住房公积金、企业年金等。共有私产后续的存续状态可能会从货币转换为实物，即由种类物转换为特定物，由狭义的共有私产转变为广义的共有私产。本书对广义的共有私产不做研究，仅研究以货币形式存在的狭义共有私产（在论述中无特别注明时都是指狭义的共有私产）。

（1）从权利内容角度讲，共有私产财产权利是一种物权性价值请求权

由于共有私产客体是种类物——货币，其基本属性就是具有高度替代性和消费性。物权法虽然将货币视为动产，但它与普通动产却完全不同，它的所有权和占有权一般不能分离，其所有权流转规则是“占有即所有”原则。我国台湾地区郑玉波教授认为货币“占有即所有”原则的理由有三个：其一，货币本质所决定。流通性是货币的本质，若强调其个性就无法实现其流通性。若在货币持有者之外，另有法律上所有人，实属难以想象。其二，货币价值所决定。货币的购买力不是基于货币本身的材料价值，而是基于其代表的交换价值，背后源于国家的强制力与信用。无论货币占有的原因是正当还是不正当，货币的现实占有人都被认为是货币的所有者。其三，货币作为交易媒介所决

① ［美］阿尔钦：《产权：一个经典的注释》，载［美］科斯、阿尔钦、诺斯等主编：《财产权利与制度变迁——产权学派与新制度学派译文集》，刘守英等译，三联书店上海分店、上海人民出版社1994年版，第176页。

② Bruce Ziff, *Principles of Property Law* (*Fifth Edition*), Toronto, Carswell (A Division Thomson Reuters Canada Limited) ,2010, p. 9.

定。作为交易媒介,货币占有权与货币所有权必须相统一,否则任何人为了避免损失在接收货币之前必须调查货币的真正所有者。这样货币就失去了流通性,其媒介功能就丧失殆尽。① 梁慧星教授也持相同观点。② 当然,郑玉波教授和大陆学者也认为"占有即所有"存在一些例外,③但共有私产不属于例外情形。

共有私产初始形态都是以货币形式存入银行的专用账户,根据"占有即所有"原则,银行享有这些货币的所有权,而共有私产权利人只享有与这些货币等值的价值请求权。换言之,从共有私产权利内容的角度出发,共有私产是一种价值请求权。若提取使用,只是提取等值的同类货币而不是原缴存的货币,即价值请求权之变现;若投资增值,只是用等值的价值请求权进行投资,即价值请求权之变形。就某个角度而言,价值请求权又不同于"占有即所有",前者出发点是为了保护原始权利人,而后者出发点是为了保护现实占有人,进而促使货币的流通。货币价值请求权的法律属性问题是一个尚无定论的问题。一种观点认为,有关货币的价值请求权是一种债权性价值请求权(债权的一种),如郑玉波等;另一种观点认为,该价值请求权是物权性价值请求权(物权的一种),如日本学者四宫和夫等。四宫和夫认为,货币返还请求权的标的并非有体物之货币本身而是金钱之价值,即使价值载体已丧失特定性,所有人作为"价值请求权"的所有者,仍然可以提起价值返还请求权而享有优先受偿权和取回权。④ 笔者同意四宫和夫的观点,认为权利人(如业主、公积金所有人等)享有的价值请求权是一种物权性价值请求权,是一种具有某些债权成分的物权。就属性角度而言,若将它看作一种纯债权不利于共有私产权利的优先保护,"从物权优先性保护滑向债权平等性保护"会导致特定群体拒绝或抵制建立共有私产制度。因此,法律将它看作一种物权更有利于对共有

---

① 郑玉波:《民法物权》(修订18版),黄宗乐修订,台北,三民书局股份有限公司2012年版,第543页。

② 梁慧星:《民法总论》,法律出版社2011年版,第156~157页。

③ 李锡鹤:《作为种类物之货币"占有即所有"无例外吗——兼论信托与捐赠财产的法律性质》,载《法学》2014年第7期。

④ 参见[日]四宫和夫:《物权性价值返还请求权》,载[日]我妻荣先生追悼论文集:《私法学的新展开》,有斐阁1975年版,第183页。转引自其木提:《货币所有权归属及其流转规则——对"占有即所有"原则的质疑》,载《法学》2009年第11期。

私产权利人的保护。

(2)从权利主体角度讲,共有私产权利人应被称为无转让权之所有人

从权利主体角度讲,共有私产之某个权利人应被称为“proprietor”(由于汉语中没有对应的精确表达此含义的单一词汇,直接翻译为“所有人”又不准确,本书译为“无转让权之所有人”),而不能称为“owner”(所有人)。施拉格(Edella Schlager)和奥斯特罗姆(Elinor Ostrom)认为共有资源财产权包含5个权利束,即物理上进入权、单位资源提取权、管理权、排他权和转让权。拥有前2个权利束的人应被称为“authorized users”(授权使用者);拥有前3个权利束的人应被称为“claimant”(权利请求者);拥有前4个权利束的人应被称为“proprietor”(无转让权之所有人);5个权利束全部拥有的人才被称为“owner”(所有人)。① 共有私产之某个权利人所享有的物权性价值请求权是不能单独转让的,若允许个人私自单独转让,那么共有私产就可能变成了私有财产。

(3)从权利归属的角度讲,共有私产具有共—私混合财产属性

共有私产是一种有限进入(limited-access)的共有财产,即排除非权利人的使用,是共有财产和私有财产融合的产物。共有私产的共—私混合属性将在第三章进一步展开论述。

(4)从共有人数角度讲,共有私产是特定多数人以份额为基础的共有财产

共有私产共有人是多数人,而不是彼此熟悉的少数人之间的共有。少数人共有之构成机制类似于合伙企业或有限责任公司(合伙和公司本身也是一种共有),是基于人合的共有,适用现有的两种法定共有制度完全可以实现调整目标。少数人共有的决策方式(全体成员的“绝对多数决”或“全体一致决”)类似于有限责任公司的特殊事项表决方式(全体股东的“资本多数决”)。共有私产是多数人的共有,其构成机制类似于股份有限公司,是基于资合的共有,物权法中现有共有制度不适合调整它。共有私产的决策方式不应实行全体成员的“绝对多数决”,应实行类似于股份公司的特殊事项表决方式——出席会议股东的“资本多数决”,或者其他决策方式。

---

① Edella Schlager and Elinor Ostrom, “Property-Rights Regimes and Natural Resources: A Conceptual Analysis”, *Land Economics* 68, 1992, pp. 249 - 262.

多数人的共有又可分为不特定多数人共有和特定多数人共有。如地理标志就属于不特定多数人共有,它属于特定区域所有人共有且不分份额,本书将其称为共有共产。而本书所研究的共有私产属于特定的多数人之间共有,因为它是私人让渡一部分财产而形成的,“由谁让渡、让渡多少”都是特定的,而且能够区分份额。

2. 共有私产在实践中的常见类型

(1)维修资金。一个小区的全体业主为了小区的共有利益而让渡一部分个人财产(货币),从而形成小区业主间的共有私产。维修资金以专用账户形式存入银行,由银行实际占有,全体业主享有货币的物权性价值请求权。在小区共用部位需要维修时,业主提取同类价值的货币(而非原货币)或通过银行直接拨付给维修人。维修资金的物权性价值请求权是全体业主之共有,进而在业主群体内部就产生了有限进入的公地资源属性。

(2)住房公积金。住房公积金是由职工个人及用人单位共同缴纳,职工买房时可以在该资金池中申请贷款的货币资金。已缴纳的职工有权依法提取和使用,未缴纳的职工则无此权利。住房公积金充分体现了共—私混合的物权性价值请求权属性。一方面,职工个人在职期间符合一定条件时能以提取和贷款等方式使用该资金来改善居住条件,在退休时可以提取账户中的余额,表现出私有财产属性,因而法律上规定为个人所有,即个人拥有物权性价值请求权。另一方面,该资金以共有形式进行集中管理和使用,在投资管理和贷款时不区分每个职工所缴纳的具体数额,而是以特定区域(设区的市以上的地方行政区域)全部资金为整体,表现为特定的多数人共有属性。住房公积金与维修资金有一点不同,就是住房公积金中每个人的物权性价值请求权在符合法定条件下可以单独行使,不受其他人的物权性价值请求权制约。

(3)企业年金(或职业年金)。企业年金(或职业年金)是在参与年金计划的用人单位中由用人单位和职工共同缴纳和投资收益所构成的资金,是强制社会养老保险之外的一个补充资金。企业年金(或职业年金)是属于参与年金计划的用人单位全体员工的一种共有私产,是我国目前所有共有私产中管理运作最科学高效的一种,原因在于法律上并没有依据物权法中的两种共有制度进行管理,而是以信托基金方式进行管理运作。企业年金(或职业年金)

财产是独立于各方参与主体的财产，①参与的用人单位职工享有物权性价值请求权。

除了上述几个典型的财产之外，现实中还存在诸多共有私产。由于“共”与“私”的成分并不完全一样，有些“共”的成分多一点，有些“私”的成分多一点，有些“共”与“私”同样多，所以很多共有私产之间内部权义结构并不完全一样，其治理方式并不完全相同。尽管如此，共有私产的理论构造及其治理原理仍然有规律可循，本书研究典型的共有私产——维修资金、企业年金等，尤其是以维修资金为主要分析对象，探讨共有私产理论基础及其法律治理的基本路径。

（二）研究范围

本书的研究范围主要包括：(1)分析共有私产的历史形态，从中发现中西方财产关系演进的基本规律。从奴隶社会、封建社会，再到资本主义社会都存在共有财产或共有私产，虽然有些不是本书所研究的共有私产，但显现了共有私产演进历程。(2)有关共有私产的思想基础与价值定位问题。自由主义财产权法哲学思想基础与共有私产财产权相冲突，共有私产应是一种受限的财产权，其特殊价值功能应充分体现福利功能、分配功能和共益功能。(3)共有私产是一种共—私混合财产。混合财产是财产权的一个普遍特征，表现形式有公—私、公—共和共—私混合等，共有私产是共有与私有混合而形成的财产。(4)对共有私产权利束和保护规则进行分析。用霍菲尔德理论和奥诺雷理论对共有私产权利束进行分析，探究其权利束特征，进而为共有私产之救济适用特殊的保护规则。(5)共有私产法律治理的理论分析。共有私产法律治理出现了公地悲剧和反公地悲剧，其治理路径之理论基础无非是科斯定理、霍布斯定理和奥斯特罗姆三种定理以及三者之混合。就维修资金而言，我国治理路径应是采用三种定理的混合模式，在使用管理方面是政府主导的有限自治；在投资管理方面是政府规制的信托投资。(6)共有私产法律治理的制度构建。一方面，法律应确认共有私产是一种不同于现有两种法定共有的共有形态；另一方面，以维修资金为例，其使用管理应实行政府主导的一体化，其投

---

① 《企业年金基金管理办法》第8条规定，企业年金基金财产独立于委托人、受托人、账户管理人、托管人、投资管理人和其他为企业年金基金管理提供服务的自然人、法人或者其他组织的固有财产及其管理的其他财产。

资运作应实行政府规制的信托投资制度,并具体分析相关法律关系的内容。

本书主要研究两个方面的主题:(1)共有私产的基本法律原理。共有私产在财产权谱系中所处的位置与法律构造;共有私产的产生原理、思想基础、法律特征、法律救济规则等。(2)共有私产治理问题。本书将研究共有私产治理过程中所存在的"公地悲剧"和"反公地悲剧"等问题,以及治理的各种路径分析,包括市场路径(科斯定理)、政府路径(霍布斯定理)、社群路径(奥斯特罗姆定理)和第四路径(混合路径)。

三、国内外(境内外)研究现状

共有财产包括自由进入(open-access)的共有财产和有限进入(limited-access)的共有财产,但这两种共有财产都会出现公地悲剧和反公地悲剧等问题,都存在治理上的困局,二者治理路径在一些情况下可能是一致的。自由进入的共有财产是所有人都有使用权,没有人能排除他人使用的财产,有的又称其为"非财产"。有限进入的共有财产是被特定群组成员共享,但却排除外人使用的财产。共有私产作为共—私混合财产,国内外(或境内外)很少有以其作为研究对象的文献。它毕竟具有共有财产的属性,要么将其作为有限共有(limited-common)财产来研究,要么将其作为共有(co-ownership)财产(如我国的共有财产)来研究。因此,在文献综述时需要将与共有私产有关的这两方面文献以及公地悲剧和反公地悲剧的文献进行梳理。

(一)国外(或境外)研究情况

在国外(或境外)文献中,无论是法学中的共有财产还是经济学中的共有产权,一般用英文"common property"①"communal property""co-ownership""shared property"来表达。这些英语表达了不同范围的共有,大到全人类共有,小到2个自然人的共有,需要对相关文献一并梳理。

1. 政治哲学领域对共有财产的观点

早期的政治哲学家仅仅是提出一些共有问题以及治理中遇到的困境。亚里士多德(公元前326年)在其经典著作《政治学》一书中,提出公共事物是受到最少关心的问题,"凡是属于最大多数人的公共事物常常是最少受人照顾

① "Common Property"经常被译为"公共财产""公地资源""共有财产"等,本书统一译为"共有财产"。

的事物,人们关怀着自己的所有,而且忽视公共的事物;对于公共的一切,他至多只留心到其中对他个人多少有些相关的事物"。① 共有属于公共事物的一种,亚里士多德最早注意到共有给人们带来的难题。洛克(1690 年)在《政府论》中提出共有财产之"自然权利"观点。洛克认为,土地上所有自然生长的果实与它所喂养的野兽,都属于全人类共有(in common),因为二者都是自然自发之手生产出来的;共有是一种自然权利。② 显然,洛克所言的这种共有是一种原始状态的共有。无论是亚里士多德还是洛克,都是着眼于自由进入(open-access)的共有财产或事物。

2. 经济学领域对共有财产治理问题的研究

经济学者往往使用一套不同于法学的语言体系对共有财产进行研究,主要偏向于对共有财产的治理研究。

(1)20 世纪中期,经济学家提出了共有财产治理困境问题。戈登(Gordon)(1954 年)在《共有财产资源的经济学理论:以"渔场"为例》一文中提出的共有财产"易损耗"和"过度使用"等问题,并分析了共有财产过度使用的经济学原因。③ 奥尔森(Olson)(1965 年)在《集体行为的逻辑》一书中,通过对各种利益集团(包括大、小集团)的分析,证明了"集体行动的困境"——个人的理性选择往往导致集体或者社会的非理性结果。他的最后结论为,相比大集团而言,小集团更容易组织起来集体行动;相比没有激励机制的集团而言,有激励机制的集团更容易组织起来集体行动。④ 布坎南(Buchanan)(1965 年)在《俱乐部经济理论》一文中提出俱乐部理论。他认为,俱乐部理论既是一个最优排他理论,也是一个最优容他理论,是特定群体自愿共享或共担多种因素以取得共同利益。⑤ 哈丁(Hardin)(1968 年)在《公地悲剧》一文中,开创性地提出"公地悲剧"理论,成为公地问题研究的一个经典文献。他以公地悲剧作为隐喻来分析世界人口、资源等公共问题,从结果角度分析公地可能产生

---

① [古希腊]亚里士多德:《政治学》,姚仁权译,北京出版社 2007 年版,第 48 页。

② 参见[英]洛克:《政府论》,刘晓根编译,北京出版社 2007 年版,第 133 ~ 134 页。

③ H. Scott Gordon, "The Economic Theory of a Common-Property Resource: The Fishery", *Journal of Political Economy* 62, 1954, p. 135.

④ 参见[美]曼瑟尔·奥尔森:《集体行动的逻辑》,陈郁等译,格致出版社、上海人民出版社 2014 年版,第 16 ~ 50 页。

⑤ James M. Buchanan, "An Economic Theory of Clubs", *Economica* 32, 1965, pp. 1 – 14.

的悲剧后果。[①] 随后一些学者对该观点也提出了质疑和挑战，斯丽埃思－万特拉珀（Ciriacy-wantrup）和毕晓普（Bishop）（1975 年）在《共有财产作为自然资源政策的一个概念》一文中提出，“将 Open Access（自由进入）财产当作 Common Property（共有财产）是一项错误”，自由进入财产不属于任何人的财产。通过考察欧洲原始狩猎和采摘社会的经济史和一些土地、森林等共有财产，二位学者提出共有财产本身不会造成悲剧，造成公地悲剧的原因是市场经济等其他原因。[②]

（2）制度经济学家提出以私有化方式解决共有财产治理问题。制度经济学将“公地悲剧”作为建立私有财产制度的最强有力理由。登姆塞茨（Demsetz）（1967 年）在《关于产权的理论》一文中，将产权（property rights）分为私有产权、共同产权和政府产权，第一次提出应通过私有化来解决共同产权的治理问题。[③] 阿尔钦（1968 年）在《产权：一个经典的注释》一文中，将产权进一步细分，并提出共有私产问题，但他将共有私产作为共有财产的代称。[④] 安德森（Anderson）和希尔（Hill）（1975 年）在《财产权的进化：美国西部的一个研究》一文中，认为影响成本和收益制约因素解释了从共有到私有的不同产权维度，并提出日益增长的需求要求从共有向私有转换。[⑤] 埃里克森（Ellickson）（1993 年）在《土地所有权》一文中，埃里克森根据有权进入者的人数将土地财产制度分为私有财产和共有财产。私有分为个人所有（1 人）和家庭所有（2～12 人）；共有分为集团共有（13～1000 人）、族群共有（1000～1,000,000 人）和全人类共有（open-access to all）。[⑥] 埃里克森进一步改进了成本效益分析，但仍认为共有财产会消亡。从上可知，制度经济学家认为，解

---

① Garrett Hardin, “The Tragedy of the Commons”, *Science* 162, 1968, p. 1244.

② S. V. Ciriacy-wantrup, Richard C. Bishop, “‘Common Property’ as a Concept in Natural Resources Policy”, *Natural Resources Journal* 15, 1975, p. 714.

③ Harold Demsetz, “Toward a Theory of Property Rights”, *The American Economic Review* 57, 1967, pp. 347－359.

④ ［美］A. 阿尔钦：《产权：一个经典注释》，载［美］科斯、阿尔钦、诺斯等主编：《财产权利与制度变迁——产权学派与新制度学派译文集》，刘守英等译，上海三联书店、上海人民出版社 1994 年版，第 176 页。

⑤ Terry L. Anderson, P. J. Hill, “The Evolution of Property Rights: A Study of the American West”, *Journal of Law and Economics* 18, 1975, pp. 163－179.

⑥ Robert C. Ellickson, “Property in Land”, *The Yale Law Journal* 102, 1993, pp. 1315－1400.

决共有财产的治理问题只有一条路径——明晰产权，即将共有财产私有化，只有私有化才能大大降低共有财产治理中的成本。

(3)国家主义者以利维坦路径来解决共有财产治理问题：或者国有化，或者政府管制。艾伦菲尔德(Ehrenfield)(1972年)在《保护地球上的生物》一书中，认为解决公地悲剧需要政府管制，因为私人没有维护公地避免其悲剧发生的兴趣，只能由政府等实行外部管制。[①] 奥普尔斯(Ophuls)(1973年)在《利维坦或湮没》(Leviathan or Oblivion)一文中认为，只有将利维坦作为唯一手段才能避免公地湮没的悲剧。[②]《公地悲剧》一文发表10年之后，哈丁在《共同遗产保护的政治条件》一文中，一方面主张私有财产制度，另一方面又主张利维坦的作用，即"向'利维坦'表示臣服"。[③] 国家主义者所提出用"利维坦"方式解决公地悲剧中的"公地"主要是指自由进入的共有财产，即全人类或者特定国家和区域的共有财产。共有私产是有限进入的共有财产，虽不同于自由进入(open-access)的共有财产，利维坦路径对很多共有私产的治理仍然有效。

(4)社群主义者以社群路径来解决共有财产治理问题。许多政治科学家(也有一些新制度经济学家)发现了许多命运不同的共有财产，对"公地悲剧"的悲观论断提出挑战。一些政治理论家举出全球大量治理很好的共有财产案例，以证明公地悲剧假定是错误的。他们认为私有化和政府规制都不是保存和管理共有财产的唯一方式，一些共有财产依然且仍将继续存续下去而不会出现"悲剧"。泰勒(Taylor)(1982年)在《社区混乱与自由》[④]一书中，以及他和辛格尔顿(Singleton)(1992年)在《共有财产、集体行动与社区》一文中，都认为许多共有财产的集体困境问题能够在没有私有财产权或政府干预下得到解决，一些共有财产所有人在没有政府和外部制度帮助下能够自我调节资源

① D. W. Ehrenfield, *Conserving Life on Earth*, Oxford University Press, 1973, p. 322.

② W. Ophuls, "Leviathan or Oblivion", in H. E. Daly ed., *Toward a Steady State Economy*, San Francisco, Freeman, 1973, pp. 215 – 230.

③ Garrett Hardin, "Political Requirements for Preserving our Common Heritage", in H. P. Bokawed., *Wildlife and America*, Washington, D. C., Council on Environmental Quality, 1978, pp. 310 – 317.

④ Michael Taylor, *Communityanarchyand liberty*, Cambridge, Cambridge University Press, 1982, p. 245.

的合理利用。[①] 泰勒最先提出了治理共有财产除了政府和市场之外的第三条路径——社群自治。奥斯特罗姆在1990年提出了与泰勒观点一致的主张,即认为一些共有财产能够通过社群自治的方式实现高效的管理。她将此类共有财产称为"公共池塘资源",通过对世界各地多个较小规模的公共池塘资源(最大的只包括15,000个占用者)实证考察后发现,有些共有财产通过社群自治实现了成功治理,而有些却失败了,并发现公共池塘资源实现成功治理的制度至少具备她所给定的八个特征。[②] 总之,社群主义者主张社群自治是治理公地资源的一种路径。

3. 法律经济学领域对共有财产的研究

法律经济学,尤其是产权法学对共有财产的关注与经济学相比有过之而无不及,而且提出很多创新性的观点。

(1)一些法律经济学家(或产权法学家)提出共有财产治理中呈现出"公地喜剧"与"公地戏剧"的景象。罗斯(Rose)(1986年)在《公地喜剧:习俗、商业和固有公有财产》一文中,提出"公地喜剧"的观点,认为公地资源服务于商业、给人们带来财富且增加了人们的社交性,呈现出另一个"公地喜剧"的景象。[③] 其实,最先提出"公地喜剧"观点的不是罗斯,而是麦凯(McCay)(1995年)和阿琪森(Acheson)(1987年),他们认为公地的结果经常不是哈丁所描述的"悲剧",而是"喜剧"。因为人的动机是复杂的,治理共有物的规则不总是允许任何人自由进入,资源系统本身能自动调节得以满足人们使用需求。戴尔兹(Dietzet)(2002年)等学者在《公地戏剧》一书中认为,公地无论是悲剧还是喜剧,但注定是一场戏剧。这场戏剧有时是哈丁所讲的悲剧,有时是麦凯所讲的喜剧,有时则处于两者之间,充满不确定性。这些学者指出,社会学理论有关人性有两个截然相反的观点:一种观点认为,人完全被狭隘的自利所激励,而另一种观点认为,人是由关系他人和整个社会的利益所激励。前者是哈丁观点的基础,后者是麦凯等观点的基础。人们之间的交流、信任、未来再

---

① Sara Singleton, Michael Taylor, "Common Property, Collective Action and Community", *Journal Theoretical Politics* 4, 1992, pp. 309 – 324.

② 参见[美]埃莉诺·奥斯特罗姆:《公共事物的治理之道——集体行动制度的演进》,余逊达、陈旭东译,上海译文出版社2012年版,第106~122页。

③ Carol Rose, "The Comedy of the Commons: Custom, Commerce, and Inherently Public Property", *The University of Chicago Law Review* 53, 1986, pp. 711 – 781.

交易的预期,以及人们达成协议和建立规制的能力有时能很好控制人的行为,以阻止悲剧的发生。[①] 与哈丁不同,此类学者观点呈现出公地的另一种不同景象。

(2)有学者提出共有财产治理中还可能出现“反公地悲剧”问题,应构建“自由公地”制度。赫勒(Heller)教授在1998年提出对共有财产过度私有化会造成“反公地悲剧”问题。他提出在反公地资源中,多个所有者每人都被授予排除他人使用的权利,导致私有资源使用不足。“反公地资源”(anticommons)就是每个权利人都有排除他人使用的权利,是“公地资源”的镜像。[②] “公地资源”是所有权主体不明或虚化;而“反公地资源”是享有决定权的产权主体过多。“公地资源”财产易因过度使用或者无人照管而荒芜(或消亡);而“反公地资源”财产易因使用不足或者决策不统一而浪费。对于反公地资源带来的悲剧问题,赫勒(2004年)在《困局经济学》一书中提出10个解决反公地悲剧的工具包:监控、接种疫苗、及早隔离感染源、调整现行法律、创造整合工具、起个好听的名字、棍棒政策、流言羞耻与名声、自愿协议和慈善事业。[③] 芬内尔(Fennell)(2004年)在《共有利益悲剧》一文中,认为无论是公地悲剧还是反公地悲剧都是共有利益悲剧。她指出了公地和反公地二者之间的区别——“公地悲剧告诉我们为什么有些东西容易分得支离破碎,而反公地悲剧则有助于解释为什么拆开容易还原难。”[④]布坎南和尹勇(Yong)(2000年)在《对称的悲剧:公地与反公地》一文中,认为公地和反公地问题在多个方面都存在对称性,反公地问题是一个有用的隐喻,有助于理解潜在的经济价值是怎样以及为什么消失在资源利用不足的黑洞之中,与公地的过度使用具有共同逻辑。[⑤] 达甘(Dagan)和赫勒(2001年)在《自由共有物》中提出自由共有

---

① Thomas Dietz et al., “The Drama of the Commons”, in Elinor Ostrom et al., ed., *The Drama of the Commons*, Washington, D. C., National Academy Press, 2002, pp. 3 – 35.

② Michael A. Heller, “The Tragedy of the Anticommons: Property in the Transition from Marx to Markets”, *Harvard Law Review* 111, 1998, pp. 621 – 688.

③ 参见[美]迈克尔·赫勒:《困局经济学》,闾佳译,机械工业出版社2009年版,第165~171页。

④ Lee Anne Fennell, “Common Interest Tragedies”, *Northwestern University Law Review* 98, 2004, pp. 936 – 937.

⑤ James M. Buchanan, Yong J. Yoon, “Symmetric Tragedies: Commons and Anticommons”, *Journal of Law and Economics* 43, 2000, pp. 1 – 13.

物的概念与理论，认为建立自由共有物要实现三个目标：保留出口（Preserving Exit），提升合作（Promoting Cooperation）和法得其所（Putting Law in Its Place）；表现出三个层面的特征：个人主导层面（The Sphere of Individual Dominion）、民主自治层面（The Sphere of Democratic Self-Governance）和增进合作的退出层面（The Sphere of Cooperation-Enhancing Exit）。① 赫勒等学者发现了公地资源的另一种悲剧情形，具有重要理论创新意义。

（3）有学者提出共有财产治理中的“反财产权利”与“反财产地役权”问题。贝尔（Bell）和帕克穆威斯基（Parchomovsky）（2003 年）提出反财产权（Antiproperty）和反财产地役权（Anti-property Easement）理论，认为通过创建反财产地役权能够保护共有财产。反财产权就是私权行为者对一个资源使用的否决权，这个资源相关权利被授予大量的私主体，数量非常之大以至于由于抵制和交易成本问题导致权利人之间自愿达成一致来改变财产用途成为不可能的事。② 反财产权显然是有意利用高交易成本的有利一面来阻碍财产权交易的一种制度设置。反财产理论可以看作反公地资源理论的另一种表述，也可以看作反公地资源理论的姊妹理论。二位作者开创性的研究有效地利用了反财产权之优势，但反财产权也存在不利的一面，在一些情况下不利于资源的高效利用。在一些共有财产治理中如何避免反财产权利的出现，具有重要的价值和意义。

4. 法学领域对共有财产的研究

（1）大陆法系国家和地区的共有制度及其相关研究

罗马法的共有法律制度。彼德罗·彭梵得在《罗马法教科书》中认为，共同所有权或共有，就是数个自然人可以同时拥有同一物体，即同一物体可归数人共有。每个人并不拥有完整的权利，而是特定份额的权利，按照份额行使其权利，包括转让、收益、质押和放弃等权利，甚至抛弃其享有份额的物品。③ 这里介绍的共有制度更类似于现代的按份共有。从彼德罗·彭梵得对罗马法共

① Hanoch Dagan, Michael A. Heller, "The Liberal Commons", *The Yale Law Journal* 110, 2001, pp. 549 – 623.

② Abraham Bell, Gideon Parchomovsky, "Of Property and Antiproperty", *Michigan Law Review* 102, 2003, pp. 1 – 70.

③ 参见［意］彼德罗·彭梵得：《罗马法教科书》，黄风译，中国政法大学出版社 2005 年版，第175 ~ 176 页。

有财产的介绍可以看出,罗马法的共有财产仍然是少数人的共有,缺乏对更大层面共有的研究。周枏教授(1994年)在《罗马法原论》中提出,罗马法对共有是不分按份共有和共同共有的,认为实际上都是按份共有。罗马法认为共有是纷争之源,应尽量避免发生共有或使之消灭,并规定各共有人可自由处分其应有部分,可随时请求共有物的分割,因此约定共有关系永续的无效。① 可见,罗马法对共有是一种敌视态度,从而造成大陆法系对共有制度研究的滞后。

日本、德国和法国的共有法律制度。我妻荣(1932年)在《新订物权法》一书中认为共同所有大致可以分为三种理想类型,即总有、共有和合有。总有起源于日耳曼法,所有权所包含的管理权能和收益权能完全分离,各共同所有人并不具有共有中的持份权,是最具团体性色彩的最强共同所有形态。共有是罗马法的共同所有形态,共同所有的各成员依然保留对标的物的管理权能和收益权能,主体间的团体结合极其微弱。因此,各共同所有人的权利,是受限制的所有权,即尚未丧失极端个人化性质的权利。合有介于总有和共有之间,更接近于共有。各共同所有人,依然保留对标的物的管理权能和收益权能,即享有持份权。除了三种理想形态之外,我妻荣认为还有准共有,即对所有权之外的财产权共有时就是准共有。② 沃尔夫(1976年)在《德国物权法》一书中介绍德国物权中的共有制度分为分别共有(或称按份共有)或者共同共有。③ 鲍尔和施蒂尔纳(1999年)在《德国物权法(上册)》一书中,认为德国物权法共有制度中,除了共同共有和按份共有之外,还存在共同享有权利的其他情形。④ 在法国,共同所有权就是团体所有权(Propriété collective),马洛里(Malaurie)将团体所有权分为:公司、合伙或夫妻共有财产所有权;进一步界分共有财产、建筑物不动产的共有权和一般共有权。⑤

---

① 周枏:《罗马法原论》(上册),商务印书馆1994年版,第334~337页。

② [日]我妻荣:《新订物权法》,[日]有泉亨补订,罗丽译,中国法制出版社2008年版,第329页。

③ [德]曼弗雷德·沃尔夫:《德国物权法》,吴越、李大雪译,台北,韦伯文化国际出版有限公司2006年版,第29~30页。

④ [德]鲍尔·施蒂尔纳:《德国物权法》(上册),张双根译,法律出版社2004年版,第39页。

⑤ Malaurie et Aynès, Les biens, p. 185. 转引自尹田:《法国物权法》,法律出版社1998年版,第262~280页。

(2)英美法系国家和地区的共有制度及其理论研究

布莱克斯通(Blackstone)(1766年)在《英国法释义》(第2卷)中提出了三种共有类型,即联合拥有(joint tenancy)、共同继承(co-parcenary)和共同拥有(tenancy in common)。联合拥有就是将财产(在当时主要指土地和房屋)给予两个或两个以上的人,以不限嗣继承(fee simple)、限嗣继承(fee tail)、终生或数年,或以遗嘱约定的方式持有。布莱克斯通认为联合拥有是利益统一、权利统一、时间统一和占有统一的四合一形态。因四合一的特性,联合拥有实行"幸存者得原则"(the doctrine of survivorship),即联合拥有人中任何人死亡,全部财产归属幸存者。共同继承是土地遗产从上辈传给两个或两个以上继承人时而形成的财产,其产生于普通法或特别习惯法。依照普通法传给两个或两个以上女性继承人,而依据特别习惯法却是同等地传给男性继承人。共同拥有是权利区分,但占有统一,由于没有人知道哪一部分属于自己的份额,因此他们是混杂一起的占有。共同拥有仅仅是占有统一,利益、权利和时间可能完全不统一。①

劳森和冉得(2002年)在《英国财产法》一书中,认为英国法律中有两种共同所有权,即联合拥有(joint ownership)和共同拥有(ownership in common),分别源于布莱克斯通的"joint tenancy"和"tenancy in common"。②相对于英国现行财产,美国财产法更多继承了布莱克斯通的共有制度,伊曼纽尔(Emanuel)(2001年)在《财产》(*Property*)一书中,认为美国存在三种共有形式,即联合拥有(joint tenancy)、共同拥有(tenancy in common)和整体拥有(tenancy by the entirety)。③ 加拿大财产法学家齐夫(2010年)在《财产法原理》(*Principles of Property Law*)中,认为在加拿大法律中曾有四种共有形式,即联合拥有、共同拥有、整体拥有和共同继承。由于后两种已从加拿大现行财产法中消失了,现在仅有联合拥有和共同拥有两种共有形式。④ 齐夫还提到

① William Blackstone,1766,"Of Estates in SeveraltyJoint-Tenancy,Coparcenaryand Common",*Commentaries on the Laws of England(II)*,The University of Chicago Press,1979,pp. 179 - 194.

② 该书的中文译本将二者翻译为"按份共有和共同共有",笔者认为并不准确。参见[英]F. H. 劳森、伯纳德·冉得:《英国财产法导论》,曹培译,法律出版社2009年版,第105~106页。

③ 参见Steven L. Emanuel,*Property*,中信出版社2003年版,第135~158页。

④ Bruce Ziff,*Principles of Property Law(Fifth Edition)*,Toronto,Carswell(A Division Thomson Reuters Canada Limited),2010,pp. 335 - 374.

了三种财产(私有财产、共有财产和公有财产)之间的融合,并提出共有私产(shared private ownership)问题。[①] 齐夫的研究呈现了共有财产的多样性及其各自治理的特征,并提出共有私产问题,但未对共有私产进行深入系统研究。

(3)英美法系学者提出的新型共有财产理论

财产法学者莱哈维(Lehavi)(2008年)在《混合财产权》一文中提出混合财产权理论。在美国和世界其他国家混合财产制度逐渐增多,然而,这一快速增长的现象却缺乏旨在提升共同理论原则的学术研究。莱哈维对混合财产权进行了开创性的研究,指出财产类型远远不止三角形三个顶点上的纯私有财产、纯共有财产和纯公有财产三个类型,各种混合财产位于私有—共有—公有财产三角形的三条边上和三角形的内部。莱哈维以公私合作(Public-Private Partnership,PPP)财产、共有权益社区和政府所属的城市公共公园为典型,重新定义了公私合作财产为公—私混合财产、共有权益社区财产为共—私混合财产、政府所有的公园等公共空间财产为公—共混合财产。莱哈维提出了混合财产的一般理论基础,并指出混合财产比更纯粹的三种财产有规范优势,能大大丰富财产制度景观。目前调整混合财产的理论学说并不令人满意,因为这些理论都是建立在三分法范式基础之上,因此必须进行修正以使混合财产制度得以繁荣。[②] 莱哈维以混合财产为理论基础论证了财产的多样性,对打破原有财产制度类型化和僵化具有重要意义。共有私产就是一种共—私混合财产,混合财产理论对本书具有重要理论借鉴价值。莱哈维并未对共有私产进行研究,而是以共有权益社区为例对共—私混合财产进行研究。然而,共有权益社区只是广义共有私产的一种,本书所研究的是以货币形式存在的共有私产中财产权构造和治理路径不同于共有权益社区中的其他财产。

美国学者哈特(Hyatt)(1998年)、德鲁斯(Drewes)(2001年)和弗兰泽兹(Franzese)(2003年,2005年)分别提出共有权益社区理论来论证社区业主之间的共有关系和治理问题。哈特探索了共有权益社区的历史,设计了社区协会的新责任和社区协会法,目的在于构建和创造共有权益社区所需的具体制

① Bruce Ziff, *Principles of Property Law* (*Fifth Edition*), Toronto, Carswell (A Division Thomson Reuters Canada Limited),2010,pp. 7 - 10.

② Amnon Lehavi,"Mixing Property",*Seton Hall Law Review* 38,2008,pp. 137 - 212.

度和理论基础。[①] 德鲁斯以“让社区回归共有利益集体”为名提出在司法中如何构建共有权益社区的建议,其发现在等级制和排他的程序中通过的规则可能更不合理,在共有权益社区案件中,法官应该鼓励精英居民进入业主协会的董事会,这样有利于培养真正意义的社区。[②] 弗兰泽兹认为,应该在范围和功能上最小化对形成共有权益社区的限制,让这些社区更多地依赖于相关的社会规范和网络,以促进和维持值得称赞的目标。弗兰泽兹提出地役权可以帮助提升这一目标,以便为共有权益社区的规划者在重新考虑传统模型时提供参考。[③] 共有权益社区理论目的在于构建利益共同体之共有关系,社区的共有很多表现为广义的共有私产,此理论对共有私产的治理无疑具有重要意义。然而,共有权益社区理论难以涵盖与解决所有社区共有财产(如维修资金)问题,无法做到对症下药。

(二)国内(或境内)研究情况

1. 我国政治学与公共管理学等学者对共有财产及其治理的研究

雷玉琼、胡文期(2009 年)提出混合产权问题,认为公共池塘资源的产权是共有与私益的混合,而我国忽视了混合产权属性,采取“利维坦”式的政府管理体制,导致了公共池塘资源治理的失灵。我国应针对公共池塘资源混合产权属性建立混合产权交易制度,是解决该类财产治理困局的理性选择。[④] 张佩国(2012 年)从社会学视角研究了“共有地”的意涵,指出“共有地”意涵具有多重性与多层次性。不同于哈丁与奥斯特罗姆,该作者从习俗角度研究“共有地”的理论问题,从特定国家的历史脉络中发现“共有地”治理的制度规律。[⑤] 可见,不同学科学者对“共有地”关注角度不同,得出结论与制度建议也迥异。朱宇江(2013 年)从公共管理学视角对“公地悲剧”和“反公地悲剧”的

---

① Wyane S. Hyatt, “Common Interest Communities: Evolution and Reinvention”, *John Marshall Law Review* 31, 1998, pp. 303 – 396.

② David C. Drewes, “Putting the Community Back in Common Interest Communities: A Proposal for Participation-Enhancing Procedural Review”, *Columbia Law Review* 101, 2001, pp. 314 – 350.

③ Paula A. Franzese, “Privatization and Its Discontents: Common Interest Communities and the Rise of Government for the Nice”, *Urban Lawyer* 37, 2005, pp. 335 – 358.

④ 参见雷玉琼、胡文期:《刍议混合产权制度——一种公共池塘资源治理的视角》,载《中国行政管理》2009 年第 10 期。

⑤ 参见张佩国:《“共有地”的制度发明》,载《社会学研究》2012 年第 5 期。

国内外理论研究进行了述评。他认为公地资源与反公地资源的悲剧理论具有对称性和同源性。就对称性而言,两种理论在产权分割与整合上恰恰是方向相反的;就同源性而言,反公地悲剧理论是公地悲剧理论基础上发展而来的。① 陈家喜(2015 年)从政治学的合作治理理论视角对社区共有问题的自治进行了研究。他认为,城市社区建设与发展不仅是城市居民居住空间的变化,还是以社区为基础的人与人之间利益关系的调整,以及治理主体与方式的变革。社区要实现善治,必须反思现有城市社区治理结构的不足,应用合作治理理论推荐社区治理的变革。②

2. 我国经济学学者对共有财产及其治理的研究

叶祥松(2001 年)借鉴了登姆塞茨的观点,认为产权可分为私有、共有和国有。叶祥松所研究的共有产权就是有限进入的共有财产,但他将共有财产等同于公共财产值得商榷,而且忽视了共有财产的多样性。③ 寇宗来(2002 年)是国内第一个引入赫勒教授反公地悲剧问题的学者,他用一个捕鱼模型对反公地悲剧进行了实证分析。④ 湛志伟(2004 年)依旧引用经典的羊与公共牧地案例,认为哈丁的"公地悲剧"观点是片面的,哈丁忽视了个体之间相互约束与牵制机制。过度放牧只是在个体最优总饲养量与社会最优总饲养量之间进行静态比较所得出的结论,忽视了个人之间的动态能动性。⑤ 李晓峰(2004 年)、陈新岗(2005 年)将"公地悲剧"和"反公地悲剧"作为我国一个实践分析工具对其进行了实证研究。⑥ 陈占锋(2010 年)从经济学角度研究了小区共有财产管理问题。他分析了小区治理中两种不同的主导模式,即物业服务企业主导与全体业主主导。⑦ 韩文龙、刘灿(2013 年)以奥斯特罗姆提出

---

① 参见朱宇江:《"公地悲剧"与"反公地悲剧"对称性论证述评》,载《山西大学学报》(哲学社会科学版)2013 年第 3 期。

② 参见陈家喜:《反思中国城市社区治理结构——基于合作治理的理论视角》,载《武汉大学学报》(哲学社会科学版)2015 年第 1 期。

③ 参见叶祥松:《西方经济学的财产理论》,载《当代亚太》2001 年第 7 期。

④ 参见寇宗来:《反公共地悲剧:一个捕鱼模型》,载《世界经济文汇》2002 年第 5 期。

⑤ 参见湛志伟:《"公地悲剧"及其治理的博弈分析》,载《经济评论》2004 年第 3 期。

⑥ 参见陈新岗:《"公地悲剧"与"反公地悲剧"理论在中国的应用研究》,载《山东社会科学》2005 年第 3 期。

⑦ 参见陈占锋:《小区共有财产管理:模式类别与比较分析》,载《中国软科学》2010 年第 8 期。

的公共池塘资源为对象研究了共有产权的起源、分布与效率问题。①

3. 我国法学学者对共有财产及其治理的研究

佟柔(1990 年)教授以我国《民法通则》为蓝本阐释了我国应有两种法定共有形式。② 梁慧星教授(1998 年)③、王利明教授(1998 年)④、杨立新教授(2007 年)⑤等绝大多数民法学者都认为共有应有三种,除了两种法定共有之外,还有"准共有"这种形态。而孙宪忠教授(2002 年)认为,我国共有类型除了两种法定共有之外,还应有总有、合有和公有。⑥ 可见,孙宪忠教授已经发现了现有两种法定共有的局限性与现实共有类型的多样性之间的矛盾,其观点具有启发性。另外,各位民法学者都将社区的共有权利作为单独一种所有权类型,即建筑物区分所有权,维修资金也被纳入其中。总之,我国民法理论还是继承了罗马法的个人主义特色,强调共有中个人的权利,同时将复杂的共有制度固化为三种共有类型,在实践治理中暴露出诸多问题。

史际春教授和邓峰教授(2008 年)将财产分为公共财产和私有财产,公共财产又进一步分为国有财产和团体财产,团体财产中又分出社区所有财产、团体公有财产、经由团体之共有财产和不经由团体之共有财产。经由团体之共有财产和不经由团体之共有财产两种财产既属于公共财产又属于私有财产。⑦ 他们发现了民法学所有权理论的不足,指出了财产的多样性与一些财产的公共和私有的混合,对后续研究具有重要启发意义。

李锡鹤教授(2003 年)对共有的权属关系进行了研究。⑧ 宁红丽教授(2003 年)提出以分管契约的方式对共有物进行治理,法律应对分管契约进行规制。⑨ 徐国栋教授(2006 年)分析了古罗马法学家对"一切人共有的物"的

---

① 参见韩文龙、刘灿:《共有产权的起源、分布与效率问题——一个基于经济学文献的分析》,载《云南财经大学学报》2013 年第 1 期。

② 参见佟柔:《中国民法》,法律出版社 1990 年版,第 281 ~293 页。

③ 参见梁慧星:《中国物权法研究》(下册),法律出版社 1998 年版,第 549 ~580 页。

④ 参见王利明:《物权法论》,中国政法大学出版社 1998 年版,第 327 ~351 页。

⑤ 参见杨立新:《共有权理论与适用》,法律出版社 2007 年版。

⑥ 参见孙宪忠:《我国物权法中所有权体系的应然结构》,载《法商研究》2002 年第 5 期。

⑦ 参见史际春、邓峰:《经济法总论》(第 2 版),法律出版社 2008 年版,第 181 页。

⑧ 参见李锡鹤:《论共有》,载《法学》2003 年第 2 期。

⑨ 参见宁红丽:《共有人分管契约的基本构造》,载《法商研究》2003 年第 6 期。

研究。[①] 张双根教授(2006 年)认为,我国共有制度中存在两个问题:一个是共同共有之基础——共有关系的法定强制问题。共有关系采取类型强制原则限制了共同共有形态的多样性,忽视了各共同共有构造的差异性。另一个是按份共有的处分问题,应实行"全体一致决"。[②] 张军建教授(2008 年)借鉴日本的经验,从信托法视角对维修资金治理问题进行研究。他提出了维修资金使用管理与投资增值的两次信托制度,即全体业主与业主委员会之间形成一次信托关系;业主委员会与投资受托人之间形成二次信托关系。[③] 李石山教授(2009 年)对我国按份共有的表决规则与治理原则进行了深入研究。比起全体一致决规则,他认为"绝对多数决"的表决规则是制度上的深刻变化。[④] 但是,他忽视了"绝对多数决"对一些按份共有财产同样能造成治理困局。戴永盛(2013 年)对我国两种法定共有类型的区分标准进行了研究。[⑤] 赵秀梅(2013 年)对共有物处分问题进行了研究。[⑥] 尤佳(2012 年、2013 年)发现了现有共有制度调整业主共有权的不足,建议以团体法的规则进行调整。她指出起源于罗马法的按份共有主张个人主义与起源于日耳曼法的共同共有主张身份主义,都不适合调整业主共有财产。[⑦] 唐勇(2014 年)对按份共有的属性进行了研究,认为按份共有具有物与债的双重属性,因权利主体的多数性而具有团体色彩,进而需要组织法进行调整。[⑧] 可见,我国法学学者对共有的研究主要集中在两种法定共有的具体制度和属性上,注重现有微观制度的细化研究。

---

① 参见徐国栋:《"一切人共有的物"概念的沉浮——"英特纳雄耐尔"一定会实现》,载《法商研究》2006 年第 6 期。

② 参见张双根:《共有中的两个问题——兼谈对〈物权法(草案)〉"共有"章的一点看法》,载《比较法研究》2006 年第 2 期。

③ 参见张军建:《住宅专项维修资金信托法律制度研究》,中南大学 2008 年博士学位论文,第 77 ~96 页。

④ 参见李石山:《按份共有中的"绝对多数决"处分规则》,载《法学》2009 年第 8 期。

⑤ 参见戴永盛:《共有释论》,载《法学》2013 年第 12 期。

⑥ 参见赵秀梅:《共有物处分问题研究》,载《法学论坛》2013 年第 6 期。

⑦ 参见尤佳:《团体法视角下业主对公共物业财产权利的性质之反思》,载《法学家》2013 年第 2 期;《业主共有权行使主体研究——一种团体主义视角下的法经济学分析进路》,载《法商研究》2013 年第 2 期;《业主自治协议中专有权限制条款效力探析》,载《法律科学》2012 年第 5 期。

⑧ 参见唐勇:《论按份共有的三层次私法构造》,载《法商研究》2014 年第 5 期。

（三）国内外研究现状的简要评价

1. 对国外相关研究的综合评价

(1) 对政治学等相关研究的综合评价

政治学、管理学的研究，一方面，更倾向于从政治哲学角度对共有财产问题进行研究，过于笼统和抽象且未能提出共有财产治理的具体制度建议；另一方面，对共有财产缺少边界的界定，也无共有财产的类型化研究（有些研究偏向于公共事物而不是共有财产）。

(2) 对经济学相关研究的综合评价

虽然经济领域对共有财产的研究提出了很多开创性的理论，也促进了现代市场经济的快速发展，增加了全人类的福祉，但仍然存在一些不足之处。

其一，经济学更多关注宏观层面的共有财产，对微观层面和中观层面的共有财产关注甚少。很多经济学者将自由进入的共有财产和有限进入的共有财产混合在一起研究，忽视了二者之间的区别。尽管阿尔钦提出了“共有私产”的概念，但他却将所有共有财产都作为“共有私产”，忽视了共有财产的多样性和差异性。另外，经济学者未对共有财产各种类型进行深入的探究。

其二，经济学者在共有财产的治理方面，较倾向于将市场路径、社群路径和政府路径三种方式对立起来。很少有经济学者以相互融合的观点来研究共有财产的治理问题。经济学者更多受自由主义思想的影响，对共有财产更多倾向于市场化路径，从而也促成了西方市场经济私有化的浪潮。经济学者缺少对私有、共有和公有财产的等量齐观，忽视三种财产相互融合之趋势。另外，经济学者很少从法律角度对共有财产的治理进行制度建构。

(3) 对法律经济学相关研究的综合评价

法律经济学以财产的占有属性和排他属性为核心，为共有财产的研究提供了许多创新性的路径。但是，一方面，仍然多集中在宏观层次的共有财产的研究上，对中观层次的共有财产关注不够；另一方面，法律经济学也没有对阿尔钦所提出的“共有私产”进行研究，也未关注不同财产之间的融合。

(4) 对法学相关研究的综合评价

无论是英美法系的财产法学者还是大陆法系的物权法学者，对共有财产的研究都集中在微观层面，而对中观层面的研究不足，尤其是对共有私产缺乏相应研究。法学学者普遍将微观层面的共有财产固化为两三种类型，习惯于将新出现的共有财产纳入既定的理论框架中。尽管如此，仍有两位学者对共有财产的研究值得借鉴，一位是莱哈维教授对混合财产的研究，另一位是齐夫教授对财产融合性和共有私产的初步研究。

2. 对国内相关研究的综合评价

我国学者对共有财产的研究也呈现类似国外的两极化趋势，一方面，经济学等领域学者倾向于宏观层次的自由进入共有财产的研究；另一方面，法学领域学者则倾向于微观层次的共有财产研究。很少有学者对财产的混合性以及中观层次的财产进行研究，当然，史际春等老师的研究成果具有重要的启发意义，发现了财产的丰富类型。但目前国内还没有学者对共有私产这类财产进行专门研究。

总之，无论是国外还是国内都很少有对共有私产进行系统研究的文献，对以维修资金为代表的共有私产的治理缺少理论支撑。虽然张军建教授以信托理论对维修资金的管理进行了理论与制度探讨，但他并未将对此类财产的研究提升至共有私产的高度。仅就维修资金这种共有私产而言，实践中很多研究者对我国维修资金管理的研究仅处于制度分析层面，没有探究其背后的理论原因。

四、研究方法、研究思路及创新之处

（一）研究方法

1. 比较分析法。共有私产是涉及不同法系、不同国家、不同学科的一个主题。一方面，本书在研究中将比较大陆法系和英美法系法律制度对共有私产的调整，以及不同国家和地区的具体制度对此类财产的调整；另一方面，本书将比较不同学科对共有私产的研究，尤其是法学、经济学以及法律经济学对此类财产的研究，比较不同学科领域研究的不同路径与不同关注点。

2. 历史分析法。本书不仅将分析不同法系对共有私产调整不同的历史原因，而且分析共有私产本身的历史变迁。财产制度的发展史是一个社会发展史的真实写照，研究共有私产的发展与治理问题离不开历史分析法。

3. 经济分析法。经济分析法包括经济学研究方法和法经济学研究方法。本书对共有私产治理的研究将采用经济分析方法，研究共有私产的效率问题、信息成本和挫折成本等以及共有私产治理中的科斯定理和奥斯特罗姆定理。对共有私产权属结构的研究中，本书将用经济学和法经济学方法分析共有私产的有限排他性和竞争性。

4.实证分析法。本书以我国的维修资金为共有私产的实例,对维修资金的治理现状进行实证分析。共有私产不仅是一个抽象的财产制度理论,而且是一个与我们每个人息息相关的具体财产制度。通过实证分析,本书要实现共有私产的理论构建与我国具体财产制度的契合,实现理论研究的本土化和实用性。

(二)研究思路

本书运用上述几种方法分析共有私产的历史演进、思想基础、形成机理和权利构造,以便对共有私产属性形成立体的认知;同时,探寻治理困境的内外因素,进而分析对其治理的路径选择。首先,探赜共有私产演变过程、思想基础和产生机理;其次,分析共有私产的法律构造和保护规则;再次,推演共有私产治理过程中一般会出现的问题与治理的理论模型;最后,在理论模型框架内构建共有私产治理的制度路径,以维修资金为分析对象对其治理提出具体的法律制度设计。

(三)创新之处与不足

创新之一,对财产权理论的创新。具体表现两个方面:其一,对共有私产研究的创新。虽然国外一些经济学家和法学家提出了共有私产的概念,但到目前为止很少有学者对共有私产进行系统的理论分析。本书从历史演进、思想基础、功能定位、形成机理、权利束特性和保护规则等多种视角对共有私产本质进行理论探讨,探寻共有私产不同于两种法定共有的属性,无疑是对财产权理论的创新。其二,对混合财产研究的创新。虽然科尔和莱哈维教授提出混合财产理论并进行了初步的探讨,但理论上还需要细化和深入。共有私产是无数混合财产中的一种,从财产类型上来说它是具有债权属性的物权,即物与债的混合;从财产归属来说它是共有财产和私有财产的混合。本书从共有私产这个点切入研究混合财产的特点,具有重要的理论创新意义。

创新之二,对共有理论分类的创新。本书将共有财产分为少数人共有与多数人共有,少数人共有包括按份共有和法定共有两种类型,多数人共有分为共有私产与共有共产等。换言之,共有私产是多数人共有的一种。这种分类方式基于共有人数与共有内容产生,是对共有理论分类的创新。

创新之三,对共有私产治理的理论与制度创新。法学界对共有私产的治理都倾向于将其纳入少数人共有财产制度中,却忽视了它不同于少数人共有的属性。另外,本书所研究的狭义共有私产是物权性价值请求权的共有,不同于广义共有私产。基于此,在理论方面,本书用三个基本原理(霍布斯定理、科斯定理和奥斯特罗姆定理)对共有私产治理的政府、市场、社群路径及其此三种路径之混合进行分析,探求适合共有私产治理的理论模式。尤其是三种定理相结合的"混合路径"是本书提出的一个理论创新观点。

制度方面(仅以维修资金为分析对象),我国维修资金被纳入建筑物区分所有权制度中调整,采取物权法所规定的"绝对多数决"原则,目前的研究都是在现有框架内进行制度分析,难以突破其治理困局。本书突破少数人共有制度的藩篱,提出建立与确认多数人共有财产制度——包括共有私产和共有共产等。对共有私产的治理应采取市场、政府和社群相混合的第四条路径,即"混合路径"。从管理主体一体化和投资信托制度破解维修资金管理使用与投资问题,矫正少数人共有财产中过分强调私人所有权的现状,是对维修资金治理的一个制度创新。

本书的不足:一方面,由于财产理论的博大精深,本书对一些理论问题分析还不够深入,共有私产有些属性没有充分展开;另一方面,由于不同共有私产之间治理的具体制度并不完全相同,本书无法对每种共有私产治理制度进行详细阐释。

第一章　共有私产之概念区分与历史演进

财产权问题对个人、社会和国家而言都处于核心地位，一个人所拥有的财产能反映出这个人的某些特征；一个社会所存在的财产类型能揭示该社会成员间的某种关系；一个国家所实行的财产制度能体现出该国家的某种经济体制。而且，对市场和政府关系而言，财产权制度始终守卫着市场与政府之间纷扰不断的边界。共有私产作为一种不同财产共有形式，揭示着个人、社会和国家的多重关系，体现出市场、社会和政府之间的模糊边界。共有私产作为一种重要的人与人之间的财产关系制度，其与传统财产权各种分类有何关系？制度演进的历史形态又如何？这些是需要首先探究的问题。

一、共有私产与其他财产分类的关系

若粗略的分类，世界上任何财产都可以分成个体独有财产和共有财产两种。共有财产范围非常之广，小到两个自然人的共有财产，大到全人类的共有财产。基于这样的逻辑，各国物权法（大陆法系）或财产法（英美法系）除了对一般所有权制度进行规定之外，同时对所有权的特殊形态——共有权制度进行规定。而我国却不同，由于作为社会主义国家且受苏联法律的影响，我国将财产分为私有财产、集体所有财产和国有财产，其中集体所有和国有财产统称为公共财产。一方面，公共财产称呼是公私二分法的体现，非公即私、非私即公。另一方面，公共财产是对财产不严谨的称呼，混淆了公与共的区别。我国这种带有政治色彩且缺乏法律技术性和科学性的分类，受到了一些学者的诟病。如有学者提出我国的"统一唯一国家所有权"是一个悖谬，应该用公法人所有代替国家所有，①用共有制度代替集体所有权制度。

无论是我国的财产类型还是其他国家的财产分类都显得过于简单，难以涵摄纷繁复杂的财产类型。经济学、法学以及法律经济学学者都从本学科研究需要提出一些不同的财产类型概念，除了私有财产和政府(state)所有财产之外，还有共有财产、公有财产、社会财产等。各种概念类型使用的混乱，让研究者无从下手，因而此部分首先分析共有私产与各种相关财产类型的关系。

(一)共有私产与相关概念之关系

1.共有私产与私有财产

共有私产不同于纯私有财产，共有私产中单个财产权人并不享有整个财产的完整所有权。私有财产是个体对某个财产享有独占性所有权的财产，是布莱克斯通所定义"财产权"意涵的最典型表现。布莱克斯通认为，"没有什么能够像财产权一样，如此广泛地激发人们的想象并对人们产生影响；财产权是一人主张并对世界上的外部事物行使的'唯一和专制的支配权'，完全排除了世界上任何其他个体的权利。然而却极少有人会去煞费心思地探究这种权利的起源和基础"。② 布莱克斯通思想是欧洲启蒙运动的一部分，为自由资本主义发展创造了思想条件。但是，布莱克斯通对财产权的界定即便用在私有财产上也可能言过其实，因为私有财产权亦受诸多约束，也不是完全专断的领域。尽管如此，私有财产仍是个体意志的最集中体现。由于共有私产权利主体的复数性，各权利人难以行使"唯一和专制的支配权"，若每个权利人都行使布莱克斯通式的权利，就会出现"反公地悲剧"，任何权利人都无法行使其权利。我国维修资金治理困境也是由于将共有私产看作私有财产所致。因

---

① 孙宪忠：《"统一唯一国家所有权"理论的悖谬及改革切入点分析》，载《法律科学》2013年第3期。

② William Blackstone, 1766, "Of Property in General", *Commentaries on the Laws of England* (*II*), The University of Chicago Press, 1979, p. 1.

此,共有私产不同于私有财产,权利人不可能享有布莱克斯通式的私有财产权。

然而,共有私产又具有私有财产的一些属性。首先,它的产生源于私人财产的让渡,不是源于公有财产;其次,它具有一定的排他性,权利人有权排除成员之外的人员使用。总之,共有私产具有私有财产的一些属性,但不同于私有财产。

2. 共有私产与共有财产

经济学(包括政治经济学)中的共有财产(Common Property)使用比较混乱,不仅用来指政府所有财产、无主财产,还用来指特定群体的共有财产。① 换言之,法学语境下的国有财产、共有财产和无主资源等在经济学中都可用共有财产来表达。如戈登以公地渔场为例,认为共有财产对个人而言是免费产品,对社会而言是稀缺资源,如果不加限制过度使用,就会导致其损耗和枯竭。② 哈丁将共有财产的内涵进一步扩大,不限于财产而指所有公地问题(或公共问题),如环境问题、人口问题等。在戈登和哈丁研究的基础上,后来学者对共有财产进一步细分,也对前面学者的观点提出了质疑。克拉克(Clarke)认为共有财产有三个不同种类,即非财产、自由进入(open access)的共有财产和有限进入(limited access)的共有财产。③ 非财产是全世界的人都有权使用且取之不竭用之不尽的资源,即不属于财产,如空气、日光、风、潮汐、雨水等。自由进入的财产是每个人都有权使用且无权排除他人使用的稀缺资源,如公共公园、免费使用的公路。自由进入财产处于整个财产谱系的一个顶端,而个人财产处于财产谱系的另一个顶端,中间有无数财产过渡形态。④ 有限进入的财产是特定成员才有权使用,成员之间无权排除他人使用,但可以排除成员之外的人使用的财产。艾格森(Eggertsson)认为,共有财产仅指有限进

① Edella Schlager, Elinor Ostrom, "Property-Rights Regimes and Natural Resources: A Conceptual Analysis", *Land Economics* 68, 1992, p. 249.

② H. Scott Gordon, "The Economic Theory of a Common-Property Resource: The Fishery", *Journal of Political Economy* 62, 1954, p. 135.

③ Alison Clarke, "Creating new commons: recognition of communal land rights within a private property framework", *Current Legal Problems*, Annual, 2006, p. 322.

④ Thrάinn Eggertsson, "Open Access Versus Common Property", in Terry L. Anderson and Fred S. McChesney, ed., *Property rights—Cooperation Conflict and Law*, Princeton University Press, 2003, pp. 73 – 89.

入的共有财产，其不同于自由进入财产，“它只是自由进入财产通向个人独有财产漫长且复杂道路的第一步”。[①] 本书共有财产的界定范围为有限进入的共有财产。共有财产远不止学者所探讨的这几种类型，共有财产因构成财产的成员之间基础关系不同而各异。共有私产可以说是共有财产的一种，具备有限进入共有财产的基本属性。以维修资金为例，只有缴纳维修资金的小区特定业主才有权使用该小区的维修资金，其他小区的业主或者未缴纳维修资金的业主则无权使用，是特定业主之间的共有。

尽管共有私产具有法学中共有财产的特性，然而大陆法系常用的两种共有形式更适合调整少数人共有的财产，对于调整像共有私产这样多数人共有的财产就难以胜任。大陆法系常见的两种共有制度——共同共有和按份共有都更注重公平，对共有私产治理显得力有不逮。共同共有以共有关系为基础，仅限于少数人之间（如夫妻、家庭之间）的共有，实行“全体一致决”原则。按份共有是以共有份额作为表决权的基础，实行“绝对多数决”原则，即获得2/3以上成员（或份额）的同意就可通过表决。然而，共识达成的难易程度与团体中成员的多少成正相关，成员越多，共识达成难度越大；而成员越少，共识达成难度就越小。对共有财产而言同样如此，共有成员越多，利益就越分散，成员之间的共同利益就越少，实行“绝对多数决”难度就越大，治理的效率就越低。因此，共同共有和按份共有适合于共有人数较少的共有财产，即少数人的共有，而不适合多数人共有的财产。

与大陆法系相比，英美法系的法律制度对共有私产的调整效果相对更好，因为相对于公平而言，英美法系法律制度更注重效率。只要能达到效率最大化，英美法系国家就能采取灵活的法律制度，不受现有共有制度的羁绊。如很多英美法系国家将维修资金作为营利性（或非营利性）企业法人的财产，按照法人治理机构进行管理而不是适用现有的联合拥有（joint ownership）和共同拥有（ownership in common）制度。因为，英美法系的联合拥有和共同拥有也难以完全契合所有的共有私产。其一，联合拥有的最大特征是“幸存者得”，由于共有私产不存在“幸存者得”问题，显然联合拥有不适合调整共有私产。

---

① Thráinn Eggertsson, "Open Access Versus Common Property", in Terry L. Anderson and Fred S. McChesney, ed., *Property rights—Cooperation Conflict and Law*, Princeton, Princeton University Press, 2003, p. 73.

其二，共同拥有的一个重要特征就是，共有人份额可以继续转卖或继承。共有私产是不能单独转卖的，有些共有私产之价值请求权是可以继承的，而有些则不能。可见，共同拥有也无法调整共有私产。尽管英美法系现有调整微观财产的共有制度也不适合共有私产，但英美法系财产法不囿于现有制度，而是根据共有私产的不同特性创设了不同的先例或单行制度。

总之，共有私产虽具有共有财产的基本属性，但又不同于少数人的共有财产，不能适用现有调整少数人共有财产的法律制度。

3. 共有私产与公有财产

共有私产不同于公有财产，共有私产是特定成员之间分别让渡一部分私有财产而形成的，为特定成员之间的共有财产。本书的公有财产等同于国有财产，①公有财产属于全体国民所有，需要全体国民的受托人——政府代为管理。对公有财产和共有财产的区分要溯源至制度经济学。登姆塞茨认为，所有权有三个理想化的类型，即私人所有、共同所有和政府所有。共同所有(communal ownership)是指区域内所有成员都可行使的权利，区域内成员在行使权利时有权排除政府和其他个体的干涉。② 制度经济学中的共同(communal)财产，是指财产权利人享有使用权，但不享有排他权的财产。对共同财产的使用实行"先到先得"原则，持续时间一直到使用结束为止，如公共道路就属于共同财产。共同所有与政府所有紧密相关，如公共公园，若政府行使排他权去禁止人们使用该财产时，就变成了政府所有；若政府从来不行使或者很少行使排他权时，就可认定为共同财产。③ 从阿尔钦和登姆塞茨的界定中可以看出，制度经济学的"Communal Ownership"中包含"Common Ownership"和"Public Ownership"这两种类型，这种分类方式被后来的学者逐步修正。

现在法律经济学者普遍认同财产的四种理想化类型，即私人财产、共有财

---

① 英美财产法和法律经济学文献中称为"Public Property"，我国有些学者将其翻译为公共财产。英美法系学者们通常将公共财产等同于政府所有财产（我国称为国有财产）。Steven Shavell, *Foundations of Economic Analysis of Law*, Cambridge, Harvard University Press, 2004, p. 110.

② Harold Demsetz, "Toward a Theory of Property Rights", *The American Economic Review* 57, 1967, p. 354.

③ Armen A. Alchian and Harold Demsetz, "The Property Right Paradigm", *The Journal of Economic History* 33, 1973, p. 19.

产、公有财产和非财产(non-property),严格地说第四种不属于财产,所以很多学者认为财产应分为前三种类型。此种分类中的公有财产是共有财产的一种特殊形式,理论上被认为由全体公民所共有,实践中由公法人所拥有或控制(公法人所有权),具有公的属性。本书认为公有财产应包括政府私用的国有财产和公众使用的国有财产。

共有私产属于特定群体之所有财产,而不是全体国民所有,完全不同于公有财产。共有私产中没有政府出资的成分,即不存在公有成分。总之,共有私产属于制度经济学所提出的共同财产的一种类型,但不属于现代法律经济学所提出的公有财产,其具有"共"的属性而不具有"公"的属性。

4. 共有私产与社会财产

有学者将财产分为私有财产、社会财产和政府财产,并指出社会财产是政府不能独占支配而社会成员可以无限制使用的财产,并实行先占原则,如空气、源源不断的河水等。① 有学者将国有财产分为国有私产和社会公共财产,社会公共财产是社会公众共同使用的国有财产。② 笔者并不赞同此种分类。首先,社会财产或者社会公共财产是一个比国有财产更虚幻的财产类型,因为社会是一个空泛的概念。社会财产会导致财产主体虚化,不利于财产的保护,会发生"公地悲剧"的结果。其次,第一位学者所提出的社会财产其实包括两种财产,即一种是社会公众用的公有财产,另一种是非财产。这种分类方式是公私二分法的典型体现,忽略了共有财产这种中间类型。最后,无论是社会财产还是社会公共财产都是社会公众自由使用的公有财产,与共有私产有质的不同。共有私产是特定群体内成员有权使用的财产,而不是所有社会公众自由使用的财产。因此,共有私产完全不同于我国学者所言的社会财产或社会公共财产。

基于上文分析,本书对财产理想化类型沿用法律经济学的一贯分类,即私有财产、共有财产和公有财产。即使理想化的三分法也难以满足实践中纷繁复杂的各种财产制度,但本书仍基于此种分类对共有私产进行研究。此处的共有财产是有限进入的共有财产,并不等同于我国的两种法定共有类型。共

---

① 参见涂四益:《我国宪法之"公共财产"的前生今世》,载《清华法学》2015年第5期。

② 参见肖泽晟:《社会公共财产与国家私产的分野——对我国"自然资源国有"的一种解释》,载《浙江学刊》2007年第6期。

有私产是共有财产的一种,同时又具有私有财产的一些属性,但完全不同于公有财产和社会公共财产。

(二)共有私产与所有制、所有权、财产权(或产权)

1. 共有私产与所有制

所有制是一国的基本经济制度,是生产资料的基本归属关系,属于经济基础的范畴。根据生产资料的归属不同,所有制可以分为公有制经济、私有制经济和混合所有制经济。而共有私产是一种财产法律制度,属于上层建筑的范畴。经济基础决定上层建筑,一个国家所有制形式决定财产法律制度。现代市场经济国家不存在单纯的私有制或者公有制,都是由一种所有制为主体的混合所有制形式。不同的所有制形式会影响共有私产治理的不同路径与制度选择。资本主义市场经济国家对共有私产的法律规制与治理,主要以社群自治为主导。法律上将共有私产纳入自治领域,政府一般不会主动干预,体现了私有制中的社群权利的神圣与自由。我国作为以公有制为主导的社会主义市场经济国家,对共有私产的法律调整与治理,仍然烙有深刻的公有制特色,不可能直接照搬以私有制为主导的资本主义社会制度。在公有制经济占主导的经济背景下,我国政府应加强对共有私产治理的干预,强化政府的作用,此内容将在共有私产的法律治理部分进行论述。

2. 共有私产与所有权

所有权是权利人"对所有物的完全支配权"。① 奥诺雷详细列举了一个完整所有权应具备的 11 个标准成分。② 如果一个人对特定物享有所有要素或者大部分要素,就拥有了这个物,但奥诺雷并没有指出哪些要素是所有权的必备要素。而《拿破仑法典》将使用权、收益权和处分权作为所有权的核心权能,如该法典第 544 条。③ 显然,拿破仑的所有权概念仍强调的是个人对物的唯一和专制的支配权,体现着布莱克斯通式的理念。

从上述对所有权的界定可以看出,所有权与共有私产这两个概念并不同,所有权是关于财产的归属关系,而共有私产是从归属角度对财产权的一种分

---

① 周枏:《罗马法原论》(上册),商务印书馆 1994 年版,第 323 页。

② A. M. Honoré, "Ownership", in A. G. Guest ed., *Oxford Essays in Jurisprudence*, Oxford University Press, 1961, pp. 107 – 147.

③ 所有权是对于物有绝对无限制地使用、收益及处分的权利,但法令所禁止的使用不在此限。参见[法]拿破仑:《拿破仑法典》,李浩培等译,商务印书馆 2009 年版,第 80 页。

类。具体言之:其一,所有权是一种权利;而共有私产既可指一种权利(也可称为共有私产权),又可指一种权利的客体。任何财产既是一种权利,又可指一种权利客体,在英文中二者都用"Property"来表达,因为财产(权)就是关于人与人之间权利义务关系的集中体现。正如考特和尤伦所言,财产应视为一束权利,规定了权利人可以做什么,不可以做什么。① 其二,所有权之权利人对所有物享有较完整的权利,而共有私产之权利人对货币资金仅享有一些有限的权利——物权性价值请求权。如维修资金对业主而言更是一种权利,因为虽以种类物——货币的形式缴纳了维修资金,但业主仅享有维修小区共有部位而主张和使用的价值请求权。若过分强调共有私产权利人对货币的完整所有权,会造成共有私产之权利碎片化,从而出现反公地悲剧。

3. 共有私产与财产权、产权

财产权在大陆法系中的内涵与英美法系有所不同。大陆法系的财产权是相对于人身权而言的,只要是涉及财产利益且与人身权益无关的都纳入财产权,包括物权、债权(包括合同)、知识产权、股权等都属于财产权。英美法系中财产权是相对于合同权而言的,只要是合同权利之外的权利都可以纳入财产权,甚至包括人身权益。英美法系学者认为,契约中权利关系是由可变的契约规则所调整,而财产中权利关系是由明线规则(bright-line rules)(或称为法定规则)所调整,这些明线规则是由固定不变的、标准义务条款所构成的,是一个明确的规则或者标准。② 基于这样的区别,英美法系的合同权利关系并未纳入财产权范畴,而是由合同法单独调整。无论是从大陆法系财产权角度还是从英美法系财产权角度,共有私产都属于财产权的一种。以维修资金为例,从大陆法系角度分析,维修资金不涉及人身问题,只是一个财产问题;从英美法系角度分析,维修资金不是因合同关系而产生的,而是因业主的不动产而产生的附属财产,显然不是合同权利而是财产权。总之,共有私产是一种物权,毫无疑问是现实世界中纷繁复杂的财产权中的一种。

产权是制度经济学的一个概念,在英美法系中产权与财产权尽管在英文

---

① [美]罗伯特·D. 考特、托马斯·S. 尤伦:《法和经济学》,施少华等译,上海财经大学出版社2002年版,第66页。

② Thomas W. Merrill and Henry E. Smith, "The Property/Contract Interface", *Columbia Law Review* 110, 2001, pp. 773 – 852.

中都是“Property Rights”,并且其内涵有诸多重合之处,但一般认为经济学中的产权不同于两大法系财产法学中的财产权。[①] 一方面,产权要大于大陆法系的财产权,如排污权属于产权的一种,但并不属于大陆法系财产法中的财产权,即不属于民事权利范畴;另一方面,产权范围也大大宽于英美法系的财产权,如前文所述的合同权利肯定属于产权的范围,但不属于英美法系的财产权范畴。[②] 尽管产权不完全等同于财产权,但共有私产既是一种财产权(本书部分内容是基于它作为财产权而展开的),又是一种产权。因为共有私产本身就是一种产权关系,是解决特定人群之间共同面临问题的一种经济工具,有助于权利人之间在交易前形成合理的预期。共有私产不是指人与该财产之间的关系,而是指因该财产所产生的人与人之间法律确认的权义关系。就维修资金而言,维修资金是业主对未来房屋共有部位可能出现的问题需要动用该资金进行修缮的一个合理预期,若缺少该预期,任何业主可能都不愿缴纳。同理,维修资金法律制度不是调整业主与该资金的关系,而是调整特定小区所有业主之间围绕该资金使用所形成的权利义务关系。因而,共有私产是一种产权配置方式,属于产权的一种特殊类型。

二、共有私产历史演进之简述

不同类型社会都存在不同的共有财产形态,共有私产是在各种共有财产制度的基础上嬗变而来,因而有必要考察共有私产产生与发展的历史脉络与典型例证。

(一)共有私产孕育前的原始社会部落共有

共有私产是只有在共有财产和私有财产同时存在时才能出现的财产组合形式,缺少任何一种就不可出现共有私产。在原始社会中,由于不存在私有财产制度,共有私产就不可能产生。

原始社会没有法律意义上的财产制度,供部落成员所用的生活资料由部落共有,主要依靠原始习俗来调整。在原始社会的狩猎和采摘时代,没有什么财产可言,采摘果实和狩猎物只能勉强维持部落成员生存。占有欲在原始部

---

① Daniel H. Cole and Peter Z. Grossman, “The Meaning of Property Rights: Law versus Economics?”, *Land Economics* 78, 2002, pp. 317 – 330.

② 参见梅夏英:《财产权构造的基础分析》,人民法院出版社2002年版,第172~179页。

落成员之间尚未形成,不存在现代意义的财产。土地在当时尚不构成财产而为部落共有。① 原始农业出现以后,在生产工具极其落后的情况下,作为主要财产的土地仍由部落共有,因而最早的土地所有关系就是部落共有。福山教授从现存太平洋岛国的原始部落社会去探寻原始社会财产制度特征,发现现代的亚美尼西亚、所罗门群岛等仍有亲戚团体的共有财产。② 原始社会由于生产工具极其简陋,仅凭单个人的能力难以抵挡野兽的攻击,且由于无法获得充足的食物,血亲关系相连人员往往会组成较小的部落群体。通过采摘或狩猎获得的食物自然要归部落群体共同享用,否则部落就会解体或消亡。可见,原始社会的部落共有,无疑是现代共有财产的萌芽。

在原始社会发展的漫长过程之中,绝大多数时间不存在私有财产,是因为生产力水平还未发展到促成私有财产产生的高度。只有在原始社会后期才出现了一些私有财产,但部落共有仍是整个原始社会唯一主导财产形式。在原始社会后期有些地方出现了毗邻公社。毗邻公社是指由独立经营的个体家庭构成的社会经济结构,这些家庭是因土地相连的关系和对主要生产资料(土地、牧场、有经营价值的地方)的共有权而彼此联合起来。个体家庭的私有财产和集体财产相结合,存在集体所有制(共有)和私有制的错综结合和斗争,但基本生产资料都归集体所有,即公社成员共有。③ 可见,私有财产制度是从原始部落共有中逐渐进化而来的,正如梅因所言,私有财产权是由一个共产体的混合权利中逐步分离出来的由各别个人权利所组成的权利。④ 因此,在不存在私有财产的原始社会早期和中期,就不可能存在共有私产。在原始社会即将解体的后期才出现一些私有财产,为奴隶社会出现广义共有私产萌芽创造了基础条件。

(二)共有私产之原型——古罗马法中的合伙财产

原始社会共有财产在中西方奴隶社会发展中呈现出不同的演化趋势,在

① 参见[美]路易斯·亨利·摩尔根:《古代社会》,杨东莼等译,中央编译出版社 2007 年版,第 386 ~ 395 页。

② 在巴布亚新几内亚和所罗门群岛,95% 以上的土地仍是共有财产。参见[美]弗朗西斯·福山:《政治秩序的起源:从前人类时代到法国大革命》,毛俊杰译,广西师范大学出版社 2014 年版,第 64 ~ 66 页。

③ 参见[苏]哈扎诺夫:《原始公社制度的集体与阶级社会的产生》,载[苏]别尔什茨主编:《原始社会》,苗欣荣等译,中央民族学院出版社 1987 年版,第 103 ~ 105 页。

④ 参见[英]梅因:《古代法》,沈景一译,商务印书馆 2009 年版,第 175 页。

古代中国演化为王族财产，而在西方则演化出私有财产。因此，在古代西方（如古罗马帝国）就已经产生了最早的共有私产原型，如合伙财产。

1. 古代中国的王族财产与古代西方的私有财产

随着生产工具的改进与生产力的提高，血亲关系依据亲疏进一步分离出家庭，奴隶社会以家庭或家族为单位取代了原始部落。部落共有在中西方出现了两极分化，一种成为王有财产（最终演进为公有财产），另一种演化出私有财产。

在我国奴隶社会中，所有土地和奴隶等财产都属于奴隶主国王（或诸侯王）所有，即王有制。夏、商和西周时期，君王或诸侯王对其统治区内所有财产享有所有权，包括土地及其臣民。在春秋战国时期，土地诸侯王有制得到空前的强化。① "溥天之下，莫非王土；率土之滨，莫非王臣"，这种王有制思想贯穿我国奴隶社会的始终。我国奴隶社会实行的井田制就是王有制的体现，将土地划分为长方形的田块，因形状像彼此相连的"井"字而得名。国王按照奴隶主贵族内部亲属尊卑的等级，把他们分封到各地，并把那里的方田、奴隶等逐级分配给他的臣下——公、侯、卿、大夫们，作为他们的俸禄，由他们世袭占有。② 实际上，这些奴隶主都与国王有亲疏不等的某种血亲关系，王有制就是王族所有，奴隶主贵族们按照王族成员的等级享有王族财产，成为王族财产的真正所有人，拥有最终决定权。这种王族所有最终发展为现代社会的公有财产。可见，在我国奴隶社会中，原始社会部落共有并未演变出成熟的私有财产，而是演变为一种新的财产形态——公有财产。

西方奴隶社会则不同于我国，同时存在私有财产和共有财产制度。虽时而存在私有财产和共有财产相竞争的情形，但私有财产制度一直占主导地位。如迄今发现最早的奴隶社会成文法典——《汉谟拉比法典》规定了份地制度，是私有财产的早期形式。该法典规定，森林、牧地和池塘由公社成员集体占有，实际上由公社所有，耕地则分给各家使用，称为份地。③ 尽管份地是以家庭为单位进行使用，但其是私有财产的最初形式。在古希腊，土地私有化进程

① 杨师群：《中西方上古社会财产所有权法制建构的对立》，载《华东政法学院学报》2003年第6期。

② 参见张景贤：《中国奴隶社会》，中华书局1974年版，第11~14页。

③ 杨立新：《共有权研究》，高等教育出版社2003年版，第20页。

开始于迈锡尼时代;而在古罗马帝国时期(公元前5世纪末)土地私有已基本确立。[①] 奴隶社会最主要的财产就是土地和奴隶,私有财产成为西方奴隶社会的主要财产形式,而家庭共有仅作为私有的一种特殊形态,是所有权的一种例外。因此,梅因认为许多现代法律将共有财产制度视为财产权的特例,是私有财产的临时状态。在西欧普遍流行着的格言——"没有人能违背其意愿而被保留在共同所有财产制度中"(*Nemo in communione potest invitus detineri*),就明显地表达出这种见解。[②] 在这种思想影响下,西方奴隶社会的共有制度虽未获得更大范围的发展,但是共有财产也是一种不可忽视的财产类型。共有私产在西方奴隶社会就有了其产生所要必备的两种财产(共有和私有)制度基础。

总之,由于奴隶社会制度差异所致,中西方奴隶社会财产制度有所不同。在我国奴隶社会中只有王有财产,没有私有财产,不可能产生共有私产原初形态。而在西方奴隶社会中,尽管私有财产占主导,私有和共有财产制度却同时存在,从而产生了原初形态的共有私产,如合伙财产。

2. 古罗马法中的合伙财产

在西方奴隶社会,随着私有财产的确立和商业兴起,陌生人之间的财产关系不断发展,出现了一种共有私产的原型——古罗马法中的合伙财产。

合伙财产是共有私产最早的原型,产生于古罗马奴隶制社会。奴隶社会的合伙财产是在奴隶社会家庭和家族共有的基础上发展而来的,一般认为产生于古罗马的家族共有。由于个人或家庭财力和人力有限,难以抵御更大的风险或经营更大事业,于是产生了不同个体和家庭的财产与人力集合形式——合伙。最早和最原始的合伙形式是古罗马法中的索塞塔斯(societas),[③]从其外文词源上看就是社团或社群的意思,是不同人之间的一种契约关系,多人共同出财出力、共同经营并对外承担无限连带责任。虽然不同于本书所研究的共有私产,但索塞塔斯之财产对权利人而言就是一种原始的广义共有私产。

---

① 杨师群:《中西方上古社会财产所有权法制建构的对立》,载《华东政法学院学报》2003年第6期。

② [英]梅因:《古代法》,沈景一译,商务印书馆2009年版,第169页。

③ 任先行、周林彬:《比较商法导论》,北京大学出版社2000年版,第301页。

另一种较早合伙形式就是康美达(commenda),是11世纪晚期在意大利等南欧与西欧地区发展起来的一种商业经营模式,主要运用于海上航运的合伙协议。从事航运的一方(tractator)获得1/4的利润并承担无限责任;而负责出资却不进行航运的一方(stans)获得3/4的利润,同时承担有限责任。① 索塞塔斯是现代普通合伙的起源,而康美达是现代有限合伙的起源。索塞塔斯和康美达契约下的财产都是广义共有私产最早的原型,这种共有财产已经超出了血亲范围。总之,古罗马奴隶制国家中,合伙财产可以看作广义的共有私产之原型。

(三)共有私产之发展——封建社会的行会财产

在封建社会,除了合伙财产进一步发展之外,又出现了不同类型的广义共有私产,封建行会财产就是其中之一。

封建社会的行会是为了抵御封建官僚的压迫与避免同行业者恶性竞争,由各行各业手工业者成立的各种行会组织,每个手工业者只有成为行会会员才能享有某些特殊权利(如某个区域的手工业经营垄断权),甚至才能从事某个手工业。中西方封建社会的行会制度都非常发达,虽然没有专门的法律调整,但封建习俗与行会内部制度足以确保行会有效运行。行会财产源于会员缴费和捐赠,如我国封建行会的财产源于捐款和赋课金,②显然这些财产不属于国家所有和私人所有,属于行会会员的共有财产,是广义共有私产的另一种形态。

由于封建社会没有法人制度,行会组织并不具有法人主体资格。行会管理机构作为全体行会会员的受托人并不具有独立承担责任的能力,管理机构人员都由本行业德高望重的行会会员担任。行会组织只能以维护行会会员的共同利益为目标收支行会财产,而且要履行行会章程的基本程序。行会财产具有现代共有私产的一些特性,即它为了血亲之外的共同群里之间的利益,每个会员让渡出一部分私有财产组成共同财产,从共同利益出发使用和经营管理该笔财产。总之,行会财产是继合伙财产之后,又一种得到发展的广义共有

---

① [美]哈罗德·J.伯尔曼:《法律与革命——西方法律传统的形成》,贺卫方等译,中国大百科全书出版社1993年版,第429页。

② 捐款包括乐捐、一文捐、月捐和入堂捐;赋课金包括货物税、船税、房租和其他收入等。参见全汉升:《中国行会制度史》,百花文艺出版社2007年版,第105~107页。

私产之类型。

在行会财产的制度环境上,中西方又存在差异。在我国,封建社会王有财产制度虽有所调整,但依然延续着奴隶社会模式而占主导地位;私有财产虽有一定程度的发展,但私有财产保护制度仍不发达。在法律保护私有财产制度严重缺乏等环境下,行会财产随时受到封建官僚机构的威胁。在欧洲,封建社会之封建主的私有财产是其主导财产制度,加上相对健全的私有财产保护制度,制度环境为行会财产免受外界侵夺营造了较好的外部条件。因此,西方的行会财产制度(如英国)比我国更加发达。

(四)共有私产之成熟——公司财产与社会保障财产

1. 产生于自由资本主义时期的公司财产

自由资本主义时期私有财产制度得到了空前的发展,其他财产形态从量上也大大减少。随着社会分工越来越细,商品交换日益频繁,手工业主和农场主成为资本家,封建小农经济与手工业经济让位于自由的市场经济。在市场经济中,市场运行总是有成本的,通过成立某种组织并允许企业家调配资源,一定的市场成本就会被节省。[①] 资本家为减少交易成本而成立公司,法律赋予公司独立人格地位,投资者成为公司股东。从法人角度来看,公司享有法律上拟制的独立财产权,但公司是法律上拟制的人并不能像自然人一样享用物质财产,公司股东才是真正享有公司财产的最终所有权人。基于此逻辑,我国《公司法》规定公司享有法人财产权而不是公司法人"所有权"。[②] 刘文华教授指出,"投资者不会去创设一个与自己的所有权相对立、相排斥的法人所有权。股东投资后所形成的股权,其实质仍是所有权,是所有权实现的形式,是股东通过公司法人实现其所有权的特殊形式,是一种特殊的所有权"。[③] 因此,从股东角度,公司财产就是股东之间一种特殊的共有私产,这种共有私产在权利上表现为股权,或言之已被法律界定为一种新型财产权——股权。公司财产虽是一种广义共有私产,但已有专门的公司法律制度调整,不在本书的研究范围之内。

---

① Ronald. H. Coase, "The Nature of the Firm", *Economica* 4, 1937, p. 392.

② 《公司法》第3条规定,公司是企业法人,有独立的法人财产,享有法人财产权。公司以其全部财产对公司的债务承担责任。

③ 刘文华:《中国经济法基础理论》,法律出版社2012年版,第222~223页。

2. 肇始于垄断资本时期的社会保障财产

放任自由的市场经济通过优胜劣汰的竞争机制形成了市场垄断，自由资本主义逐渐演变为垄断资本主义。垄断资本主义时期，西方各国出现了养老、失业、医疗以及严重贫富差距与环境恶化等诸多市场手段无法自行解决的失灵问题。经济危机周期性爆发，政府不得不干预市场经济的运行，构建社会保障网络，社会保障制度迅速发展起来。现代社会保障制度起源于19世纪80年代的卑斯麦立法。作为当时德意志帝国总理的奥托·冯·卑斯麦颁布了三个具有划时代意义的法律：1883年的《健康保险法案》规定，健康保险成本由雇主与工人共同承担；1884年的《事故保险法》规定，此类保险成本由雇主全部承担；1889年的《老年与体弱（或疾病）法案》规定，养老金的成本由雇主、政府和工人三方共同承担。[①] 卑斯麦推行的强制社会保障制度不仅是现代社会保险制度的真正起源，而且其形成的财产就是新的共有财产类型，其中，卑斯麦立法中的健康保险和事故保险财产就是现代社会的共有私产。至今，社会保障财产是由政府主导并管理的共有财产，而政府未注资的社会保障资金和企业年金等仍是典型的共有私产。

公司财产与社会保障财产都具有共有私产的属性，但二者产生的原因不同。公司财产是基于市场自发原因而产生的；而社会保障财产是基于政府主导而产生的。这两种共有私产一直延续到当今社会，而且不断出现新的特点。现代市场经济国家（无论是资本主义社会还是社会主义社会）在之前公司财产和社会保障财产制度的基础上不断演化出新的共有私产，每一种共有私产都具有一些不同的特性，而本书仅研究狭义的共有私产。

三、共有私产历史演进之分合规律

共有私产的产生与发展经过了漫长的历史演进，充分体现了分与合以及从结合到耦合的基本规律。

（一）人与人财产关系演进之分合论

财产制度是人与人之间财产关系的安排，共有私产历史演进体现着人与人之间关系的分合理论。共有是合，私产是分，共有私产是分与合的完美融

---

① ［美］维托·坦茨：《政府与市场——变革中的政府职能》，王宇等译，商务印书馆2014年版，第128～129页。

合,这就是共有私产的分合论。分合论是刘文华老师长期研究经济法现象时提出的,他认为作为纵横统一的经济法,纵是合,横是分;国家调控是合,市场调节是分;计划是合,市场是分。刘老师提出,所有经济领域,无论是动态的,还是静态的,都是分中有合、合中有分、分合并存、分合并行。分合规律成为客观事物存在和发展的普遍属性。[①] 大到一个国家的发展进程,小到一个具体财产制度,甚至个体与个体之间的关系,都体现着分合规律。从国家角度来讲,我国的发展史就是一个各民族、各地域之间的分合史,虽然“合”是主旋律,是主流和常态,但“分”却时常发生。从财产角度来讲,我国财产制度中私有财产是“分”,集体所有和国家所有是“合”,体现“合”的财产制度在我国占绝对主导地位。从人与人关系角度来讲,在个体与个体的关系中单身与独居是“分”,家庭与合居是“合”,“合”是人与人关系的主流。从财产制度的历史演进中,我们可观察到共有私产之分合理论演进路径。财产关系从单一的合或者分,到以合或者分的某一面为主导,再到合与分的平分秋色,会发现产生共有私产要经过漫长的历史演进过程。

在原始社会早期和中期,财产是以“合”的形式出现,财产都属于原始部落共有。在原始社会后期,随着家庭的出现,财产开始分化,私有财产逐渐萌芽,但“最早的私人财产,仍不属于个人,而属于宗族或其他亲戚团体”。[②] 显然,原始社会中,“合”是主流财产形态。

从奴隶社会开始,中西方财产制度表现出不同的分合特点。如前文所述,中国奴隶社会的财产主要是王族所有,而西方奴隶社会的主要财产(如土地、奴隶等)由奴隶主私人所有。中国的王有制或者王族所有是财产关系“合”的体现,而西方奴隶社会奴隶主私有财产则是“分”的表现。但西方奴隶社会时而会出现“合”的时期,不是高度的“合”而是自发的区域的“合”。如在古希腊和古罗马帝国,有时因政府权威弱化而削弱法律的威慑力,陌生人之间交易风险更大,交易更加本地化,集体所有财产时而上升。[③] 西方奴隶社会断断续续的“合”不是其财产制度的主流形态。概言之,在西方奴隶社会财产关系中

---

① 刘文华:《经济法理论在求实、创新中行进》,载《商丘师范学院学报》2012 年第 7 期。

② [美]弗朗西斯·福山:《政治秩序的起源:从前人类时代到法国大革命》,毛俊杰译,广西师范大学出版社 2014 年版,第 64 页。

③ Harold Demsetz,“Toward a Theory of Property Rights II:The Competition between Private and CollectiveOwnership”,*The Journal of Legal Studies* 31,2002,pp. S667 – S669.

有“分”有“合”,但“分”是主导,而在我国奴隶社会财产关系中以“合”为主,而且是高度的“合”。

封建社会时期,中西方财产制度依然表现出不同的分合特点。我国封建社会,以“合”为主的王有制和封建官僚等级所有制得以巩固,土地等主要财产属于国家所有。皇帝根据下属官僚的等级分别授予其不同数量的土地及相关财产,一旦官位失去,所有财产一同被没收。在我国封建社会没有真正的私有财产保护制度,如在唐律盗窃罪的严酷刑罚中,也没有赔偿的条文。即使“籍没其家”,也是财产为官府所没收,不会用来赔偿受害人。[①] 封建社会的贫民仅拥有极少量的财产,王族和贵族占有绝大多数财产。财产被封建王族和贵族所有就是“合”的体现,皇帝和上级官员可以随意收回下级的土地等主要财产。因而,在我国封建社会,虽然财产关系存在“分”的形态,但“合”仍是主导特征,是以皇权为主导的高度的“合”。然而,西方封建社会重视对私有财产权的保护,其自耕农也享有比中国封建社会农民多无数倍的权利,一部分自耕农积累起很可观的动产和不动产。[②] 尽管时而共同责任和集体控制代替私有财产,但私有财产仍是西方封建社会的主要财产形式,即“分”是西方封建社会财产制度的主流。因而,西方封建社会财产关系虽然存在“合”的形态,但“分”是主导特征,此为自由资本主义产生和发展奠定了财产制度基础。总之,尽管西方奴隶社会合伙和中西方封建社会行会财产是“分”与“合”的融合,但难以改变各自社会中财产的主流特点。

在自由和垄断资本主义时期,私产财产权获得了空前的发展,财产实现了全面的“分”。自由和垄断资本主义时期,交易更多发生在陌生人之间,为了确保交易安全,需要法律对私有财产进行充分保护。“分”成为自由资本主义时期财产的主流形态,而“合”却成为少有形态。公司财产虽体现了一定的“合”,但仍然有“分”的成分,是“分”与“合”的融合。资本主义财产制度推崇极端、自由“分”的思想,导致经济危机周期性爆发,政府不得不调整财产制度,实行一些体现“分”与“合”融合之思想的财产制度。政府推行的社会保障制度以及人们自发建立的各种互助金等都是分合思想之体现,形成一些新的

① 杨师群:《汉唐间社会财产私有权问题考论》,载《学术月刊》1999 年第 8 期。

② 杨师群:《中国传统社会自耕农产权问题的考察——与西欧中世纪农民的比较研究》,载《学术月刊》2003 年第 8 期。

共有财产。以社会保障财产为例,在不同层面上分别体现了人与人的财产关系上的“合”与“分”。在凯恩斯主义影响下,现代资本主义财产制度中“合”的比重逐渐上升,与“分”处于同等重要地位。在现代资本主义社会中,私有财产在数量上可能占有绝对的优势,但非私有财产(尤其是一些共有财产)也拥有庞大的体量。财产的“合”与“分”虽未实现等量齐观,但达到了等位齐观,即在财产制度中具有同等重要的地位。

我国作为社会主义国家走的是与资本主义国家不同的道路。从1949年新中国成立到1978年改革开放之前,我国实行全面公有制财产制度,只有“合”而没有“分”,而且这种“合”是公有财产(集体所有和国家所有)的“合”,还不是共有财产的“合”。极端、高度的“合”导致各主体丧失了努力创造财富的积极性,造成效率低下、积贫如疾。改革开放之后,我国政府开始调整财产制度中高度“合”的比例,逐步推行适度的“合”和一定的“分”。从适度“合”的角度(有分有合),我国开始大力推行特定成员间的共有财产制度,这些财产中没有国有成分,如维修资金、住房公积金、企业年金、政府未注资的社会保险资金等财产。从一定“分”的角度来看,我国开始同等保护私有财产,私有财产从改革开放之后得到了迅速的发展,提升了个体创造财富的积极性,大大促进了经济社会的发展。尽管如此,我国作为社会主义国家,仍以公有制为主体,土地等重要自然资源属于公有财产,“合”的成分在我国财产关系中可能在量上占有一定优势。虽然“分”的成分不能与“合”的成分等量齐观,但仍实现了等位齐观,如我国《宪法》已给公共财产和私有财产同等保护地位。

现代资本主义市场经济和社会主义市场经济在财产关系的分合观上实现了殊途同归,只是从不同的矛盾对立面出发而已。正如刘文华教授所提出的“社会两大系列矛盾”所言,自由资本主义与我国改革开放前的社会主义两种社会制度各自走了两个极端,都曾在自己的历史发展过程中强调向左或者向右系列矛盾方面,而忽略另一面的矛盾。自由资本主义时期突出的是右一系列矛盾方面,而我国社会主义初期突出的是左一系列的矛盾方面。① 从分合理论角度来看,自由资本主义时期财产制度突出“分”的方面,而我国社会主义初期财产制度突出“合”的一面,两者都被证明是错误的,最终都选择了有

① 刘文华:《经济法本源论——“社会基本矛盾论”是解释和解决经济法系列问题的理论基础》,载《经济法制论坛》2003年第12期。

合有分的财产制度,分合并重、分合并列、分合并进。

西方国家财产关系演进的理论路径为:原始社会的“合”——奴隶社会的“分”,少量的“合”——封建社会大量的“分”,适量的“合”——自由和垄断资本主义大量的“分”,少量的“合”——现代资本主义等位的“分”与“合”;我国财产关系演进的理论路径为:原始社会的“合”——奴隶社会的“合”——封建社会大量的“合”,少量的“分”——社会主义初期的高度“合”——社会主义市场经济时期等位的“合”与“分”。质言之,中西方财产制度都是处理分与合的关系,唯一区别在于我国财产历史形态中“合”是主流,而西方财产历史形态中“分”是主流。从不同演进路径上可看出,我国社会主义高度“合”的财产制度有其历史文化传统。

现代形态的共有私产是在“合”与“分”同等重要的情况下进一步多样化,是“合”与“分”高度融合的产物。“合”能体现公平,“分”能提高效率,“合”与“分”的结合要求兼顾公平与效率。过分强调“合”会导致“公地悲剧”——又可称为“大锅饭悲剧”;过分强调“分”会导致“反公地悲剧”——又可称为“个人主义悲剧”。针对维修资金而言,一方面,其源于业主私有财产的让渡,且可能将其用于某些或某个业主频繁使用的共有部位的维修,体现了“分”的成分;另一方面,维修资金可用来提升小区的整体居住环境,其增值是全体业主的共同收益,体现了“合”的成分。由于我国相关制度过分倚重“分”(实行“绝对多数决”原则)而轻忽“合”,维修资金使用和管理均出现低效的困境。因此,维修资金的科学管理要充分运用共有私产演进中所表现出的分合规律。

(二)共有与私有从结合到耦合的演进

1. 共有财产与私有财产之结合论

结合论是刘文华教授在研究经济法基本规律时提出的又一个理论观点。他认为,经济法是公法与私法结合的产物,是纵向与横向、计划经济与商品经济结合的结果。共有私产产生之前也存在一些共有财产与私有财产相结合的财产类型。

在原始社会不存在私有财产,原始部落共有是唯一的财产类型(从严格意义上讲不能称为财产),全体部落成员共有共用。因此,在原始社会财产不存在共有与私有结合的问题。

在奴隶社会和封建社会中,我国缺乏充分的私有财产制度,难以形成共有和私有财产更大范围与更深层次的结合,能称得上共有和私有相结合的财产不多。我国奴隶社会和封建社会以王有制为主导,尽管缺乏真正的共有和私有财产法律保护制度,但在王族、贵族或地主所有财产的内部仍存在共有和私有结合问题。

在西方奴隶社会和封建社会,共有和私有财产的结合在一定程度上要多于我国。根据登姆塞茨的研究,西方奴隶社会和封建社会中人与人之间财产关系在密集性、生产率和组织复杂性的影响下,私有和集体所有("collective ownership"不同于我国的集体所有制,笔者更倾向理解为共有财产)之间形成了相互竞争的局面。[①] 登姆塞茨的集体所有财产虽不是本书所研究的共有私产,但存在共有与私有结合的问题。这种结合有家庭的形式,如家庭托管、家庭财产信托,也有陌生人之间的结合,如奴隶社会后期的合伙企业、封建社会的行业财产。

从工业革命到19世纪前半期,自由资本主义过分强调自由化和私有财产,在"干预最少的政府是最好的政府"思想影响下,政府干预下的共有与私有之结合减少,正如登姆塞茨所言集体所有彻底让位于私有财产。市场自发形成的共有与私有之结合类型不断增多,公司财产就是一种表现。然而,从垄断资本主义后期到现代资本主义社会,政府干预下的共有与私有之结合不断增多,很多财产达到了共与私的耦合。

2. 共有财产与私有财产之耦合论

耦合理论主要应用于自然科学,又称为"耦合模型理论"(coupled-mode theory)。首次将耦合论应用于法学领域的是徐孟洲教授,他认为经济法是公法和私法相互耦合的产物,不是简单结合的结果。进而,他将经济法称为"公私耦合法"。[②] 虽然有些公法或私法也简单结合了对方的一些成分,但不能称为经济法,如民事合同中也有政府管制的成分,但不能将其看作经济法。就共有私产而言,历史演进中的共有私产多数为共有与私有的结合,本书所研究的狭义共有私产却不同,它不是共有和私有简单结合之形态,而是共有与私有耦合的结果。

共有与私有耦合的最大特征之一是单一权利主体丧失了转让权,即使其

---

① Harold Demsetz,"Toward a Theory of Property Rights II:The Competition between Private and CollectiveOwnership",*The Journal of Legal Studies* 31,2002,pp. S667 - S669.

② 徐孟洲:《耦合经济法论》,中国人民大学出版社2010年版,第36页。

他权利主体同意也不能转让。合伙企业财产与公司财产等就不具备这个特性,某个合伙人和股东经其他权利人同意可以转让其份额或者股权,甚至不需要其他权利人同意就可自由转让,如上市公司。企业年金和住房公积金却不同,权利人在任何情况下都不能独立转让其份额。权利人对维修资金本身也不能单独转让,只能随房屋一起转让。共有与私有耦合的最大特征之二是政府成为该类共有私产建立的主导者。共有私产历史演进中的几种形态多数为市场自发形成的,或者社群自主建立的,而维修资金、企业年金和住房公积金都是在政府主导下建立的。

总之,共有私产是共有财产和私有财产经过漫长的历史演进由结合最终到耦合的结果。广义的共有私产之形成是政府、市场、社会等多种因素所致,而狭义的共有私产主要由政府主导而建立,其私有份额因不能转让而难以区分,是共有与私有的真正耦合。

第二章　共有私产建构的思想基础

任何财产制度都建立在一个有关财产权的理论学说之上，思想基础不同使制度设计迥异。如自由资本主义时期财产制度建立在自由财产权思想之上，所有制度都尽力维护个人财产权的自由；而社会主义计划经济时期财产制度建立在公有财产权思想之上，所有制度都限制财产上的个人权利。共有私产的制度构建是以何种财产权思想为基础的，这是本书首先需要进行探讨的。从所有权思想角度来讲，共有私产构建的思想基础不是自由所有权思想，而是受限所有权思想。从价值功能角度来讲，共有私产具有不同于一般财产的独特价值功能。

一、共有私产对传统自由所有权思想的挑战

自由所有权是所有者对其所拥有的财产享有完全的支配权，即拥有不受国家干预①的绝对的使用权、占用权、转让权和受让权等权利，尤为突出地表现在个人自由所有权。“个人自由所有权是个人在不受干涉，特别是不受为推行某种分配模式而创设的干涉时，被授予的占有、使用、管理、让渡、消费、销毁、转让

① 此处的国家不干预是国家不得出于财富分配的目的限制或重塑所有权，但国家出于其他目的（如防止财产有害使用等）仍可以限制所有权。

财产和从财产获得收入的权利”。[①] 自由所有权思想由多学派法学家、哲学家所倡导和发展,其发端于财产权的自然法学派,成熟于财产权的自由主义学派和功利主义学派。自由所有权思想代表人物有格劳秀斯、普芬道夫、洛克、布莱克斯通、边沁和穆勒等法学家与哲学家。

自由所有权思想,是自由资本主义社会得以建立与发展的思想基础,是其财产制度的理论源泉。这种法学思想仍然深刻地影响着现代市场经济国家的财产制度,但由于不同时代的巨大差异,该思想难以满足现代财产制度的需求,受到现代财产法理论家的诸多质疑。对于一些不同的财产组合形式(如共有私产),自由所有权法学思想难以给予合理的理论诠释,按照该思想所构建的财产法律制度难以实现所预期的治理效果。

(一)共有财产自然法思想与共有私产的不相容

自然法是自由所有权的思想起源。依据自然法,人们的财产权源于自然法则,源于造物主的馈赠。人们对财产享有完整、充分的所有权是自然法的应有之义,政府无权干预公民的自由所有权,唯独承担保护公民自由所有权的义务。自然财产权是自然法理论的核心内容,自然法哲学家格劳秀斯、普芬道夫和洛克等分别对共有财产和私有财产之自然权利理论进行了阐释。

1. 格劳秀斯的共有财产自然法思想

近代自然法思想创始人荷兰法学家格劳秀斯将自然法定义为正当理性的命令。与本性相一致的行为就属于道义上正当理性的行为,反之,就属于道义上罪恶的行为。[②] 格劳秀斯的自然法理论从道义角度衡量人的行为,基于自然理性构建人类财产制度。从自然法逻辑出发,格劳秀斯提出为了满足原始状态的生存需要,人们将人类产生之前的万物归为人类共有。他指出,地球上原始万物属于全人类共有,从宇宙形成以来,上帝就赐予了全体人类以主宰地球上万物的权利。所有万物构成全体人类共同的原始财产。[③] 每一个人基于自然出生而享有人类共有财产的使用权。格劳秀斯认为财产不同于财产状

① [美]约翰·克里斯特曼:《财产的神话——走向平等主义的所有权理论》,张绍宗译,广西师范大学出版社2004年版,第52页。

② [荷]胡果·格劳秀斯:《战争与和平法》,[美]A.C.坎贝尔英译,何勤华等译,上海人民出版社2005年版,第32页。

③ 同上书,第122页。

态，其所称的人类共有状态并不是一种财产权状态，要将其转换为财产权状态需人们明示或默示的“同意”。人类共有财产经过人们的同意而变成私人财产，但有些则不能成为财产，只能经过占有转变为财产状态，如荒岛、鸟类等。这些物体可以分为两类：一类是以主权者或全体人民的名义占有；另一类是以个人名义占有。后一类财产是由分配而不是由自由占有所形成的；以主权者或全体人民的民意占有的财产，被看作第一个占有者的财产，无论第一个占有者是国王还是全体人民。① 即使是现代社会制度，因生命健康的紧急需要，人们仍可对已经被他人据为己有的财产拥有特殊情形下的使用权（紧急避险）。总之，在格劳秀斯看来，人类共有是人类存续所必需的一个自然权利，是私人财产权的来源。

2. 普芬道夫的共有财产自然法思想

在继受格劳秀斯自然财产权理论的基础上，德国法学家普芬道夫进一步提炼和澄清格劳秀斯的观点。普芬道夫认为，世上万物在创立之初都属于全人类共有，人类可以自由地各取所需，并指出全人类的原始共有完全不同于现代共有。为了便于区分，普道芬夫将共有分为消极共有和积极共有。积极共有是现代社会的高级共有形式，是通过契约等所创立的一部分人之间的共有。积极共有具有两个显著特征：一个是未经其他共有人同意不得随意改变；另一个是以排他性为先决条件，即世界上一部分人有权排除另一部分人的使用。普芬道夫认为积极共有与私人所有权之间仅仅是权利主体人数不同而已，私人所有权的主体是一个人，而积极共有的权利主体是某几个人。消极共有的权利主体为全人类，任一权利人都不具有排他性权利，全人类原始共有就属于消极共有。“万物属于所有的人，属于其中一个人的不会多于另一个人……按照上帝明确的命令，所创造的物品既非个人专有亦非共有（积极共有），但这些区分是作为人类社会和平发展的需要由人类后来创设的。”②可见，消极共有经过其他人的“同意”可以转变为私有财产。根据普芬道夫的观点，无论积极共有、消极共有还是私有财产都属于人的自然权利，人们对这些财产享有

---

① ［荷］胡果·格劳秀斯：《战争与和平法》，［美］A. C. 坎贝尔英译，何勤华等译，上海人民出版社 2005 年版，第 128 页。

② S. Pufendorf, De Jure Naturae et Gentium Libri Octo, 1972. 转引自王铁雄：《美国财产法的自然法基础》，辽宁大学出版社 2007 年版，第 59 ~ 62 页。

充分的自由权利。普芬道夫对共有财产自然法理论的最大贡献就是将共有区分为积极共有和消极共有两种类型,弥补了格劳秀斯自然财产权理论的一些不足。

3. 洛克的共有财产自然法思想

洛克进一步深化了自然财产权理论,并创立了私有财产权劳动取得理论。他认为人对财产的自然权利源于两个方面:一类财产是源于上帝赐给的人类共有,人们能理性地使用上帝恩惠的财产,这些财产是自然的自发之手生产出来的。在这一点上洛克的观点与格劳秀斯、普芬道夫的观点并无二致。自然理性使我们相信,人们为了维持其生存的自然权利,都有使用自然提供的任何物品之权利,包括使用肉类和饮料等权利……上帝把这些东西赐给人类共同使用……土地和一切低等生物归全人类共有。① 此类财产是自然状态下的人类共有财产,人们为维持生命而享有使用权,此为洛克的人类共有财产之自然权利说。另一类财产权是源于人的劳动,人们对自然状态下的财产加入自己的劳动,该财产就变成了个人的私有财产,即财产权的劳动理论。劳动把一些财产和公有物品区别开来,作为万物之母的自然创造了它们,劳动又在此之上添加了一些东西,因此它们就成了劳动者的私有财产。② 因劳动使共有财产脱离自然安排状态,转换为私有财产权不需要全人类的同意,这一点与格劳秀斯、普芬道夫的观点完全不同。

洛克的财产权劳动理论也受到后来学者的批判,如有学者认为劳动并不是财产权的来源,甚至一些人认为洛克的劳动取得理论是财产权的一个荒唐可笑、糟糕的理由。如诺奇克以向大海倒番茄汁为例来说明洛克的财产权劳动取得理论是荒唐的、不可行的。"如果我拥有一罐番茄汁,把它洒在大海中,使它的分子均匀地混合在海水中,是我因此拥有了大海还是我愚蠢地浪费了我的番茄汁?"③再如,沃尔德伦(Waldron)以火腿三明治掉落在即将凝固的水泥块为例来说明洛克的财产权劳动理论是语无伦次的、可笑的。"假设我的火腿三明治掉到一个马上要凝固的无主水泥块上,在我取出三明治之前水

① [英]约翰·洛克:《政府论》,刘晓根编译,北京出版社2007年版,第133~134页。

② 同上书,第134页。

③ [美]罗伯特·诺奇克:《无政府、国家和乌托邦》,姚大志译,中国社会科学出版社2008年版,第208~212页。

泥块已经凝固,我能主张对整个水泥块的财产权吗?"①尽管如此,洛克的财产权劳动学说在诸多限制条件下仍具有一定的合理性,为无数建立在该学说之上的财产权观点提供了坚实的理论基础。洛克所言的劳动是建立在道德哲学之上为人类生存所需的生产性劳动,而不是不产生任何价值的浪费性劳动(如诺奇克的番茄汁和沃尔德伦的三明治例子中的劳动)。洛克所言的私有财产权之所有权客体是消费品,如主人使用的土地以及手工艺品的工具等,公司财富、大规模生产设备和商业企业等非消费品、权利或服务不在他的讨论范围之内。② 根据洛克的财产权劳动理论,劳动者与劳动产品之间建立起持久的物理联系,此点也是该理论易受其他人攻击之处。总之,洛克认为财产权的两个来源,即上帝赐予的共有财产与劳动取得的私有财产,都是人的自然权利。但财产权的两个自然法来源都不适合共有私产,它既不是上帝赐予的礼物,也不是因劳动而取得的财产权。

4. 共有财产自然法思想与共有私产的不相容

格劳秀斯、普芬道夫和洛克的共有财产和私有财产自然权利说,源于《圣经》的基础教义,即上帝在创世纪时将世上万物赐予了全人类,带有浓厚的宗教神学和个人自由主义色彩。在基督教基础教义与斯多葛③个人主义的影响下,自然法忽视了社会之中的人,而只强调独立自主、自给自足的自然个体,即每个人都是上帝的代表,理性的沃土。④ 可见,自然法就是个人自由所有权的理论基础,个人取得私有财产无论是基于占有"同意"还是"劳动"都是源于自然法则,而不是意定法。个人对财产享有充分的自由所有权,个人主义的自然权利不是法律上权利,而是道德上权利。当某人拥有某项自然权利时,就意味着道德上许可他做某件事,并且道德上不许任何人强迫他不做这件事。若将

---

① Jeremy Waldron, "Two Worries About Mixing One's Labour", *The Philosophical Quarterly* 33, 1983, p. 43.

② Walton H. Hamilton, "Property—According to Locke", *The Yale Law Journal* 41, 1932, p. 868.

③ 斯多葛学派是古希腊四大哲学学派之一,最早、最系统地提出自然法思想和个人主义观念,其代表人物有芝诺、西塞罗、塞内卡等。斯多葛学派认为,宇宙是一个统一的整体,存在一种支配万物的普遍法则,即"自然法"。

④ E. DurKheim, "Individualism and the Intellectuals (1898)", tr. S. and J. Lukes, *Political Studies* XVII, 1969, p. 99. 转引自[英]史蒂文·卢克斯:《个人主义》,阎克文译,江苏人民出版社2001年版,第68页。

现实中的一些共有私产看作自然权利,会造成公地悲剧等治理困局。

从上文对共有财产之自然权利思想的分析可看出,共有私产不是一种自然权利,而是法定权利或意定权利。共有私产不是全人类共有财产,而是一部分人通过法律或者契约形成的财产——法定的或意定的,可以看作普芬道夫所言的一种积极权利。一方面,某个权利人未经其他权利人同意不得改变共有私产的财产关系;另一方面,权利人享有排他权,共有私产权利人有权排除成员之外任何人的使用。权利人对共有私产的取得不是基于其他人的"同意"或"劳动",而是基于权利人之间财产让渡的交易。自然权利说中的"其他人同意"不是共有私产权利人的同意,而是全社会成员的同意,显然不是共有私产的取得方式。共有私产不属于纯私有财产权,不能通过劳动直接获得,只能通过让渡私有财产权而获得。

以维修资金为例,业主对维修资金不享有与生俱来的自然权利,也不是成为一个小区的业主之后就自然享有对维修资金的权利。虽然是否缴纳维修资金不是自愿的而是强制的,但只有缴纳的业主才对维修资金享有财产权。我国对维修资金的法律调整受自然权利思想的影响,决策上法律突出了每个业主的个人私有权利,导致反公地悲剧现象的出现。因为大陆法系的建筑物区分所有权、按份共有和共同共有都受斯多葛个人主义的影响,强调个人自由所有权的保护,而忽视财产的使用效率问题,所以维修资金以建筑物区分所有权作为其法律制度的构建基础难以摆脱个人自由主义思想的影响。

(二)绝对财产权思想与共有私产的不相容

绝对财产权是在自然法理论基础上发展而来的,将自由所有权推向了顶峰,为自由资本主义财产权的产生与发展开创了理论先河,其代表人物是英国法学家布莱克斯通。

布莱克斯通影响深远的巨著《英国法释义》是自然法思想的集中反映,将个人绝对自由权利发展到了极致。有关财产权的自然法理论主要呈现在第二卷《财产法》之中。他指出,在世界开始之初,神圣的令状通知我们:慷慨的造物主赋予人类支配整个地球(包括海洋中的鱼类、空中的飞禽以及生活在地球上所有生物)的权利,这才是人类支配外部事物真正、坚实的基础。因此,地球上所有东西都源于造物主的直接礼物，属于全人类共有。[①] 这是布莱克斯通对共有财产之自然权利的经典论述，与格劳秀斯、普芬道夫和洛克等自然法学家并无不同。他对财产权自然法理论最大的发展表现在两个方面：一是提出私有财产权是绝对权利；二是提出财产权产生的基础理论是劳动—占有理论。

布莱克斯通将人的权利分为两种类型，即绝对权利和相对权利。[②] 绝对权利是个人与生俱来的自然权利，人处于任何社会都有权享受的权利，是相对权利的起源。绝对权利可分为三大类：人身安全权、人身自由权和私有财产权。私有财产权是绝对权利，因为个人或单个个体对其所享有的财产权有自由使用和处理的权利，除法律外这种权利不受任何其他主体与规范的控制或削弱。此处法律的唯一目的在于维护公民的自由，除了公共利益之需而适当引导和约束公民行为之外，行为自主权完全掌控在公民自己手中。[③] 因此，权利人对财产有权主张和行使"唯一和专制的支配权"，以完全排除其他任何人的权利。布莱克斯通的绝对财产权理论就是一种典型的自由所有权，在实践中是不现实的，没有任何法律制度会把"唯一和专制的支配权"赋予所有者。任何一种财产都受法律的多方面限制，更似一种布莱克斯通所言的相对权利。财产是社会的产物，没有社会就没有财产可言，鲁滨逊在荒岛上不存在财产问题，当人们成为社会的一员，才享有财产权利。

布莱克斯通有关私有财产权的取得理论继承了洛克的观点，认为私有财产权是通过占有—劳动而取得。随着人类在数量、手艺和野心的增加，构建更永久的"支配"概念成为必要，对个人而言不再是仅仅即时使用，而要有自己永久能使用的财产，否则一定会出现无穷无尽的混乱。就占有—劳动取得而言，动产要比土地更容易通过占有转变成私有财产，因为动产更容易长时间占有，可能会持续数月数年而不会中断，最终占有者自然而然获得财产权利。人

---

① William Blackstone, 1766, "Of Property in General", *Commentaries on the Laws of England (II)*, reprinted 1803, p. 2.

② 绝对权利指当人作为一个特定的个体，即仅仅作为个人或单个个体时，与其相关并属于其的权利；相对权利是指当人作为社会的一员，与其他社会成员有着千丝万缕的联系时，这种身份赋予他的权利。参见［英］威廉·布莱克斯通：《英国法释义》（第1卷），游云庭、缪苗译，上海人民出版社2006年版，第143页。

③ 同上书，第146页。

类共有财产中很少有财产能直接适合人们使用,直到占有者通过体力劳动改善和改进它,才能将人类共有财产变为私有财产。这时,占有者被许可授予最直接、最合理的专属财产权。[①] 根据布莱克斯通的观点,占有—劳动取得财产权是人的自然权利,不需要其他人的"同意",这一点完全不同于格劳秀斯和普芬道夫。因而,这种财产权不能受到政府的限制,应享有完全自由所有权。

权利人对共有私产享有的财产权不是绝对权利而是相对权利,它是人作为社会成员,在与其他成员建立联系时而形成的财产权。即使按照布莱克斯通的观点,共有私产也只能说是个体为了获得更大的收益,部分地放弃天赋权利——私有财产之绝对权利,从而建立起多数成员之间的相对权利。如果说私有财产权人在现代社会都不享有绝对自由权,那么共有私产之权利人更不可能享有绝对自由所有权。因此,布莱克斯通的绝对财产权与共有私产并不相容。维修资金现有制度就是受绝对所有权思想影响,从而出现反公地悲剧问题。

(三)财产权之功利主义与共有私产的不相容

1. 边沁的最大幸福原理

边沁是现代功利主义的鼻祖,创建了衡量所有制度和行为的终极标准——功利原理。功利原理,又称为最大幸福原理,是以一个人的幸福倾向之增减作为评判一项行动优劣的标准。[②] 边沁认为,人类都被快乐和痛苦所主宰,凡是能给个体带来快乐或幸福的,就符合功利原理,否则就是违背功利原理。针对自然法,边沁反驳道,自然权利无法提出令人信服的任何证据,内容上是多变且无法预知的,是一个建立在任性和主观情感上的危险隐喻。财产权和法律共生死,[③]随着法律变化而改变。边沁的追求最大幸福原则显示人们对物质平等占有的需要,为政府干预财产权埋下了伏笔。他的分析基于每

---

① William Blackstone, 1766, "Of Property in General", *Commentaries on the Laws of England* (*II*), reprinted 1803, pp. 3-4.

② 功利原理是指它按照看来势必增大或减小利益有关者之幸福的倾向,亦即促进或妨碍此种幸福的倾向,来赞成或非难任何一项行动。参见[英]杰里米·边沁:《道德与立法原理导论》,时殷弘译,商务印书馆2009年版,第59页。

③ Ellen Rrankel Paul, *Moral Revolution and Economic Science*, London, Greenwood Press, 1979, p. 50.

个个体的成本(痛苦)—收益(快乐)关系,如果政府干预的预期收益(快乐)的增加超过预期成本(痛苦)的增加,那么政府应该干预此类财产,反之政府则不能干预。因此,与亚当·斯密更倾向于私有财产相比,边沁更偏爱公有财产(主要是指政府所有财产),但他却忽视了公有财产管理中存在的弊端,尤其是公有财产受托管理者——政府雇员的政治压力、腐败和个人偏好等影响。

边沁认为,共有财产违反功利原理,它总会使各共有人处于不满和失望之中。没有比财产共同体,特别是那种在其中整体属于每一个成员的不确定的财产共同体,更违反功利原则的了。首先,它是无穷的不和之源;其次,它对各共有人而言总是损失了其大部分价值,因为它不处在个人利益的保护之下;最后,它表面上的平等只能用来掩盖真正的不平等。这种共有财产不同于夫妻财产共同体,也不同于商业伙伴间的财产共同体。① 边沁只看到了共有财产劣势的一面,而没有看到其优势的一面。因而,在他视野下,符合功利主义的财产类型只应当有两种,即私有财产和公有财产,公有财产也要以追求最大幸福为目标。

边沁的追求个人最大幸福的功利主义,仅以个人的幸福作为衡量一个制度优劣的标准,仍旧突出的是个人主义,政府干预只是实现个人主义的一个手段。因而,边沁也被看作自由贸易和充分所有权的倡导者。② 许多共有私产更注重地是集体成员的共同利益,而不是追求个体利益(幸福)的最大化,若按照功利主义的衡量标准,很多共有私产是没有必要的。边沁所处的时代仍是自由资本主义时期,其思想难免要打上时代的烙印,虽不同于格劳秀斯等前辈们的思想,但他的财产权思想仍可归为自由财产权之列。因此,共有私产与边沁的功利主义不相容,对功利主义财产权思想也提出了挑战。

2. 穆勒的最大多数人最大幸福原理

穆勒是边沁之后对功利主义理论贡献最大的哲学家,多方面澄清和修正了边沁的功利主义思想。穆勒的功利主义之衡量标准不仅是“最大幸福”一个因素,而且要同时具备“最大多数人”这个因素,即最大多数人的最大幸福。

---

① 参见[英]杰里米·边沁:《立法理论》,李贵方等译,中国人民公安大学出版社 2004 年版,第 236~239 页。

② 参见[美]约翰·克里斯特曼:《财产的神话——走向平等主义的所有权理论》,张绍宗译,广西师范大学出版社 2004 年版,第 176~177 页。

功利主义的终极目标，即所有值得称赞之事物的参照点与归宿，就是让人们尽可能地减少痛苦与增加快乐，否则就不符合功利主义。[①] 由于每个个体有要求获得幸福的平等权利，那么他也有要求获得幸福之手段的平等权利。拥有财产就是获得幸福的一个重要手段，实现财产权的平等就是获得幸福权的平等。财产是实现目标（最大多数人的最大幸福）的手段，而不是要实现的目标。[②] 因而，穆勒的功利主义暗示了一个社会有财产和收入集体化的需要。与亚当·斯密重视"看不见的手"不同，穆勒则更重视"看得见的手"——政府对财富再分配的作用。

穆勒所处时代正是各种社会主义和共产主义理论的提出和实验时期，对他的财产理论有一定的影响。他在《政治经济学原理》中对私有财产制度和共产主义财产制度分别进行了分析和考察，从中可以发现他的理论受傅立叶空想社会主义的影响，对共有财产并不像边沁持排斥态度。尽管如此，穆勒仍然注重私有财产权制度，他认为，每个人对自己劳动生产的物品或者通过接受礼物和公平契约获得他人生产的物品享有排他性的处置权。穆勒的自由所有权思想要比边沁弱化很多，但他依然认为私有财产权是最大多数人的最大幸福之源，同时也注重政府对实现功利主义目标的作用。

若按照穆勒的最大多数人最大幸福的功利主义原理，共有私产应该实行"绝对多数决"原则，仍然是自由所有权思想的体现，难以解决共有私产的治理问题。因为幸福永远是个体的感受，无法摆脱个人主义影响，所以穆勒的功利原理与共有私产同样不相容。而一些共有私产现有制度（如维修资金）实行"绝对多数决"就是追求穆勒的功利主义原则，导致出现反公地悲剧。

3. 小结

无论是边沁还是穆勒，都将财产作为实现功利主义唯一目标——"幸福"的一个手段而已，没有考虑不同财产类型分别要实现不同的目标。共有私产虽是共有和私有的融合，但与共有财产和私有财产要实现的目标都有所不同，所以不能用功利主义来构建共有私产制度。总之，功利主义不能作为分析共有私产制度的理论基础。

---

① ［英］约翰·斯图亚特·穆勒：《功利主义》，江西教育出版社 2014 年版，第 12 页。

② John Stuart Mill, 1848, *Principles of Political Economy*, ed. by Sir William Ashley, New York, Augustus M. Kelly, 1969, p. 226.

二、财产权受限性原则是共有私产制度构建基础

现实中,自由所有权与自由财产权是不存在的,所有权利都有边界。当财产权的行使影响其他人权益时,法律会限制财产权人的权利而保护其他人的权益。再完整的所有权都有边界的限制,否则就会伤害其他人的财产权。当所有人都享有不受限制的所有权时,所有权就消失了,因为任何人行使所有权时都可以肆无忌惮地侵害别人的所有权,所有权就失去了任何保障。因此,所有权都是受限的相对权利。以汽车为例,汽车所有人使用汽车是其所有权的应有之意,但使用汽车时因排污而侵害了其他人呼吸清洁空气的权利,进而法律就会通过限号、征税等措施限制汽车所有人的权利。

任何所有权都难以实现真正的自由所有权状态,那么共有私产更是受限的财产权。权利人将其私有财产让渡出去形成共有私产时,所有人为无数个体,每个个体不可能行使完整的所有权,只是一种严格受限的所有权,甚至不能称为完整成分意义上的所有权。概言之,财产权受限性原则应该成为共有私产构建的思想基础。

(一)所有权的两组权利与财产权的受限制性

许多财产法学家都对财产权的成分做过分析,对理解财产权具有重大意义,本书在后面也会对共有私产的权利束进行分析。此部分先研究所有权的组别问题。绝大多数财产法学家都认为所有权就是一组权利,即一组"权利束",而美国财产法学家克里斯特曼却持有不同意见。他认为,所有权有两组核心概念:一组与"基本功能控制"有关,即控制所有权;另一组与"基本收入要求"有关,即收入所有权。控制所有权是指使用、占有、管理、让渡和销毁等所拥有的财产之权利;收入所有权是从财产获得收益的权利,包括交易权和收益权。① 为了避免产生两种所有权的歧义,笔者将该分类修正为:所有权控制成分与所有权收入成分两组。所有权的一个重要成分——转让权,可以分成让渡权和交易权,分别属于所有权控制成分和收入成分。让渡权是单方面放弃自己的所有权或者所有权一些成分的权利,无须对方支付对价或对等条件,如赠与、允许他人无偿使用等。交易权是双方的、支付对价的转让所有权或者

---

① 参见[美]约翰·克里斯特曼:《财产的神话——走向平等主义的所有权理论》,张绍宗译,广西师范大学出版社2004年版,第221~229页。

所有权成分之权利，如买卖、租赁等。若按照大陆法系物权法对所有权之占有、使用、收益和处分四权能的界分，占有和使用两项权能应属于所有权控制成分组，而收益权能则属于所有权收入成分组，处分权能可以进一步分为让渡权、交易权和销毁权，其中让渡权和销毁权属于所有权控制成分组，交易权属于所有权收入成分组。

根据克里斯特曼的观点，对于一个物可以有两个所有权，即控制所有权和收入所有权。① 笔者不赞同此观点，原因在于：其一，两种所有权观点违背基本法理，产生所有权多元主义。它既违背了大陆法系一物一权主义，又与英美法系中普通法上所有权和衡平法上所有权界分方式相抵牾。两种所有权观点会导致仅享有某种成分的权利人也被视为所有权人，从而产生所有权泛化，与财产权概念无法区分。其二，笔者认为，控制成分和收入成分只是所有权之下两组不同的成分而已，二者都体现着因财产而发生的人与人之间的法律关系。控制所有权虽然直接体现为所有权人与财产之间所发生的物理上的关系（人与物之间的直接物理关系），但是间接上仍然表现为因财产控制而发生的所有人与其他人（多为不特定的多数人）之间的法律关系。收入所有权直接体现为因财产交易而发生的所有权人与其他人（多为特定人的单个人）之间的法律关系。所有权控制成分和所有权收入成分可以分离，分别属于不同的主体，甚至二者中的每一个成分都可以单独分离出去。所有权某个成分的享有者，可能不能称为“所有人”，而只能称为“财产权利人”。换言之，权利人享有的权利可能不能称为“所有权”，而只能称为“财产权”。

从所有权两组成分角度进行分析，财产权本身不是自由的，而是受限的。一方面，财产权受到法律的限制。控制成分和收入成分都受到法律的限制：控制成分受无害使用、无害占有、无害处置等无害控制的法律限制；收入成分受价格管制、工资上限、利率控制和收入课税等限制。另一方面，财产权受到不同成分享有主体之间的限制。两组成分及其各子成分可以分别由不同的主体享有，不同主体都对该财产的其他权利人行使其权利构成限制。因此，既然私有财产权就是一个受限的权利，那么共有财产与公有财产中的财产权则更是一种严格受限的权利，充分体现财产权受限性原则。

---

① ［美］约翰·克里斯特曼：《财产的神话——走向平等主义的所有权理论》，张绍宗译，广西师范大学出版社2004年版，第222页。

（二）共有私产是一种受限的财产权

共有私产是许多私有财产权人让渡其一部分私有财产而形成的一个财产集合体。虽然共有私产仍具有私有财产的一些属性，但也具有共有财产的属性，其受限性主要体现以下两个方面。

首先，由于权利主体为无数个体，那么所有权控制成分和收入成分必然是分离的。以占有、使用为例，共有私产作为一个财产集合体，不可能同时由多数主体对整个财产同时全部占有、使用。收益权一般由权利主体享有，但控制权一般不是由全体权利主体共同享有，甚至不是共有私产权利主体享有而是委托非权利主体控制。由于主体的多数性，有的共有私产控制成分由政府成立的机构享有，如政府未注资的社会保障资金、住房公积金由政府成立的专门机构控制；有的共有私产控制成分由市场第三方享有，如采用信托管理的共有私产；等等。控制与收入成分及其子成分的分离，导致共有私产与私有财产相比更是一个受限的权利。

其次，共有私产受法律或者内部制度的严格限制。共有私产都是为了解决某个群体共同面临的某个问题，因而对其用途有明确限制。一些共有私产是因法律规定而产生的，法律对共有私产的使用有严格的限制，如维修资金、住房公积金、企业年金等。以维修资金为例，建设部 165 号令第 18 条对其使用范围进行了严格限定。[①] 社会成员之间自愿建立的共有私产，要受到内部制度的限制。如互助会的财产，其成员的使用权要受到互助会内部制度的限制。

很多共有私产之权利人对共有私产所享有的权利，已经不具有所有权的完整性，或言之仅享有所有权中某个成分的权利。鉴于此，共有私产或许应被称为一种受限的财产权更为合适，因为财产权范围要大于所有权，不仅包括所有权还包括其他权利。法律在赋予权利人共有私产财产权时，要体现出此类权利的受限性。总之，财产权受限性原则应该成为共有私产制度的构建基础。

三、共有私产的功能选择与价值定位

功能与价值是一种财产设立时要实现的目标。设立目标不同其功能选择

---

① 《住宅专项维修资金管理办法》第 18 条规定，住宅专项维修资金应当专项用于住宅共用部位、共用设施设备保修期满后的维修和更新、改造，不得挪作他用。

就有所差异，每种共有私产都具有一些不同于一般财产的特殊功能。为了实现特殊功能，每种共有私产又有不同的价值位阶和排序。

（一）共有私产的功能选择

作为财产的一种，共有私产具有财产的一般功能，如使用功能、交易功能、投资功能等。除此之外，共有私产还有其特殊功能，这些特殊功能恰恰是建立共有私产要实现的重要目标。不同的共有私产，其功能选择优先顺序应有所差异。

1. 共有私产的功能选择

（1）福利功能

福利常用“效用”一词来表达，所有财产对个人都产生一定的“效用”或者“预期效用”，①但有些“效用”无法从个人所有的财产中获得，需要其他类型财产来实现。一些共有私产的建立就是为了更好实现个人的某些特定福利要求，满足个人为过上体面生活所需的基本财产条件。如住房制度改革之后，为了满足工薪阶层住房需求和减轻购房时的经济压力，我国设立了住房公积金制度。住房公积金就是由用人单位和职工个人按照工资的一定比例缴纳费用所形成的共有私产，在买房时缴纳了公积金的职工可以向住房公积金资金池申请贷款。从职工个人角度来看，住房公积金实现了职工住房福利要求的预期效用。除此之外，企业年金等也是福利功能的体现。

共有私产的福利功能不同于社会福利。一般认为，社会福利是政府提供给社会公众的“小费”，从而政府可以用其认为适合的方式提供。② 虽然“小费”的比喻可能并不恰当，但社会福利的主要资金来源为财政资金，如困难家庭的“最低生活保障金”等。而共有私产不是政府提供的，没有政府财产成分，但可以由政府通过制定法律而发起。共有私产的福利功能弥补了政府社会福利政策的不足，为实现社会稳定起到不可忽视的作用。

（2）互助功能

由于个体之间能力差异以及不幸事件时常发生等因素，一些人要想过上

---

① ［美］路易斯·卡普洛、斯蒂文·沙威尔：《公平与福利》，冯玉军、涂永前译，法律出版社2007年版，第18页。

② Charles A. Reich, “Individual Rights and Social Welfare: The Emerging Legal Issues”, *The Yale Law Journal* 74, 1965, p. 1245.

正常的生活离不开外界的帮助。源于政府的帮助属于社会福利,源于他人帮助属于互助(特定成员之间的互相帮助)。一些成员之间为了互相帮助,成立了各种互助社群,所形成的共有私产就具有互助功能。互助基于成员之间的自利性和利他性。从自利角度讲,一些互助社群成员希望在自己遇到困难时能得其他社群成员的帮助,因而为了成为会员愿意提前让渡一些财产。从利他角度讲,一些互助会成员基于帮助他人的目的让渡其一部分财产。

除了互助社群财产外,所有共有私产都有一定的互助功能,因为如果个人私有财产能实现目标,就不会有共有私产存在的一席之地。私有财产集合形成共有私产,其某方面功用要大于私有财产,本身就是财产权互助功能的体现。维修资金是业主之间的互助,就是共有私产互助功能的体现。

(3)分配功能

一个国家财产制度都是其经济资源配置制度的直接反映,即财产制度服务于资源配置。正如有学者所言,"财产制度的另一个重要功能是助长某些手段并阻止其他手段,促使个人或团体利用该手段获得他们生产和消费所需要的资源"。[①] 可见,财产制度是资源配置的一个重要工具。与其他财产的资源配置功能相比,一些共有私产则直接体现为分配功能,如住房公积金、企业年金以及政府未注资的社会保障资金等。

一方面,一些共有私产是用人单位和劳动者之间的一种利益分配。用人单位是共有私产的出资者(部分或者全部),而劳动者却成为共有私产财产权享有者,即用人单位承担出资义务,而劳动者享有权利。另一方面,一些共有私产是财产权利人之间的分配。有些权利人只享有抽象的权利,永远无法将该预期权利转换为自己的利益,而有些符合条件的权利人却能将共有私产财产权转换为自己的利益,这样在内部成员之间间接地实现了利益分配。

(4)共益功能

共益是相对于私益、公益而言的,是特定成员间的共有利益。人与人之间的社群化生活形成许多超出个人私益但达不到公益范畴的共有空间和共有利益。基于人的自利性假设和"搭便车"偏好,共有利益经常被忽视,甚至被侵害。为了避免共有利益被过度损耗、共有空间无人照管等问题,特定成员共同

---

① C. Edwin Baker, "Property and Its Relation to Constitutionally Protected Liberty", *University of Pennsylvania Law Review* 134, 1986, p. 748.

出资形成了共有私产以维护共有利益。

在私益、共益和公益三者中，私益由于权利主体明晰而受到充分的保护；公益的权利主体虽然相对模糊但由政府代为保护，其保护主体和保护责任还算明确；共益（尤其是成员较多的共益）经常缺少有效的保护，在成员之间沟通协调不畅时就容易受到侵害。一些共有私产的出现就是为了解决共益问题，在共益受到损耗时能有足够的财力予以解决。共有私产的共益功能弥补了政府的精力不济与私人的财力不济，实现了特定成员间的合作共赢。

2. 共有私产的功能选择

不同共有私产，其功能选择秩序不同，此部分仅以维修资金为例进行分析。维修资金除了具有一般财产的使用功能、投资功能外，还应具有的功能为共益功能、互助功能和分配功能。首先，表现为共益功能。维修资金的建立就是为了一个社区业主之间的共有利益，即为共有部位维修而筹集的资金，共益功能应排在第一位。其次，表现为互助功能。维修资金虽然是维修共有部位的资金，但很多共有部位并不是全体业主都使用的部位，而可能仅是部分业主使用，“大家出力，共同使用或个人使用”就是互助功能的体现。最后，表现为分配功能，维修资金不应按照缴纳的多少进行使用权的分配，全体业主有同等使用权。在少缴业主和多缴业主之间、提取使用的业主与未提取使用的业主之间实现了利益的再分配。

（二）共有私产的价值定位

对于财产的价值，有一元论和多元论之区别。一元论者认为，财产价值是单一的、客观的，如功利主义哲学认为财产的价值在于实现最大的幸福，康德哲学则认为财产的价值在于满足人性的需要等；多元论者认为财产价值是多元的，不同价值之间可能是相互冲突的，但不同价值不可能被简化为彼此或者一个超价值，持该观点的有现代财产法学家亚历山大（Alexander）、[①]达甘（Dagan）、[②]辛格（Singer）、[③]珀迪（Purdy）[④]等。共有私产具有多种价值，各种

---

① Gregory S. Alexander, “Pluralism and Property”, *Fordham Law Review* 80, 2011, pp. 1017 – 1052.

② Hanoch Dagan, “Remedies, Rights, and Properties”, *the Journal of Tort Law* 4, 2011, pp. 1 – 29.

③ Joseph William Singer, “Tribal Sovereignty and Human Rights”, *Michigan State Law Review* 2013, 2013, pp. 307 – 324.

④ Jedediah Purdy, “A Freedom-Promoting Approach to Property: A Renewed Tradition for New Debates”, *University of Chicago Law Review* 72, 2005, pp. 1237 – 1298.

价值之间可能相互冲突，需要根据不同共有私产的价值位阶进行排序，低位阶价值应该让位于高位阶价值。例如，在构建维修资金制度时，自由价值应让位于合作价值，合作价值应让位于效率价值。

1. 共有私产的效率价值

共有私产的效率价值就是共有私产的设立、管理和使用要符合效率要求。并非仅私有财产更符合效率，任何财产制度只要设置合理都具有效率价值。尽管一些有“效率”的制度可能包含私有财产和契约自由，但是没有理由授予私有财产和契约自由比其他财产制度更具“效率”的美誉。[①] 共有私产用来解决私有财产和公有财产无法解决的问题，从这一点上说明共有私产的设立具有效率价值。尽管共有私产设立时具有效率价值，但由于法律制度设置的缺陷，其管理使用时的效率价值经常被决策主体的分散而损耗。某一共有私产现有制度是否满足效率价值，下文以维修资金现有制度为例并利用效率相关概念进行详细的分析。

(1)共有私产的帕累托效率

帕累托效率包括帕累托最优（Pareto Optimality）、帕累托改进（Pareto Superiority）和帕累托低效（Pareto Inferiority）。[②] 帕累托最优是资源的任何再分配只有以他人受损为代价才能增进一个人福利的状态。所有可能的分配方案中，这种方案是最优的，没有改进的余地。帕累托改进是一种分配优于另一种分配，这种分配中，在没有人福利受损的情况下至少一个人的福利得到了改善。帕累托低效就是一种分配劣于另一种分配的状态，最差可能表现为所有人（部分人）受损而无人受益。帕累托改进和帕累托低效是两种分配状态的比较，是一种在另一种状态上的改进或者是一种比另一种更为低劣。资源配置处于帕累托最优状态时是最有效率的（理想的状态），处于帕累托改进状态时是缺乏效率的（需改进的状态），而处于帕累托低效状态时是最低效的（需废弃的状态），这就是帕累托效率。就共有私产设立理想状态而言，其权利人中有人受益必定有人受损。换言之，共有私产设立初衷符合帕累托最优。假

① Duncan Kennedy and Frank Michelman, "Are Property and Contract Efficient?", *Hofstra Law Review* 8, 1980, p. 714.

② Jules L. Coleman, "Efficiency, Exchange and Auction: Philosophic Aspects of the Economic Approach to Law", *California Law Review* 68, 1980, p. 226.

设维修资金在维护共有设施和共有部位中得到了充分的利用(有人受益),全体业主及时补齐已被使用的资金(有人受损),这就是处于帕累托最优状态。理想状态不常有,共有私产在管理使用中经常会出现有人受益,而无人受损。假设维修资金在维护共有设施和共有部位中得到了充分的利用(有人受益),所有业主无人补齐资金(无人受损),这就是处于帕累托改进状态。共有私产还存在一种情形就是所有人(或部分人)受损却无人受益,这就是帕累托低效状态。假设维修资金在维护共有设施和共有部位中无法得到提取使用(无人受益),而以活期形式存入银行却因通货膨胀而贬值(全体业主受损),对全体业主而言这种情形就是帕累托低效状态。我国维修资金存在使用难、增值难等问题,说明现有管理仍处于帕累托低效状态,离帕累托最优状态仍有较大差距。

(2)共有私产的卡尔多—希克斯效率(Kaldor-Hicks Efficiency)

如果一项制度给一些人增加的福利能够弥补给另一些人造成的损失,总体而言福利大于损失,那么这项制度就符合卡尔多—希克斯效率。对受损者的"弥补"不是直接的补偿,而是经过一段时间之后所有人的境况都会由于社会生产率的提高而自动地获得补偿。如果交易是无成本的且全额补偿了受损者,卡尔多—克斯效率就转换为帕累托改进。① 就理想状态角度而言,共有私产制度一定是给一部分人带来的收益大于给另一部分人造成的损失,即一定满足卡尔多—希克斯效率。以维修资金管理使用的理想状态为例,一部分人可能因从来不需要动用该资金而受损,而另一部分人则常需要动用该资金修复其常用的共有部位而获益。但是,获益一定大于受损,从长时期来看受损者的损失能够获得补偿,如果一个小区所有共有部位都得到了很好的维护和修缮,那么这个小区所有的住房都会实现一定的增值(或相对增值)。从现实状态角度来看,一些共有私产制度可能会出现给一部分人造成的损失大于给其他人带来的收益的情况,即难以实现卡尔多—希克斯效率。以维修资金现实状况为例,当维修资金无法正常提取使用时,给需要提取使用的业主造成的损失(甚至给整个小区业主长远利益造成的损失)肯定要大于不同意提取业主的收益。

---

① Jules L. Coleman, "Efficiency, Utility and Wealth Maximization", *Hofstra Law Review* 8, 1980, pp. 513 - 514.

总之,共有私产设立的理想状态肯定符合帕累托最优和卡尔多—希克斯效率。但是,由于法律设置问题常常导致一些共有私产资源配置不当,可能出现帕累托改进状态,甚至是帕累托低效状态,在总体的损益比较上可能也难以满足卡尔多—希克斯效率。因此,在管理运作中一些共有私产的制度设置并不符合效率价值。

2. 共有私产的自由价值

财产权与自由的关系一直是哲学家和法学家的一个永恒话题。财产权是自由的保障,还是自由是财产权的一个成分?这一直是学者们争论不休的问题。无论哪种观点都有一定的道理,只是角度不同罢了。从自由角度讲,财产权是自由的一个保障,丧失了财产权就失去了一定的自由。正如阿瑟·李(Arthur Lee)所宣称的,“财产权是每一个其他权利的守护者,剥夺了人们的财产权,实际上就是剥夺了他们的自由”。① 假设你被剥夺了对一栋房子的财产权,就失去了在该房子居住的自由。从财产权角度讲,自由是财产权成分的一个属性,财产权利人有权自由地使用、处置其财产(对财产享有一定的自由权),尤其是私有财产权在一定限度内体现了自由价值。当然,财产权的绝对自由是不存在的,正如前文所述,财产权都受到一定的限制。在追求绝对自由价值时,自由与财产权(尤其是私有财产权)之间就会出现一种悖论:自由产生于私有财产权,私有财产权带来了不平等,不平等反过来又威胁了自由。因为一旦试图消除不平等,自由就已经开始走向死亡。因此,自由和财产权之间存在一种令人难以琢磨的微妙关系。

然而,共有私产的自由价值主要讨论的是在共有私产治理过程中权利人的自由问题,而不讨论共有私产给权利人带来何种自由,即从财产权角度而不是从自由角度对该问题进行分析。“自由这一语词,按照其确切的意义说来,就是外界障碍不存在的状态”。② 权利人对共有私产的财产权是受其他权利人约束的,行使共有私产财产权时必定存在一定的障碍,因而共有私产权利人行使权利时不存在真正的完全自由。如果共有私产权利人将对共有私产的权

---

① Arthur Lee, *An Appeal to the Justice and Interests of the People of Great Britain, in the present dispute with America*, London, printed for J. Almon Opposite Burlington-House, in Piccadilly, MDCCLXXIV, 1774, p. 25.

② [英]霍布斯:《利维坦》,黎思复等译,商务印书馆2014年版,第97页。

利看作一个完全自由权,那么谁也不可能真正享有这个权利。共有私产权利人行使权利时应以成员之间的共有利益为目标,在符合集体目标情况下实现单个权利人极其有限的自由。在共有私产的法律制度中,立法者要弱化该财产制度的自由价值而强化其合作价值,然而在现实中却往往忽视了这一点。

在维修资金的制度设置中,立法者过分强调自由价值是导致维修资金利用率不高的一个重要原因。自由就是独立自主,不受他人干涉,表现为"各自为政"的局面。维修资金的"绝对多数决"是强调自由价值的一种体现,全体业主都从自己的私利出发,最终导致对集体利益的漠视,产生集体行动的困境。

3. 共有私产的合作价值

与其他类型财产相比较,共有私产更应体现合作价值。首先,共有私产本身就是合作的产物,没有合作就不存在共有私产。有些社会问题超出了私有财产所能解决的能力范围,需要不同的个体共同出资形成一个财产集合体——共有私产,就是合作的结果。其次,共有私产治理过程中离不开合作,否则就会出现公地悲剧和反公地悲剧问题。共有私产治理过程就是权利人之间的一个博弈过程,人在实现个体理性的同时有时会造成集体的非理性,这是博弈论的一个经典结论,共有私产有时也难以幸免。因此,合作价值在共有私产治理中应具有重要地位。要实现共有私产权利人之间的真正合作价值,要从人性角度分析合作的动因以及共有私产合作失败的原因。

(1)共有私产实现合作价值要迎合权利人的趋利性

趋利性是每个人都有的追求其利益最大化的本性,在与他人的合作中利益往往是最关心的核心问题之一。人的趋利性可能是合作的起因,也可能是合作的障碍。人与人之间发起合作的两个重要原因:一是趋利;二是避害。避害其实也是趋利的另一种表现方式,避免利益的减损是一种消极的趋利。总之,趋利与避害都是人之趋利性的反映,是同一属性的两个方面。人的趋利性将人的合作目的具化为实现合作成员之间的共同利益、各自的最大利益或者避免利益的减损。如果上述目的没有实现,人的趋利性就成为合作的障碍,合作就难以为继。从博弈论的角度来看,对局人之间的博弈也是趋利性的一种表现,对局人通过对未来收益增减的预判来选择是合作还是背叛(不合作)。合作中的每一个人都是博弈中的对局者,若想让合作顺畅,必须实现合作各方的共同利益。

共有私产要想实现合作价值就要迎合权利人的趋利性，要将趋利性变成合作的动力。首先，改变收益值，即让合作者看到共同利益或个人利益的增长。一方面，合作者收益值上的巨大变化能够改变相互合作行为，使相互关系不再是一个非合作的博弈状态。另一方面，收益值的改变没有必要如此激烈才能奏效，即使相当小的一点改变就可能有助于基于回报的合作之稳定。① 就维修资金而言，不需要收益值的巨大改变，一点调整就能促进合作。具体言之，收益值的调整就是如何高效利用维修资金来改善小区的共有设施和共有部位，提升小区的品质，让所有业主看到共有利益和个人利益的增加，这就是收益值一个小变化。其次，避免合作时损害的发生。合作时损害的发生不仅没有带来利益增长，而且直接导致利益减损，会大大伤害合作人之间的信任与合作积极性。就维修资金而言，由于管理不善导致维修资金被违规使用、挪用、贪污等事件发生，最终导致业主对维修资金上的合作失去信心，进而拒绝缴纳相应资金。对此，要避免共有私产合作时的损害发生，建立健全的监督机构与责任追究机制。

（2）共有私产实现合作价值要培养权利人的利他性

利他性是一种行为动机状态，可分为自我利他性与纯利他性。纯利他性是以增加他人福利为最终目标，而自我利他性是以实现自我利益为最终目标，利他只是过程中的目标而不是最终目标。② 笔者认为，无论是哪一种利他性都值得肯定，因为都有益于他人、有利于合作。即使是自我利他行为，只要在法律许可的范围之内，在实现自己利益的同时也有益于他人。这些有益于他人（尤其是有益于其他合作成员）的行为，都能够促进和强化合作。共有私产更需要成员之间的利他性，有些共有私产的设立目的是利他的，有些是互利的，前者如一些私人设立的慈善基金，后者如维修资金、住房公积金等。

共有私产实现合作价值要培养权利人的利他性。首先，培养人们的纯利他性。如有学者就提出，一个促进合作的最好方法就是培养人们关心他人的

---

① ［美］罗伯特·艾克斯罗德：《对策中的制胜之道——合作的进化》，吴坚忠译，上海人民出版社1996年版，第102页。

② C. Daniel Batson and Laura L. Shaw, "Evidence for Altruism: Toward a Pluralism of Prosocial Motives", *Psychological Inquiry* 2, 1991, pp. 107－122.

利益，在一个处处为他人着想的社会里合作之达成易如反掌。① 如从家庭到学校都培养孩子关心他人、关心共同社区、关心共有利益，孩子成年之后就会有更多的利他行为。其次，激励人们的自我利他性。鼓励共有私产权利人在实现他人利益的同时，实现自己的利益。就维修资金而言，激励业主支持某些业主正当地提取使用维修资金，尽管维修的部位更有利于部分业主，但最终能够实现小区的整体利益，即全体业主的利益。

(3)共有私产实现合作价值要发扬权利人的忠顺性

有关人的忠顺性问题，休谟在《人性论》中有所涉及。休谟所指的忠顺性就是服从，是人对政府及其长官的服从，此处的政府是建立在人民公意之上的政府，不是暴虐专制的政府。② 为了提升共有私产的决策和执行效率、维护共有私产秩序，权利人会依据法律或者权利人之合意成立一个独立实体，这个实体就是权利人合作的结果，类似于政府。独立实体的有效运行需要发扬权利人对该实体的忠顺性。一方面，法律应赋予该实体的独立主体资格和决策权利，确保其权利与义务对等以及决策的合理性与合法性。另一方面，权利人对独立实体的决策要服从，即忠顺于共有私产的管理实体。忠顺性不是对独立实体违法行为的忍让，而是对合法行为的支持，便于共有私产权利人的合作更为高效。

总之，实现共有私产的合作价值，要从符合人性的角度进行构建。共有私产治理的失败是制度设计不符合人性所致。同时，共有私产三个价值（效率、自由和合作）之间，往往重视自由价值，而轻忽其他两个价值。从应然角度讲，共有私产三个价值中，效率价值优先，合作价值次之，自由价值则应置于最后，这样才能实现共有私产设立的目标。

---

① ［美］罗伯特·艾克斯罗德：《对策中的制胜之道——合作的进化》，吴坚忠译，上海人民出版社1996年版，第103页。

② ［英］休谟：《人性论》（下册），关文运译，商务印书馆2015年版，第575～604页。

第三章　混合财产:共有私产的形成机理

共有私产的形成机理,既冲击了大陆法系的物权法定制度,又挑战了英美法系的财产分类理论,促使这些理论和法律制度不得不随着时代的发展进行调整和完善。大陆法系以物权法为主,没有一部统一的财产法,物权法定是物权法的基本原则之一;英美法系以财产法为主,没有单独的物权法,财产(权)分类是其理论研究不可回避的问题。共有私产是一种物权性价值请求权,是兼具物权和债权属性的财产,既是一个物权问题,又是一个财产权问题,物权法定制度与财产类型理论都对其有重要影响。同时,共有私产又是一种混合财产,既是物权法定与物权自由相妥协的产物,也是共有财产与私有财产相混合的结果。

一、物权法定的经济因素与共有私产之正当性

物权法定是当事人之间不能自由创设物权种类与内容等,只能由立法机关事先制定法律来确定。无论是大陆法系还是英美法系都存在物权法定或财产权法定问题,只是两大法系法定方式有所不同罢了。首先,物权法定的方式不同。大陆法系以成文法方式,由议会制定的法律明确法定物权。而英美法系中判例是法律的重要渊源,它以司法先例的方式确定了

法定物权。其次,学者对物权法定的关注不同。大陆法系学者将物权法定作为物权法理论的核心支柱之一,对其理论研究系统且深入。而英美法系学者对物权法定关注较少,有些学者认为物权法定只不过是一个过时的形式主义、一个粗心的陷阱。但近些年英美法系财产法学家开始关注物权法定,并发表了一些力作。最后,物权法定的宽严程度不同。英美法系相对宽松,一般遵守物权种类不得随意创设,物权内容的创设相对自由的原则。大陆法系国家物权种类(包括共有的类型)和内容一般都不得随意创设,甚至有些国家规定物权的其他方面(如效力、公示方法等)也不得随意创设。

物权法定因其封闭性和僵化性难以适应不断变化的社会生活需要而一直饱受学者诟病,但此部分无意对物权法定进行批判。我国严格实行物权法定,①物权种类和内容(包括共有种类和内容)等都只能由法律明确规定。共有私产是共与私的混合,具有共有财产的一些属性,但又不同于现有两种法定共有类型,且与之存在不契合之处。从共有类型角度来看,若将共有私产作为一种不同的共有类型就违反了物权法定;若纳入现有法定共有类型之中又会出现水土不服。本部分仅以物权法定的经济因素——"信息成本和挫折成本"为工具对一个具体的共有私产可否作为不同类型的共有而自由创设进行分析,而不是彻底否决物权法定问题。若自由创设的信息成本小于禁止创设的挫折成本,法律应承认和保护这种实践中的创设或者通过修法纳入该种共有财产形式;反之,法律应禁止自由创设。

(一)物权自由的信息成本与共有私产

物权法定有多种原因,包括历史、技术和经济等因素,如有学者认为物权法定无非就是基于经济和非经济两种因素的考量。② 麦里尔(Merrill)和史密斯(Smith)认为建立物权法定最主要的因素是经济因素,即避免信息成本外部化。根据麦里尔和史密斯的观点,物权法定主要涉及信息成本(information costs)和挫折成本(frustration costs)问题,物权自由会带来信息成本外部化,而物权法定则会造成挫折成本。两位财产法学家认为,应该建立信息成本、挫折

---

① 《民法总则》第116条与《物权法》第5条都规定了物权法定的范围,包括物权种类和内容。

② 苏永钦:《法定物权的社会成本——两岸立法政策的比较与建议》,载《中国社会科学》2005年第6期。

成本和管理成本都最小化的财产权最优标准(the optimal standardization)。[①]

1. 物权自由的信息成本外部化

物权自由的信息成本是各方主体披露和获取新型物权(包括不同的共有形态)相关信息所支出的成本。为了避免侵犯他人物权,人们必须确定这些权利是什么;为了获得该物权,人们必须了解该权利的各种属性,包括物理属性、权利属性、相邻关系等。这些信息成本不可能全部由新型物权创制者所承担。笔者将新型物权信息成本承担的三类主体称为当事人、关系人和第三人。[②] 当事人是新型物权的首创者。关系人是可能从当事人处继受新型物权或除去新型物权后之剩余物权者。第三人是与首创新型物权不存在直接或者继受法律权利的其他市场参与者。其他市场参与者可以进一步分成两类,第一类其他市场参与者是与新型物权之标的物类型相同的物的拥有者;第二类其他市场参与者是虽不参与交易,但负有不侵犯新型物权的义务承担者。麦里尔和史密斯以手表为例对各主体进行了说明:假定 100 块手表分别由 100 个人拥有,A 为其中一块手表的所有人,并在该手表上创设"分时使用权"。A 将每周一的手表使用权(新型物权)授予 B,其余权利仍由 A 享有。此例中,A、B 即为新型物权的当事人,而有意从 A、B 处分别受让该手表权利者 C、D 等及其后续权利继受者 Cs 和 Ds 等即为关系人。剩余 99 个手表所有者 E、F、G、H 等及他们的权利继受者 Es、Fs、Gs、Hs 等是第三人中的第一类其他市场参与者;而不进行手表权利交易却负有不侵犯任何手表权利之义务的 I、J 等则是第三人中的第二类其他市场参与者。[③]

很多学者对物权法定原因解释都集中在物权法定对当事人及关系人的影响上,而麦里尔和史密斯的信息成本理论主要集中在物权法定对第三人(两种其他市场参与者)的影响上。因为当事人(A、B)和关系人(C、D、Cs、Ds)基于新型物权所产生的信息成本(披露成本和调查成本)不会外部化而会反映在交易价格中,无须法律干预和禁止这种创设,即这不是物权法定的充分理

---

① Thomas W. Merrill and Henry E. Smith, "Optimal Standardization in the Law of Property: the Numerus Clausus Principle", *The Yale Law Journal* 110, 2000, pp. 1 – 70.

② 麦里尔和史密斯将这三类主体称为肇始当事人(originating parties)、潜在利益继受人(potential successors in interest)和其他市场参与者(other market participants)。

③ Thomas W. Merrill and Henry E. Smith, "Optimal Standardization in the Law of Property: The Numerus Clausus Principle", *The Yale Law Journal* 110, 2000, pp. 24 – 35.

由。信息成本外部化表现在新型物权创制当事人获得了创制物权的所有收益，但仅承担一小部分成本，而第三人需承担新型物权给他们带来的大量披露成本和调查成本。首先，新型物权给第三人中第一类其他市场参与者带来信息成本。手表权利转让者 E、F 等需要披露其拥有的同类标的物上是否存在此类新型物权，欲从 E、F 等处受让同类标的物的 Es、Fs 等也要调查该标的物是否存在此类新型物权，因为这些信息与交易权利、交易价格息息相关。其次，新型物权给第三人中第二类其他市场参与者带来成本。I、J 为了避免侵犯他人的新型物权，需要获取新型物权的信息，就产生了调查成本。为了减少物权自由创设给第三人带来的成本，控制信息成本外部化，物权法定成为一个重要手段。

麦里尔和史密斯的物权自由信息成本理论对物权法定的研究具有开创性的意义，然而现实中信息成本问题远比二位作者所分析的情况更复杂。物权自由的信息成本不仅是创制"一种"新型物权的成本，还是所有权利人都可以随意创设的"无数"不同物权可能带来的信息成本，但此种情形下不具备可分析性，只能析出一种新型物权而单独分析。这种分析模式难免会忽视财产之间的千差万别，因此也受到一些学者的质疑。如有学者认为，并不存在第三人中第二类其他市场参与者承担成本的问题。I、J 为避免侵犯他人的新型物权只需知道"我没有"就足够了，无须去了解这个物权是谁的及其内容是什么等，就不存在调查成本。[①] 有学者认为，在保护善意第三人制度下，根据善意的不同含义，信息成本外部化（主要指第三人中第一类其他市场参与者）有无、多少会有所不同。[②] 在参考其他学者观点基础上，本书将信息成本理论作为一个工具，分析将共有私产作为一个新型物权（不同共有形态）可能带来的信息成本问题。

2. 共有私产作为不同共有形态的信息成本外部化问题

本书所研究的共有私产客体是货币，权利人无权主张原物返还请求权，但享有物权性价值请求权，是一种具有债权属性的物权，仍然要受物权法定原则

---

① Henry Hansmann and Reinier Kraakman, "Property, Contract, and Verification: the Numerus Clausus Problem and the Divisibility of rights", *the Journal of Legal Studies* 31, 2002, p. S411.

② 张巍：《物权法定与物权自由的经济分析》，载《中国社会科学》2006 年第 4 期。

约束。假设共有私产是权利人能创设的一种新型物权共有形式,[①]其不同于已有物权中的两种法定共有类型:决策方式实行一体化模式下的多数决,而不是全体成员绝对多数决;其投资管理采用信托管理方式;等等。以此为前提,下文以维修资金为例试分析法律若确定其为新型物权共有形态所造成的信息成本外部化问题。

维修资金若被作为不受建筑物区分所有权调整的一种新型物权共有形态——共有私产,其信息成本外部化问题同样涉及当事人、关系人和第三人。首先,当事人之间的信息成本不会外部化。一个小区(假设 A 小区)的全体业主(当事人)自由创设维修资金之物权性价值请求权的内容和行使方式等会产生一定的成本,但这些成本会在业主之间分摊而不会外部化,不是限制物权自由的充分理由。其次,关系人的信息成本也不会外部化。维修资金关系人是要购买 A 小区住房的潜在购买人,购买人需调查所要购买房屋的维修资金缴纳情况、业主对维修资金的权利等,这些成本会体现在房屋买卖价款中而不存在外部化问题。最后,第三人承担的信息成本问题。一方面,考察第三人中第一类其他市场参与者要承担的信息成本问题。因 A 小区创设的新型物权共有形态,其他小区(假设 B、C、D 等小区)是否也存在类似于 A 小区的新型物权共有形态,其业主及其房屋的潜在购买者因披露或获取维修资金财产权的相关信息而需要支出信息成本。这种成本在实践中会很低的,甚至可以忽略,因为该信息可与房屋信息一起登记,在查询房屋信息时可以一起查询。另一方面,考察第三人中第二类其他市场参与者的信息成本,即为了避免侵害他人的维修资金财产权要付出的信息成本。这个成本是不存在的,第二类其他市场参与者只知道这个资金"不是我的"就够了。另外,权利人对维修资金的物权性价值请求权不存在单独转让问题,只能随着住房的转让而一起转让,转让双方在实践中也不会关注维修资金问题,不会产生调查成本问题。因此,即使将维修资金财产权创制为一个新型物权共有形态,也不会产生信息成本外部化的问题。

---

① 此处"新型物权共有形式"不是指新出现的共有形态,而是现有法律没有规定的共有形态。

(二)物权法定的挫折成本与共有私产

1. 物权法定的挫折成本

物权法定的挫折成本就是物权类型及内容等强制性法定与限制有时妨碍了当事人高效地实现合法目标,即物权法定阻碍了当事人之间原本可实现的目标,在目标未能实现时所造成的成本。① 换言之,挫折成本就是物权法定所造成的成本与物权自由所造成的成本之间的差额。② 再以上文中手表为例,A 创设"分时使用权"并与 B 达成交易,即 A 将每周一的手表使用权赋予 B。依据物权法定原则,B 的周一使用权不是物权,也不得到物权的全面保护,即不能成为对世权。B 的周一使用权只能寻求债权的保护,即成为对人权。A 的手表一旦转让,B 的周一使用权就无法实现。对于一心只想得到周一使用权的 B 来说,就不会与 A 达成此种交易,对应而言,A 欲提高手表利用率的目标就会付诸东流。现实中,物权法定的挫折成本远比手表例子中的挫折成本高很多,因而可能扼杀了当事人之间具有创新性的交易,进而阻碍了稀缺资源的高效利用。

我国物权制度严格实行物权法定原则,其挫折成本也普遍存在。第一种是将新型物权(包括物权共有形式)纳入既有物权类型体系中所带来的成本,这种挫折成本主要表现在财产管理使用的低效,如共有私产就属此种。第二种是得不到物权保护而寻求债权等其他财产权救济方式所产生的成本,这种挫折成本主要表现在增加了达成此类交易的难度,如上文中手表例子就属于此种。第三种是既得不到物权保护也得不到其他财产权保护所造成的成本,这种挫折成本主要表现为由于该权利得不到保护而直接扼杀了交易。

2. 共有私产禁止创设的挫折成本

依据物权法定原则,在法律没有明确的情况下,共有私产不能被认定为一种不同的物权共有形态,只能纳入原有的两种法定共有制度中进行调整,从而产生了财产管理使用低效的挫折成本。具体言之,按份共有的个人主义和共同共有的身份主义难以契合共有私产财产特点所造成的成本。按份共有起源于罗马法的共有制度,有很强的个人主义色彩。按份共有制度突出共有人的

---

① Thomas W. Merrill and Henry E. Smith, "Optimal Standardization in the Law of Property: The Numerus Clausus Principle", *The Yale Law Journal* 110, 2000, p. 35.

② 张巍:《物权法定与物权自由的经济分析》,载《中国社会科学》2006 年第 4 期。

个人地位,体现在共有人以份额为基础的所有权、表决权、管理权、请求分割权、份额转让权以及按份分担义务与债务等权利义务上。共有私产却不同,共有人既不是完全以份额为基础行使表决权、管理权和分担义务,也不得请求分割、转让其份额。共同共有起源于日耳曼法的合有制度,是以身份关系为基础的。共同共有主要适用于婚姻、家庭和继承等具有特殊身份关系的领域。共同共有事项的表决要求全体一致通过,在权利主体过多时大大地制约了财产的使用和流转效率,其适用范围极其有限。共有私产的共有人之间没有特殊的身份关系,不符合共同共有财产的要求。两种法定的共有制度都无法高效地调整共有私产,挫折成本就无法避免。

以维修资金为例,法律对号入座将其强行纳入以按份共有为理论基础的建筑物区分所有权制度中进行调整。由于不适合调整维修资金这种不同的共有形态,现有制度就产生了挫折成本。该成本的具体表现就是前文所述的维修资金成为提取使用难、保值增值难的低效资金,对权利人而言是稀缺资源的极大浪费。

(三)共有私产作为一种物权共有形态之正当性

所有物权和一些财产权制度都需要在自由与法定之间妥协,任何一个极端都无法降低社会成本,应借鉴经济法理论研究中不走极端的思想。① 极端的物权自由会产生大量的信息成本,而极端的物权法定则会导致高昂的挫折成本。注意力应集中在两个极端之间的中间部位,在物权法定情形下承认适度的创设自由以便降低的挫折成本大于增加的信息成本,或者在物权自由情形下承认适度的法定以便增加的信息成本小于降低的挫折成本。② 立法者不需要在严格物权法定原则与严格物权自由原则二者之间进行选择,二者的妥协就是允许在物权法定的基础上创制一些新型物权(包括不同的物权共有类型),③也就是我国学者所提出的"物权法定缓和"原则。④

---

① 此观点是与刘文华老师交流时,由刘老师所提出的。他认为经济法理论研究不能走极端,应走中庸之道;物权法定与物权自由亦是如此,不能走极端。

② Thomas W. Merrill and Henry E. Smith, "Optimal Standardization in the Law of Property: The Numerus Clausus Principle", *The Yale Law Journal* 110, 2000, p. 38.

③ Yun-Chien Chang and Henry E. Smith, "The Numerus Clausus Principle, Property Customs, and the Emergency of New Property Forms", *Iowa Law Review* 100, 2015, p. 2279.

④ 杨立新:《民法分则物权编应当规定物权法定缓和原则》,载《清华法学》2017年第2期。

作为物权性价值请求权的一些共有私产，现在严格按照物权法定被纳入既有物权共有类型中进行调整，所造成的挫折成本远远大于承认其为新型物权共有类型所产生的信息成本。仅以维修资金为例做一个不严谨地估算，假定全国维修资金总数为人民币 1 万亿元，现在依据建筑物区分所有权的治理方式其年收益率可能只有 3% 左右（是对购买国债和定期存款年收益率的综合预估），若作为新型物权共有类型而以信托方式治理其年收益率可能为 6% 左右（以养老保障基金的年收益率为参考），那么对权利人而言现有维修资金现有制度所产生的挫折成本每年有 300 亿元之多。维修资金已纳入了既有登记系统，即使作为新型共有类型也无须重新登记，不会给当事人、关系人和第三人增加额外的信息成本。因此，就信息成本和挫折成本对比而言，确认共有私产作为一种独立的共有类型更有利于提高资源的利用效率。

二、传统财产分类的局限性与共有私产之挑战

所有类型化研究都有一定的局限性，因为有限的类型难以满足纷繁复杂的现实社会。财产权的传统分类也是如此，现实世界中丰富多样的各种财产难以一一归入理论上的既有类型，共有私产就是一种典型的突破传统分类的财产。因此，研究共有私产需要打破传统分类，另辟蹊径才能把握该财产的本质特征与基本属性。

（一）中西方学者对财产的传统分类

按照不同的分类标准，财产可以分为不同的类型。按照权利内容不同，财产权可以分为物权、债权、知识产权等。按照财产归属和权利人人数不同，财产可以分为私有财产、共有财产和公有财产（我国分为私人所有财产、集体所有财产和国家所有财产）。以下从财产的归属关系和权利人人数角度出发，分析财产的现有分类及其存在的不足。

1. 西方学者对财产的传统分类

大陆法系也有法学学者从财产权归属角度对财产进行分类，如法国财产法学家泰雷和森勒尔将财产分为个人所有权、集体所有权和分解的所有权。①然而，大陆法系国家更倾向于从财产权内容（物权、债权、知识产权等）角度对

① 参见［法］弗朗索瓦・泰雷、菲利浦・森勒尔：《法国财产法》，罗结珍译，中国法制出版社 2008 年版，第 299 ~ 1092 页。

财产权进行分类和调整,其相应的法律制度有物权法、债权法和知识产权法等,而不存在专门的财产法。财产权应是物权、债权和知识产权等的上位概念,对其归属的分类应该能够涵摄下位概念。由于没有统一的财产法,所以大陆法系学者并不重视财产归属分类等相关研究。大陆法系学者使用"财产"概念时有两层不同的含义:一层含义是指能被使用、交换以满足人们需要的物;另一层含义是指能为权利主体带来利益的一种抽象权利。第一层含义是大陆法系学者最常用的财产含义,而对第二层意义上的财产研究相对偏少,因而更无关涉其分类问题的研究。

英美法系却不同,其没有单独的物权法,而是有一部统一的财产法,因而对财产的研究更加系统和深入。科斯于1937年在《企业的性质》一文提出产权问题之后,产权经济学界对产权类型及所有权问题进行了开创性的研究。登姆塞茨认为所有权分为三种类型,即私人所有、共同所有和政府所有。[①] 阿尔钦认为产权可分为四种,即私有产权、非实在产权、共有产权和政府产权。[②] 尽管有细微差别,但产权经济学界主流观点认为存在三种产权制度。在产权经济学研究的基础上,财产法学者将财产分为三种类型,即私有财产、共有财产和公有财产。私有财产是存在于一个人或一小部分人(包括公司和非营利组织)对稀缺资源有一定权利的情况下;共有财产是存在于某一特定群体或社区的所有符合条件的成员对稀缺资源享有同等权利的情况下,如开放给一个村庄所有成员的放牧牲畜的共有牧场;公有财产是存在于政府对稀缺资源享有权利的情况下,政府拥有类似于私有财产所有者的权利,如政府机场。[③] 其中,此处的共有财产是指有限进入(limited-access)的共有财产,即特定成员之间分享的财产,而对外人具有排他性。有学者将其称为"有限共有财产"(Limited Common Property,LCP),[④]它不同于自由进入(open-access)的共有

---

① Harold Demsetz, "Toward a Theory of Property Rights", *The American Economic Review* 57, 1967, p. 354.

② [美]阿尔钦:《产权:一个经典的注释》,载科斯等著:《财产权利与制度变迁——产权学派与新制度学派译文集》,刘守英等译,上海三联书店、上海译文出版社1994年版,第166~178页。

③ Thomas W. Merrill, "Property and the Right to Exclude", *Nebraska Law Review* 77, 1998, p. 733.

④ Carol M. Rose, "The Several Futures of Property: Of Cyberspace and Folk Tales, Emission Trades and Ecosystems", *Minnesota Law Review* 83, 1998, pp. 129 - 182.

财产（又称为“公地资源”或者“非财产”），后者任何人都享有使用权，没有人享有排他权。[①] 严格地说，自由进入的共有财产不是一种财产类型，本书不将其作为一个独立的财产类型。此外，这里的公有财产等同于政府财产，是共有财产的特殊形式（全民共有），包括政府用和公众用两种，由全民委托的政府及其工作人员行使所有权。尽管英美法系财产法学者对财产传统类型没有取得完全一致的观点，但多数学者赞同上述的分类。

2. 我国学者对财产的传统分类

我国继受大陆法系的立法传统，多数情况下将财产理解成第一层含义，对财产的分类就是基于物的所有权分类。由于我国是社会主义国家，是以公有制为主体的经济体制，其所有权分类又不同于大陆法系。我国物权法中将所有权分为国家所有权、集体所有权和私人所有权，其中国家所有权和集体所有权都属于公共财产。这种具有中国特色的所有权分类方式，源于以下因素：

其一，来源于我国宪法规定的所有制。我国宪法将所有制分为公有制和非公有制，公有制包括国家所有制与集体所有制，非公有制就是私人所有制。我国物权法对所有权的分类受宪法所有制分类影响，是所有制分类方式的一个具体化。所有制是一个国家的基本经济制度，属于经济基础的范畴；而所有权是一个国家财产法律制度，属于上层建筑的范畴。二者不能同等对待，经济基础不能等同于上层建筑，因此以所有制分类方式来对所有权进行分类是不科学的。

其二，来源于公私二分法。我国物权法深受公私二分法的影响，认为任何财产非公即私、非私即公，即国家所有和集体所有属于公（也是受马克思和恩格斯公私二分法法学思想的影响），而私人所有属于私。这种观点已经受到很多国内外学者的质疑，刘文华老师认为将公与私对立起来，忽视两者统一的一面，不承认两者之间存在非公非私、有公有私、亦公亦私的中间地带的思想，早已脱离了时代要求。[②] 沃尔夫教授认为，公私划分是一个有误导性但又必要的区分，说其有误导性是因为公私划分是靠不住的，既不是现代社会制度的

---

① 有些学者将自由进入的财产权作为一个独立的财产类型，将财产分为：私有财产、共有财产、公共财产和非财产。See Daniel W. Bromley, *Environment and Economy: Property Rights and Public Policy*, Oxford, Basil Blackwell, 1991, p. 31.

② 刘文华：《经济法理论在求实、创新中行进》，载《商丘师范学院学报》2012年第7期。

经验描绘也不是令人满意的规范推理,不应完全接受严明一贯的公私划分,应承认社会生活的第三领域和公私之间无数的过渡状态;说其必要是因为(在某些情形下)公私划分是理解和改进社会所必要的。[①] 多受诟病的公私二分法思想,深刻地影响了我国现有的财产法律制度。

我国法律对财产的三分法饱受诟病,很多学界提出诸多理论上的不同分类方式,如第一章中所介绍的史际春教授、邓峰教授、涂四益教授等提出的分类观点。其中,较有影响力的财产分类方式是史际春教授和邓峰教授提出的财产三分法,即国有财产、团体财产和私有财产。[②] 此观点中的国有财产就等于公有财产,而团体财产就是英美法系的有限共有财产,因为特定团体成员才能享有某种财产的权利,称为团体财产也有一定的道理。

3. 中西方学者对财产分类的共性

共性之一,中西方财产法学者都认为财产应该分为三种类型,并抽象出每种类型的共同特征;共性之二,中西方财产法学者都认为私有和公有之外,还有第三种所有形式,只是对第三种所有形式称呼不同而已;共性之三,中西方财产法学者认识到财产的科学分类,要抛开仅局限于物权的狭隘思维,应将财产权作为物权的一个上位概念进行分类;共性之四,中西方许多财产法学者都忽视了财产类型的多样性和三种典型财产之间的混合性。

(二)共有私产作为混合财产对传统财产分类的挑战

传统财产法学者对财产的三分法,一定程度上满足了财产的类型化研究需要,对理论研究具有重要意义。然而,这种三分法理论在指导财产法实践时总出现挂一漏万,造成理论与实践的不一致。其中,最为突出地表现为现实世界财产类型多样性与三分法之僵化性的矛盾。因为,人与人、人与政府之间在交易中往往不会依据三个典型财产类型构建彼此的财产法律关系。为了交易便利和效率等,人们往往会创设各种财产,很多财产可能不属于三个典型财产的任何一种,而是结合了三者的不同成分。正如科尔所言,“纯公有财产和纯私有财产仅存在于经济学家、法学家和政治理论家的想象之中……将现有的

① Alan Wolfe,“Public and Private in Theory and Practice:Some Implications of an Uncertain Boundary”,in Jeff Weintraub and Krishan Kumar,eds. ,*Public and Private in Thought and Practice:Perspectives on a Grand Dichotomy*,Chicago,the University of Chicago Press,1997,p. 182.

② 参见史际春、邓峰:《经济法总论》(第2版),法律出版社2008年版,第182~188页。

无限类型的财产安排压缩到一种类型的鸽笼里,这是多么荒谬和无益的事。”①罗斯也指出,在私有财产和公共财产之间有无数种集体但非公共财产的类型。② 在国有土地上私人拥有使用权,相反,在私人财产上国家享有征用权,这都是财产类型多样性的表现。现代社会所有财产都具有一定的混合成分,并不存在纯私有财产和纯共有财产。三分法之僵化性难以满足现实世界财产类型丰富性的需要,共有私产就是财产类型丰富性的一个体现,它突破了私有财产和共有财产的属性。下文将详细论证混合财产基本理论,从中探赜共有私产的形成机理。共有私产不是什么特殊财产,只是无数混合财产的一种而已。

三、共有私产之上位理论:混合财产之基础原因与基本构成

所有财产制度的立法目标都是混合的,同时要兼顾个人利益、社会利益和国家利益,只是不同的财产制度所突出的某个利益点不同,如国有财产制度将公共利益、国家利益摆在首要位置。若坚持财产权分类“一刀切”的做法将使立法目标付诸东流,这种立法目标只有通过少于完整私人所有权的不同财产制度才能实现。③ 混合财产之存在是由于融合的社会制度、混合经济、混合所有制、分享经济等多种原因。

(一)混合财产之社会制度原因——两种社会制度的融合

现代两大基本社会制度在相互竞争中不断吸取对方优点,逐渐趋于融合。社会主义借鉴资本主义私有财产制度激活私人主体,而资本主义借鉴社会主义公有财产制度实现社会公平。抛开政治因素,资本主义和社会主义之间的财产制度没有本质的区别,只有量的不同。私有财产在资本主义社会中存在量的优势,而公有财产在社会主义社会中存在量的优势。两种社会制度的融合会带来不同财产之间的混合。

---

① Daniel H. Cole, *Pollution and Property—Comparing Ownership Institutions for Environmental Protection*, Cambridge University Press, 2002, p. 45.

② Carol M. Rose, “Left Brain, Right Brain and History in the New Law and Economics of Property”, *Oregon Law Review* 79, 2000, pp. 479 – 492.

③ Thomas W. Merrill and Henry E. Smith, “Optimal Standardization in the Law of Property: The Numerus Clausus Principle”, *The Yale Law Journal* 110, 2000, p. 69.

1. 社会主义社会借鉴私有财产权制度形成混合财产

为了调动个体生产劳动的积极性，社会主义社会借鉴资本主义社会私有制度形成公—私混合财产。以我国集体所有土地为例，在20世纪80年代初土地改革之前，土地实行集体所有集体耕作，所有劳动成果由村民集体所有而不能私有，实行“干多干少一个样”的绝对平均主义政策。在土地绝对公有制制度下，人们发现劳动者丧失了生产劳动的积极性，生产效率低下、农业发展乏力。1978年安徽省凤阳县凤梨公社小岗村实行的“家庭联产承包责任制”开启了土地财产权（而不是全部所有权）私有化改革，借鉴了之前被认为是资本主义专有的私有财产制度。农村土地实行集体所有家庭承包，每个家庭对某块土地享有一定期限（如30年等）的承包经营权。承包经营权属于一个家庭的私有财产权，家庭承包经营土地收益除上缴一定比例给国家之外全部归家庭私有，体现了“多劳多得、不劳不得”思想，有效调动了农村居民农业生产劳动的积极性。经过土地改革之后，我国集体所有土地就变成了一个公—私混合财产。土地所有权属于全体村民集体所有，集体所有在我国属于公有的一种，是公有财产；而每个家庭享有某块土地的承包经营权，包括所承包土地的占有、使用和收益等权利，承包经营权属于私有财产，因此农村土地财产就具有了公—私混合属性。

我国改革开放后经济的巨大发展，与借鉴资本主义私有财产权制度紧密相关，形成了无数公—私混合财产及其相关权利，如宅基地使用权、城市建设用地使用权、集体企业承包经营权等。与之形成鲜明对比的是，没有借鉴资本主义社会私有财产权制度的社会主义国家，其经济仍处于效率低下、社会贫困的停滞状态。

2. 资本主义社会借鉴公有财产制度形成混合财产

为了保障公共利益和实现社会公平，资本主义制度在与社会主义制度竞争时借鉴了社会主义公有财产制度形成公—私、共—私混合财产。瑞克（Reich）教授在1964年发表于《耶鲁法律期刊》的《新财产权》一文中提出新型财产权观点。他提出政府通过权力和税收大量吸取财富的同时，以多种形式释放财产，如现金、救济金、服务、合同、特许经营和许可，这些成为一些市场主体财富的主要来源。[①] 瑞克将这些源于政府的财富称为新型财产（权）。新

① Charles A. Reich, “The New Property”, *The Yale Law Journal* 73, 1964, p. 733.

型财产(权)正在改变着人们的社会生活方式,改变着个人主义和独立性的基础,改变着政府的运行模式。政府大量吸收财富就是一种公有化的方式,抛弃了“私有财产制度可以解决一切问题”的幻想,推行类似于社会主义的社会政策。北欧国家实行高税收、高福利的福利国家政策正是这种情形的典型例证,瑞典、芬兰和丹麦在1995年税收占GDP(Gross Domestic Product,国内生产总值)的比重分别为47.5%、45.7%和48.8%,同时政府支出占GDP的比重达到世界最高水平,分别是67.1%、61.4%和59.2%。① 实行福利国家政策就是推行社会主义社会中一些财产制度。

现代资本主义混合财产形成过程恰恰与社会主义相反,首先将私有财产变为公有财产,其次将公有财产的某些权利赋予私人,形成公—私混合财产。以政府的特许经营为例,政府首先通过行政权力将某些行业的经营权转变为政府所有,然后依据法定程序授予具备条件的私人经营,以保障其实现政府所要保护的公共利益目标。在自由资本主义社会是不存在特许经营行业的,所有行业都是人们可以自由经营的私人领域,私人不愿或无法经营的行业政府才应涉足。瑞克指出新型财产权打破了公共和私人之间的区别,以及由此产生了公与私的融合。许多政府的职能都是由私人来执行的,更多私人活动也不再以私人的方式进行。②

(二)混合财产之经济原因

1. 混合经济是混合财产产生与发展之基础

混合经济是一国经济中资源配置形式的混合,是计划经济和市场经济的混合,是政府和市场的混合,不同于混合所有制。混合所有制是一个企业所有成分中有国有成分、私有成分和其他成分。混合经济是资源配置方式的混合,而混合所有制是所有制形式的混合。二者也有联系,混合经济是混合所有制产生的基础,因为只有政府与市场两种资源配置方式的结合才会产生所有制关系的混合。

政府和市场都存在自身的缺陷,单独依靠一种资源配置方式难以很好地组织经济的运行,二者的结合要优于彼此独立的配置方式。③ 完全的计划经

---

① [美]维托·坦茨:《政府与市场》,王宇等译,商务印书馆2014年版,第13页、第307页。

② Charles A. Reich,“The New Property”,*The Yale Law Journal* 73,1964,pp. 745 – 746.

③ [法]让-多米尼克·拉费、雅克·勒卡荣:《混合经济》,宇泉译,商务印书馆1995年版,第40页。

济和市场经济是不存在的,所有国家的经济都是混合经济。[①] 政府和市场是资源配置的两个方式,政府能实现公平,市场则能提高效率。一个国家仅利用政府配置资源,经济发展就丧失了效率;而仅利用市场配置资源,经济发展就丧失了公平;二者混合是为了确保在适度公平的前提下提高经济发展效率。除了效率和公平之外,混合经济还由政府和市场的自身缺陷所致。市场的缺陷就是市场在资源配置时会导致负外部性、垄断、环境问题、公共产品缺失等自身无法纠正的失灵问题,需要政府出面干预。政府的缺陷,就是政府在配置资源时会出现权力寻租、官僚主义、低效率、忽视个人偏好等自身难以解决的失灵问题,需要市场进行调节。这是混合经济的基本理论前提。

混合经济是混合财产产生的基础。国家在以政府作为资源配置方式时是以国有财产为依托,一方面,政府通过经济、法律和行政手段将一些资源转变为国有财产,如通过税收、征收等手段将私有财产转变为国有财产。另一方面,政府通过相应手段将国有财产分配给个体使用和消费。国家在以市场作为资源配置方式时是以私有财产为前提的,一方面,通过法律手段确认和保护私有财产,让每个稀缺资源产权明晰;另一方面,允许私有财产进行自由交易并确保交易安全,维护交易秩序。若两种资源配置方式相互独立地存在于一国经济中,只能说明该国的财产制度中既有国有财产又有私有财产,仍不能证明混合财产之存在。只有当政府和市场同时对某个资源进行配置时才可能出现混合财产,现实中政府和市场往往是同时发挥作用的。假设甲乙双方进行汽车买卖,二者的交易一定是以私有财产为基础通过市场价格和供需机制的一种资源配置方式。同时,甲乙双方要依法缴纳税款(如车辆购置税等),而且不得侵害国家利益、公共利益和其他人利益,否则就会受到法律制裁等,这又是政府配置资源的方式。甲乙双方汽车财产权买卖在市场和政府同时配置其资源的情况下就具有了混合属性。可见,以国有财产为主导的计划经济与以私有财产为主导的市场经济之间混合就会产生混合的财产制度。

2. 混合所有制产生公—私混合财产

混合所有制的目标在于实现企业更好的营利、提升企业的效率,这也成为目前国企改革的一个重要路径。私有资本的逐利性和公有资本(包括集体资

---

① [美]保罗·萨缪尔森、威廉·诺德豪斯:《萨缪尔森谈效率、公平与混合经济》,萧琛译,商务印书馆2012年版,第45页。

本和国有资本)的公益性表面上看似水火不容,但具体分析可能情况并非如此。公有资本第一目标仍是营利,只是其营利后用于社会公共目的,不是与民争利而是与私人大企业争利。[①] 从资本逐利目标上看,私有资本与公有资本是一致的,二者的结合也顺理成章。公有资本营利的目的主要是实现公益,对管理人的激励远远小于私有资本,一直因效率低下而饱受诟病,引入私有资本后有利于提升公有资本的效率。私有资本与公有资本的结合有助于发挥不同资本各自的优势,实现互利共赢,提高公有资本的效率。

混合所有制形成了典型的公—私混合财产。虽然所有制不同于所有权,更不同于财产权,但所有制会影响财产的法定类型。混合所有制形成的财产是私有财产还是公有财产?若定位为公有财产是对私有财产的漠视,若定位为私有财产则是对公有财产的侵害。实践中以称呼为国有控股公司或国有参股公司来回避某个混合所有制企业的属性问题,然而一般都是将其归入国有企业之列,显然不利于私有财产的平等保护。从理论角度分析,混合所有制中形成的财产就是一种典型的混合财产,是私有财产和公有财产的混合。

3. 分享经济与分享财产产生共—私混合财产

混合经济和混合所有制主要带来公有财产与私有财产的混合,而分享经济和分享财产则主要产生私有财产与共有财产的混合。

威茨曼发现用宏观的财政政策、货币政策等经济手段只能使经济在停滞和膨胀之间不停摇摆,从一个极端到另一个极端不断交替出现。要想彻底解决停滞与膨胀问题,必须从微观经济入手彻底改变雇员报酬制度,将固定工资制度改为分享工资制度。政府应采用各种诱导和激励措施引导企业将职工固定薪酬制度调整为职工薪酬与企业利润、收益相挂钩制度,即企业收益与职工分享。[②] 这就是威茨曼首创的分享经济理论。在分享经济理论的影响下,很多企业推行员工持股计划、股份期权计划等,从而促使企业财产权的私有与共有之混合。

现代分享经济思想已经发生巨大变化,任何个人和组织将其拥有的任何资源进行分享以提升资源利用率避免独占所有权所造成浪费的行为,都属于

① 史际春:《论营利性》,载《法学家》2013 年第 3 期。

② [美]威茨曼:《分享经济——用分享制代替工资制》,林青松等译,中国经济出版社 1986 年版,第 1 ~5 页。

分享经济的行为。分享财产是分享经济的一种,是指甲将其拥有或占有的财产临时交由乙(或者排他性地或者与 A 同时地)占有或使用,协议期满之后财产仍由甲所有或占有。[①] 如优步"Uber"网约车平台将私家车与他人分享,从而提升私家车的利用率,所获收益在平台运营商和私有车主之间分享,同时出现了财产分享和利润分享现象。随着移动互联网等新技术的发展,分享财产权成为现代经济创新的一种模式。私有财产与他人分享产生了私有和共有的混合,尽管这个分享可能是短暂的、临时的,但已经深刻地改变了财产权关系。被分享的财产不仅关系所有权人的利益,而且关系他人的利益,推动了混合财产的快速发展。

(三)混合财产之基本构成

在科尔提出混合财产之后,莱哈维教授初步构建了混合财产理论框架。[②] 在莱哈维混合财产理论观点基础上,本书进一步系统地完善混合财产理论框架。在理解混合财产之前,首先应承认有些财产(尽管很少)属于纯的或接近纯的典型财产,即纯(或接近纯)私有财产、纯(或接近纯)共有财产和纯(或接近纯)公有财产。将三种典型财产看作三角形的三个顶点,越接近顶点纯度越高,处于三角形的内部及三边上的财产都属于混合财产。进而,混合财产就可能出现四种类型,即公—私混合、公—共混合、共—私混合和公—共—私混合。若传统财产三分法是一个圆形(见图 2),那么混合财产分类方法就是一个三角形(见图 3)。从图 3 可以看出绝大多数财产都是混合财产,只是混合成分多寡不同而已。概言之,混合财产是指由私有财产、共有财产和公有财产混合而构成的财产,也称为混合财产权。混合财产是指权利的混合,而不是指客体混合,因为财产本身指的就是权利而不是客体,客体上不存在权利时就不是财产。因此,混合财产权在实践中是一个普遍现象,三种典型财产即使不是科尔所言的不存在,也是很少见。

---

① Kellen Zale, "Sharing Property", *University of Colorado Law Review* 87, 2016, pp. 511 – 512.

② Amnon Lehavi, "Mixing Property", *Seton Hall Law Review* 38, 2008, pp. 137 – 212.

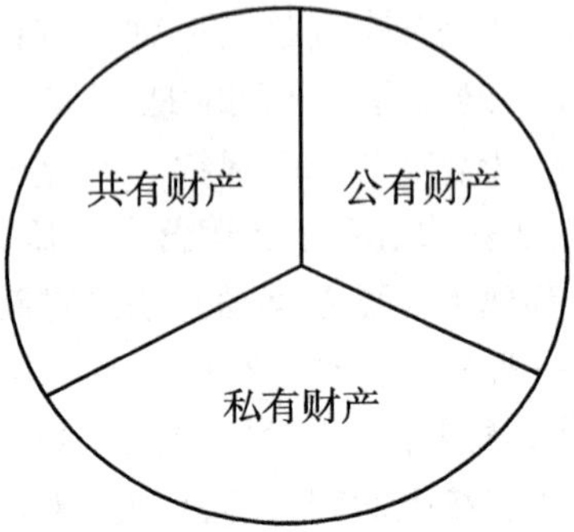

图 2 传统财产构造

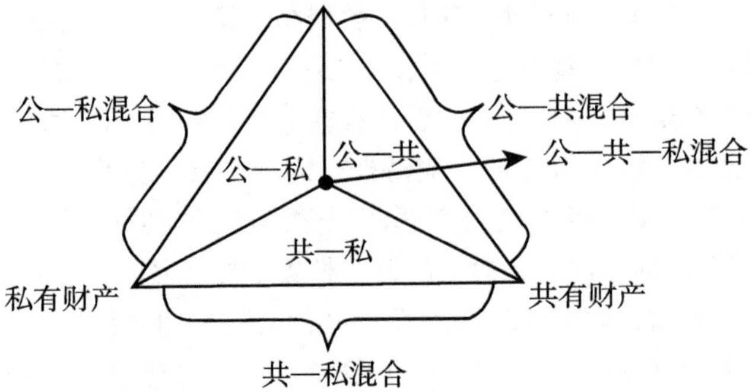

图 3 混合财产构造

混合财产不能简单地被理解为混合所有制财产，更多地表现为财产权某些成分分别由不同主体享有，以及权利人的财产权利受到其他人或公共机构的制约。混合财产是财产权的混合，不仅是物权的混合，还包括其他财产权的混合。以私人对其所有的汽车财产权为例，从纯私有财产角度考虑，车主有权自由使用其汽车而不受任何约束，然而事实并非如此，车主对汽车的使用要受到诸多限制，如使用汽车时不得侵害他人权利、不得违反交通法规、在限号时禁止使用，甚至在特定情形下政府享有征用权等。此时，私人对其所有汽车的财产权就是具有一定混合成分的私有财产权。

混合财产理论目标不在于列举出无穷无尽的混合财产具体详单，而在于确认、分析和说明更大范围的财产制度选择所具有的理论和政策影响。混合财产能作为评价已被社会承认的财产权利创新形式利弊的一个工具，不仅停留在直接当事人执行财产制度的意义上,而且可验证这些制度所具有的与政府、第三方和公众相关的专有特征。运用具有混合财产思想的法律制度调整一些财产,其效果要比单纯用某一种思想(如私有或公有的思想)去调整可能更佳。因此,混合财产既对以三分法为基础制定的法律制度提出了挑战,也为法律制度创新预设了理论基础。

四、共有私产之定位:混合财产的类型与典型例证

不同类型财产相混合形成混合财产是共有私产产生的基本原理,本部分主要分析混合财产的类型,进而洞悉共有私产在混合财产谱系中所处的位置。一些混合财产可能同时包含公—共—私三种混合成分,如最为典型的是政府注资的社会保险资金。下文仅以每两种典型类型之混合作为分析对象,不再分析三种类型混合的情形,而且因为在研究混合财产时无法列举出混合财产的具体详单,只能列举几种混合类型。在分析某类混合财产时需要以一些典型财产作为依托,但并不意味着仅此一种。

(一)公—私混合财产及典型例证

纯公有财产与纯私有财产都存在一定的不足,需要吸收对方的某些成分形成混合财产以满足实际需要。从私有到公有的中间有无数混合财产,混合成分中的某种成分多少决定了财产的属性定位。按照从公到私依次分析,处于公私中间位置,即公有和私有成分平分秋色就是一个典型的混合财产,如公私合作伙伴关系财产就是其中之一。

1. 公有财产的私人权利

所有公有财产都存在私人权利,最终满足个人使用需要和其他欲求(如安全、秩序需求等)。有些公有财产为了公务目的而由公务人员所使用,可称为公有公用财产(又被称为“国家私产”①);有些公有财产为了公共目标而由公众共同使用,可称为公有共用财产;有些公有财产为了私人目的而由私人排他性的独占使用,可称为公有私用财产。

公有公用财产是公务员个人为公共行政需要使用的公有财产,不得用作公务人员的私人目的,也不得被非公务人员所使用。如军事基地的所有财产只有特定的军事人员才能使用,严禁其他社会成员使用。尽管如此,公有公用

---

① 史际春、邓峰:《经济法总论》(第2版),法律出版社2008年版,第182页。

财产最终仍是被个人所使用,因为“公共机构”本身不是一个活生生的主体,无法自主使用公有财产,而必须由作为公务人员的自然人代为使用。如政府办公楼由每个公务人员办公时使用,公务车由公务员履行公务时使用,就连政府的打印机也是为打印公文而由公务员个人来使用等,只是诸如此类使用目的是为了完成公务。所以,公有公用财产上存在公务员个人的占有权、使用权等权利,甚至一些公有财产通过薪酬方式转化为公务人员的私人财产(工资收入)。

公有共用财产是指由社会公众共同使用的公有财产,一般不具有绝对排他性,但在某个人使用时具有特定时空的排他性,经济学中称为“公共产品或准公共财产”。如某人驾驶汽车在公共道路上行驶时,实行“先到先得”原则,在他使用某段公路的同时其他人无法同时使用,只能紧随其后使用而不能排除在先之人;①一些公共土地(公园等),私人可能对其享有某种财产权;②等等。公有共用财产对私人而言尽管不存在使用上的排他性,但仍存在私人财产权,即私人享有使用权及使用时的占有权等。公有共用财产中私的成分要大于公有公用财产,对其使用纯粹为了私的利益。

公有私用财产是指由私人行使独占性使用权的公有财产,其他人无权使用,甚至在法定范围内公共机构也无权干涉和剥夺私人使用权。公有私用财产一般需要向公共机构缴纳一定的费用,但要比市场价格低。如廉租房(公租房)由公共机构(政府)建设并享有所有权,私人居住者缴纳一定租金后享有排他性居住权;一些开发商品房的国有土地,房屋所有者在购买商品房时已缴纳了一定期限(如70年)的使用费,进而对该土地享有一定期限的排他性使用权;等等。公有私用财产中私的成分要大于公有共用财产,对其使用不仅为了私的利益而且具有独占的排他性。

公有财产中的私人权利只是列举了三大类型,每个类型之中都包含私人成分各异的无数子类。公有公用财产、公有共用财产和公有私用财产中私的成分逐渐增多,公有公用财产可以看作处于三角形顶点的财产,公有私用财产

---

① Armen A. Alchian and Harold Demsetz, “The Property Right Paradigm”, *The Journal of Economic History* 33, 1973, p. 19.

② Joseph D. Kearney and Thomas W. Merrill, “Private Rights in Public Lands”, *Northwestern University Law Review* 105, 2011, pp. 1417 - 1530.

已离开三角形顶点一点距离。但是，若按财产的三大典型类型划分，这些财产仍可归为公有财产或近似公有财产。

2. 典型的公—私混合：合同外包和 PPP 模式下混合财产

公有财产与私有财产混合的核心层次就是公共产品合同外包形成的财产和 PPP（Public-Private Partnership，公私合作伙伴关系）[①]模式下混合财产，此时公与私的成分孰多孰少、孰重孰轻有时难以区分。具体言之，公有财产与私有财产结合典型地表现为三种类型：公共产品合同外包之公有财产、公私合作伙伴关系（PPP）模式下之财产[②]和公共产品合同外包之私有财产。

公共产品合同外包之财产是政府将公共产品和服务的供给、维护等外包给市场上专业的第三方，由政府支付一定费用后形成的合同外包财产。合同外包一出现就吸引了学者目光，因为它挑战了政府结构，同时也挑战了"公与私是泾渭分明"的假定。[③] 公共产品合同外包之财产因财产归属不同而可分为两种，一种财产属于公有财产但私人享有运营管理等权利；另一种财产属于私有财产但公共机构享有使用等权利。例如，政府将其所有的公共航道日常管理外包给市场专业主体甲，这个航道就不再是纯公有财产，甲对这个航道就享有私人利益，其他人对航道的破坏会造成甲的利益减损；美国的私人监狱，监狱属于私人所有而为政府提供监禁犯人的监狱服务，政府支付相应费用；[④]等等。在合同外包之私有财产中，私有属性占主导但公的成分也占很大比重；而在合同外包之公有财产中，公有属性占主导但私的成分已不容忽视。在混合财产三角形中，公共产品合同外包之财产已经接近中间位置，离顶点有较大的距离。

PPP 模式下形成诸多类型的公—私混合财产，可以说是公—私混合财产的典型例证。PPP 模式下之财产类型理论上可细分为三种，即 PPP 之公有主

---

① PPP 模式滥觞于 20 世纪下半叶英国的私人融资计划（Private Finance Initiative），在 20 世纪末和 21 世纪初受到各国政府的青睐。

② 付大学：《PPP 特许经营权：一种混合财产权及其保护规则》，载《法学论坛》2016 年第 6 期。

③ Kimberly N. Brown, "Outsourcing, Data Insourcing, and the Irrelevant Constitution", *Georgia Law Review* 49, 2015, p. 616.

④ Alfred C. Aman Jr., "An Administrative Law Perspective on Government Social Service Contracts: Outsourcing Prison Health Care in New York City", *Indiana Journal of Global Legal Studies* 14, 2007, pp. 301 – 328.

导财产、PPP 之公私同比财产和 PPP 之私有主导财产。PPP 之公有主导财产是在公私合作所形成的财产中公有财产占主导地位或者公有财产占比超过了 50%。如 PPP 模式下修建的高速公路,政府提供土地,私人进行投资建设,约定公路属于公有但投资人享有若干年(如 30 年)的收费权;混合所有制公司中公有财产(国有资本)占比超过 50%;等等。PPP 之公有主导财产在混合财产三角形之公—私这条边中已处近似中间位置。PPP 之公私同比财产在理论上存在,但实践中为了决策的需要很少存在公私所占比例相同的财产,在此不再展开论述。PPP 之私有主导财产是在公私合作所形成的财产中私有财产占主导地位或者私有财产占比超过了 50%。如 PPP 模式下修建的高速公路,私人享有公路所有权,经营期限届满后政府若收回需要支付对价,或者政府无偿收回,或者私人享有永久经营权而政府无权收回;①混合所有制公司中私有财产占比超过了 50%;等等。PPP 之私有主导财产处于与 PPP 之公有主导财产相对称的近似中间位置。

3. 政府规制的私有财产

私有财产都可能涉及公共利益或他人利益,其涉及利益范围不同导致政府规制程度有别,公的成分就有所差异。带有公的成分的私有财产可以大致划分为涉"公"私有财产、涉"他"私有财产和一般私有财产。

涉"公"私有财产是与公共利益紧密相关,政府对其实行特别规制的私人财产,也可称为特别规制的私有财产。私有财产权的行使只要与公共利益紧密相关,就超出了私有财产的范围而带有公的成分。② 例如,企业排污权直接影响公众的生命健康,与公共利益紧密相关,排污权就不能完全作为企业私有权,而应当受到公共机构的特别规制。私人所有对外营业的酒店、宾馆等公共场所不能对顾客有歧视待遇,不享有完全排他权,顾客享有相应权利。例如,美国丹尼餐厅案例就证明了这一点。1993 年 4 月马里兰州丹尼餐厅因拒绝服务 6 名非裔美国特工而遭到包括 6 名特工在内的黑人顾客的起诉,诉其违反联邦和州的公共场所法案,最终丹尼餐厅同意支付原告 5400 万美元来和解

① Ronald J. Daniels and Michael J. Trebilcock, "Private Provision of Public Infrastructure: An Organizational Analysis of the Next Privatization Frontier", *University of Toronto Law Journal* 46, 1996, pp. 375 – 426.

② Hanoch Dagan, "The Public Dimension of Private Property", *King's Law Journal* 24, 2013, pp. 260 – 288.

此事。[①] 涉“公”私有财产虽然离混合财产三角形之私的顶点有点距离,但私的成分仍占主导地位。

涉“他”私有财产是涉及他人利益,公共机构对其实行较严规制的私人财产,也可称为较严规制的私有财产。这种财产权的行使虽不直接涉及公共利益,但涉及他人利益进而间接影响公共利益,政府需要对财产权进行较严的规制。例如,某私人企业的经营权,若其经营行为存在垄断现象,直接影响其他企业的自由经营权,公共机构需要对其经营行为实行较为严格的规制;在分享经济模式下私人财产的商业使用(如滴滴、空中食客“Airbnb”等平台下的分享经济),这些财产都涉及他人利益,需要公共机构对其私有财产进行较严规制以保护消费者利益;等等。涉“他”私有财产已接近私有财产的顶点,混合成分要低于涉“公”私有财产。

一般私有财产是政府对其实行普通规制的一般私有财产。私有财产若不涉及公共利益,而且作为“消费财产”[②]而不是以营利为目的使用时,公共机构不会主动规制私有财产权的行使。只有行使私有财产权的行为侵害了他人利益时,公共机构在受害人的诉求下才被动进行规制,这种财产的例子举不胜举。一般私有财产已近似于纯私有财产,处于混合财产三角形的顶点。

4. 小结

公—私混合财产是混合财产中非常普遍的一种,其混合状态极其复杂(见图 4),越到两边单一属性越强,越到中间混合程度越高。忽视了公—私混合财产属性,会造成财产利益保护的偏颇。如我国将 PPP 争议纳入行政诉讼范围,就被学者诟病为突出公有财产利益保护而漠视私有财产利益的做法,将 PPP 财产定位为公—私混合财产后有利于对两者利益同等保护,可设立不同法庭(如兼顾公私利益的“经济庭”)进行审理。

---

① Joseph William Singer, “No Right to Exclude: Public Accommodations and Private Property”, *Northwestern University Law Review* 90, 1996, p. 1286.

② Shelly Kreiczer-Levy, “Consumption Property in the Sharing Economy”, *Pepperdine Law Review* 43, 2015, pp. 61 – 124.

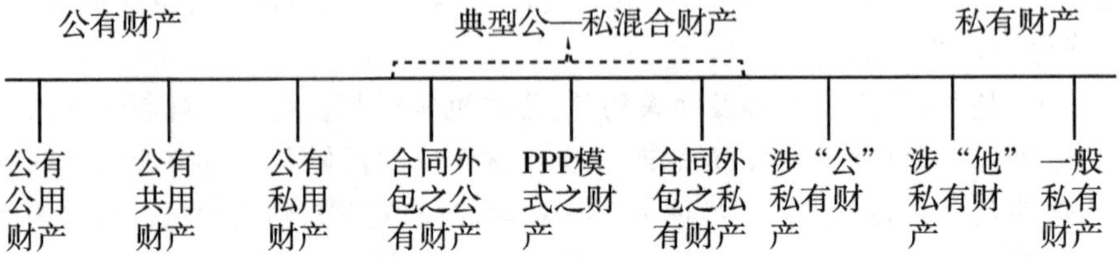

图4 公—私混合财产图谱

(二)公—共混合财产及典型例证

此文中的公有是一个主权国家内或者特定行政区域内的全民所有,由公法人代为享有(或实际享有)所有权;共有是多数人的共有,而不是家庭、合伙企业等少数人共有。公有与共有既有联系又有区别,公有是共有的一种特殊形式,是特定行政区域内全体成员的共有,由政府代为行使所有权;共有是特定群体之间的多数人共有而不是全体国民的共有,不是由政府代为行使所有权。实践中,公有财产和共有财产经常合称为“公共财产”,说明二者彼此交融非常普遍、难以区分。事实上,经常用“公共”指代“公有”或“共有”是不严谨的,此部分在承认公与共有区别的基础上分析公—共混合财产。

1. 公有财产的共有利益

公有财产所有者是特定行政区域的全体成员,会产生所有者虚化现象。财产缺少自然人之人格化主体,表现出既是我的又不是我的,既是你的又不是你的。① 为了解决所有者虚化问题,公有财产必须有一个人格化的公共机构代为行使所有权(一些国家的公共机构作为公法人直接享有公有财产所有权),下文以我国国家机关、事业单位和国有独资企业的公有财产为例具体分析各类财产的共有利益。

国家机关的公有财产是国家机关作为公有财产支配者所支配的财产,也可以说是公—私混合财产中公有公用财产的另一种说法。尽管国家机关以公共行政为导向、以公共利益为目标支配这些财产,但最终还是变成了某个群体的共有利益,因为任何1项公有财产都不可能为了全民利益而存在,即“名为公、实为共”。以农业部为例,其所支配的公有财产最终实现的是某些群体的共有利益。如2015年农业部预算表中9大支出项目共支出2,507,102.22万

① 史际春、邓峰:《经济法总论》(第2版),法律出版社2008年版,第181页。

元,所惠及的不可能是全体国民而是一部分人的共有利益;“三公”经费支出的13,547.44万元的直接支配者是农业部及其所属的全体工作人员与相关人员等。虽然国家机关的公有财产最终变为一部分人的共有或共用财产,但是若没有这些公有财产就不存在国家和政府,就不可能有普通民众生存所需的社会秩序与经济条件,这是一个国家存在的必备条件。所以,这类财产处于混合财产三角形的顶点,共有成分相对最少。

事业单位的公有财产是事业单位为了某项社会公益事业,作为公有财产的支配者所支配的财产,如公立的学校、医院、博物馆、图书馆等所拥有的财产。事业单位虽为公益事业而支配公有财产,但实现的是一群人的共有利益。以北京大学为例,其所支配的财产只是由北大师生(学生包括在读的、已毕业的和未来入学的)所共用,从来不可能是全民共用的财产。其他任何人不可能以“北大财产是公有财产”为由向北大图书馆借出一本书。尽管如此,事业单位的公有财产仍为整个社会的发展做出了巨大贡献。这类财产接近三角形的顶点,共有成分比国家机关的公有财产多一些。

国有独资企业的公有财产是国有独资企业所拥有的公有财产。国有企业的营利除了向国家缴纳税款和上缴一部分利润外更多由企业自由支配,用于支付企业日常经营支出和员工工资支出。就最有利于某些群体而言,国有独资企业的公有财产与其说是利于全体国民的全民所有财产还不如说是更利于企业高管、员工的共有财产,因为经营好坏直接影响企业高管和员工切身利益。因此,国有独资企业的公有财产仍占主导,但体现了更多的共有利益。

2.典型的公与共混合财产

典型的公—共混合财产最为普遍,以下仅以集体所有财产、城市公共空间和宗教财产为例分析典型混合状态。

集体所有财产在我国属于公有财产的一部分,同时又是全体集体经济组织成员共有财产,是典型的公—共混合财产。一般而言,集体所有是团体所有的另一种称谓,被视为一种共有财产,而在我国集体所有被定位为公有的一部分,因此不能简单将我国集体所有看作一种共有。如集体所有企业既属于公有财产又属于集体经济组织成员的共有财产。在混合财产三角形中已接近公—共混合这条边的中间部位。

城市公共空间既属于公有财产,又是特定区域居民的共有财产,能给他们带来更大利益。以公园为例,它不仅是周围居民休闲、娱乐和健身的场所,而且提升了周围房地产价值。美国学者研究发现,公园所增加的地产价值80%被500英尺以内的房地产所捕获,而对2000英尺以外的地产价值基本没有影响。① 有学者提出,周围居民对公园享有毗邻财产权,法律应赋予他们反财产权(Antiproperty Rights)以阻止将公园变为商业性开发项目。② 在美国,很多政府所有的公园是由当地居民组成的自治组织进行管理,体现了地方公—共混合物(Local Public Commons)属性。③ 城市公共空间公有和共有成分平分秋色,应处于公—共混合财产的中间位置。

宗教财产包括宗教的建筑物、附属设施以及所占用的土地等。根据《文物保护法》规定,被认定为文物的宗教财产属于国有财产,即本书所称的公有财产。未认定为文物的宗教财产归属关系界定比较混乱。宗教财产,一方面是宗教信仰人士的共有财产,另一方面由于我国土地和所有文物都属于公有财产,宗教财产中的土地及文物也不例外,可见宗教财产是典型的公—共混合财产。基于此,冯玉军教授提出,在保护国家的一些宗教财产所有权基础上确立宗教团体的区分所有权(共有权)。④ 宗教财产之共有成分与公有成分虽相差无几,但前者仍应大于后者。

3. 共有财产的政府规制

共有财产主要涉及共有人利益,但有些共有财产还涉及公共利益或他人利益,公共机构一般会对该类共有财产进行规制,下文以历史形成的某些特定财产、基金会财产和NGO(Non-Governmental Organization,非政府组织)财产为例证进行分析。

历史形成的某些特定财产是经过漫长历史且在特定人文环境或自然环境下形成的财产,如非文物类文化遗产、地理标志等。以地理标志为例,它是基于原产地的自然气候条件、特殊工艺等而形成的产品特殊品质,是原产地的世代劳动者集体智慧的结晶,对原产地劳动者而言是一个共有财产。为了保护

---

① John K. Hagert et al., "Benefits from Urban Open Space and Recreational Parks: A Case Study", *Northeastern Journal of Agricultural and Resource Economics* 11, 1982, pp. 13 – 20.

② Abraham Bell and Gideon Parchomovsky, "Of Property and Antiproperty", *Michigan Law Review* 102, 2003, pp. 1 – 70.

③ Amnon Lehavi, "Property Rights and Local Public Goods: Toward a Better Future for UrbanCommunities", *Urban Lawyer* 36, 2004, pp. 1 – 98.

④ 冯玉军:《中国宗教财产的范围和归属问题研究》,载《中国法学》2012年第6期。

消费者利益,政府对地理标志的申请、使用等有严格地管制。历史形成的某些特定财产由于涉及公共利益或者他人利益,一般受到公共机构的严格管制。

基金会财产涉及财产捐赠人、受托管理人和受益人等多方主体,每个人都不享有基金会财产的完整所有权,只享有所有权的部分权利束,因此基金会财产成为各方主体的共有财产。基金会财产不仅涉及各共有主体的利益,还涉及不特定的未来受益人的利益,公共机构一般会采取法律手段对基金会财产进行规制。

NGO财产是民间自发组织的非营利公益团体所拥有的财产,此处的NGO不同于我国必须登记注册的社会团体。如一些NGO,其财产主要来源于捐赠,财产属于全体会员共有但用于公益事业并由常设组织机构代管。在国外这种财产被公共管制的最少,我国从2016年开始对境外NGO组织在我国的活动进行规制,其财产也要受到公共规制的影响。因此,这种财产共有成分占绝对主导,公有成分非常之弱。

4.小结

公—共混合财产在实践中难以明确区分哪些为公有、哪些为共有,因而常合称为"公共财产"。公—共混合财产是所有混合财产中最为常见的(见图5),只是人们习惯于将二者合一看待,漠视了二者的区别。

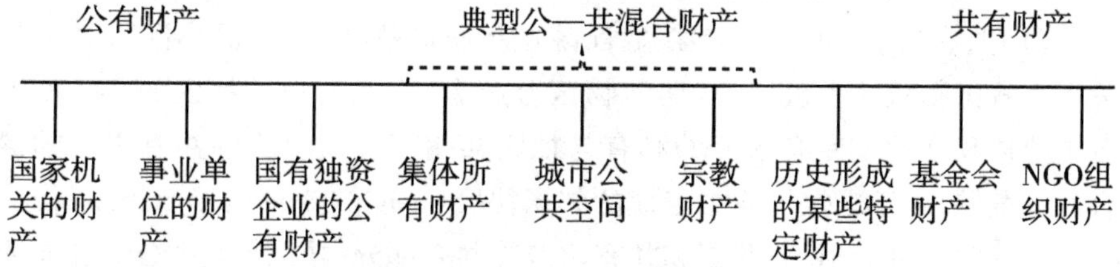

图5　公—共混合财产图谱

(三)共—私混合财产及典型例证

共与私的划分随着分享经济和分享财产的发展越来越困难。过去法律常用二进制划分(个人的和商业的、无偿和有偿的、正式的和非正式的)来定性人们的活动,现在财产分享活动模糊了这种熟悉的二进制划分。分享经济下快速创新步伐对任何固定分类都是一个巨大挑战。① 因此,在现代市场经济

① Kellen Zale,"Sharing Property", *University of Colorado Law Review* 87,2016,pp. 510 – 512.

下，共—私的混合成为一种必然趋势。

1. 共有财产的私有利益

很多共有财产来源于私人、用于私人，下文以 NGO 财产、政党组织财产和私有企业财产为例证分析共有财产的私有利益。

NGO 财产除了受少许公共规制外，还存在私人利益。NGO 在接受私人捐赠财产时，捐赠人对财产使用具有私人利益，会与 NGO 就财产使用进行相关约定。NGO 财产虽然存在一定的私有利益，但其仍是以实现公共利益或特定人群共有利益为主要目标的共有财产。

政党组织财产是政党党员缴纳的党费或接受捐赠等形成的财产，应属于全体党员的共有财产，任何一国法律不会直接调整政党财产，一般由党内制度对财产进行规范。以中国共产党财产为例，全体党员所缴纳的党费属于党员的共有财产，只能用于党的活动，涉及每个共产党员的私有利益。

私有企业财产，无论是否具有法人资格该企业财产都属于全体出资人或股东共有，自然人出资的一人公司除外。如私人成立的有限责任公司，公司财产属于全体股东共有，公司法人享有财产支配权即“法人财产权”，每个股东对公司享有私有财产利益。

2. 典型的共—私混合财产

(1)共有权益社区。共有权益社区在我国也被称为“居民小区”，其物权关系在我国物权法中被称为“建筑物区分所有”。共有权益社区的共—私混合主要体现在业主专有部分的私有与社区共用部位及设施的共有之间的混合。在美国，由小区全体业主组成的邻居协会(neighborhood association)作为一个独立实体拥有道路、花园和共有建筑等共有部分，并执行业主公约和向业主提供基本服务，由协会全体成员选出的董事会来管理协会；而业主既对个人房屋拥有私有权又作为共有人对共有成分拥有一定比例的利益。尼尔森(Nelson)提出集体私有财产权为克服搭便车问题提供了一种途径，应取代区分所有制。① 我国的业主大会及其委员会与美国的邻居协会和董事会有诸多相同之处又有些不同，但都是混合财产的执行机构。

---

① Robert H. Nelson, “Privatizing the Neighborhood: A Proposal to Replace Zoning with Private Collective Property Rights to Existing Neighborhoods”, *George Mason Law Review* 7, 1999, pp. 830 - 832.

(2)共有私产。共有私产(本书所研究的是以货币为客体的财产)是一种典型的共—私混合财产,下文将单独论述。在此首先明确一点,共有私产处于共—私混合财产的中间位置。

(3)半共地财产权。半共地(Semicommons)财产权是财产法学家史密斯发现的一种财产制度,是私有财产和共有财产的结合体,最早出现在英国中世纪的开放地(Open Fields)制度中。在开放地制度中,农民对种植在自己拥有的1英亩狭长地块上的谷物享有私有财产权,狭长地块分布于(围绕中心村周围的)两至三大块的田地里。基于这样的分布特点,在某些季节农民有义务将土地以共有形式开放给所有放牧主以放牧牲畜,这使他们能够利用规模经济来放牧,利用私人激励来种植,使半共地同时在两种规模下运行。① 虽然开放地形式的半共地财产制度在英国已经消失,但半共地财产权在现代社会依然存在。如互联网财产就是一种半共地财产权,它混合了个人计算机信息私有财产和网络资源共有财产。② 再如,实行私有化国家的流动水体、③电信半共地财产④等资源财产都属于半共地财产权。半共地财产权成功地融合了共有和私有财产的重要成分,是分析共—私混合财产的典型例证。

3. 私有财产的共有权利

随着分享经济的不断发展,私有财产之上共有的权利与利益越来越普遍,下文以分享财产中共有权利、家族财产、家庭个人财产为例分析私有财产中的共有权利。

分享财产中的共有权利是指所有人将其对财产的某些权利分享之后,他人对其财产所享有的某个期间的占有权和使用权等,从而形成所有人和其他人对某项财产在一定时期内享有共有权利。以空中食客"Airbnb"为例,房主将其多余的房屋出租给临时租客,二者共同分享房屋的使用权,房客与房东在

---

① Henry E. Smith, "Semicommon Property Rights and Scattering in the Open Fields", *The Journal of Legal Studies* 29, 2000, p. 132.

② James Grimmelmann, "The Internet is a Semicommons", *Fordham Law Review* 78, 2010, pp. 2799 – 2842.

③ Henry E. Smith, "Governing water: the Semicommons of Fluid Property Rights", *Arizona Law Review* 50, 2008, pp. 445 – 478.

④ Henry E. Smith, "Governing the Tele-Semicommons", *Yale Journal on Regulation* 22, 2005, pp. 289 – 314.

租赁期间对房屋享有共用权。

家族财产是一些家族经过一定历史发展所积累的私有财产,这种财产属于私有财产但以家族共有的形式存在。如家族祠堂是一个家族祭祀祖先和先贤的场所,由家族成员共同出资建设而成,家族祠堂财产是我国特有的一种家族私有财产,该家族的每个家庭都对该财产享有共有权利。

家庭个人财产(也是公—私混合财产中的"一般私有财产",在三角形顶点处二者是重合的)应该是混合成分最少的一种财产,但仍然存在共有成分,如家庭私有财产由家庭成员共有。即使是家庭中个人私有财产,行使权利时也承担着不侵害其他人权利的义务,受到政府的一般规制。

4. 小结

共—私混合财产一般被人们视为私有财产,忽视了它的特殊性和多样性。此部分只是简要列举了几种财产(见图6),实际的共—私混合财产类型如一条直线上无数个点一样多,本书所研究的共有私产就是处于中间位置的一个点。

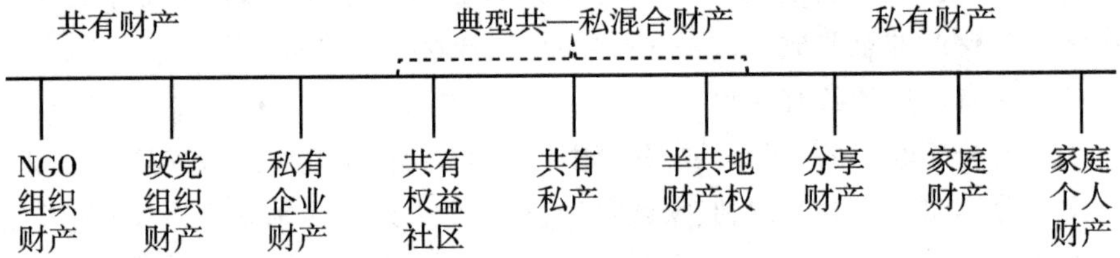

图6　共—私混合财产图谱

(四)共有私产是一种典型的共—私混合财产

如上文所述,共有私产是一类典型的共—私混合财产,而且本身又包括很多财产类型,每种共有私产又有其不同的特性。以维修资金为例,其混合属性极其明显。由于维修资金财产作为一种价值请求权,它的权属结构、治理方式等不同于共有权益社区中的财产。由于本书所研究的共有私产是狭义的共有私产,因此未将非货币类型的共有私产纳入本书研究范围。尽管维修资金之外的其他共有权益社区财产也是一种共—私混合财产,但没有包括在本书狭义的共有私产概念之中。具体而言,共有私产的混合财产属性表现在以下两个方面:

1. 共有私产突破了私有财产的属性

共有私产突破了私有财产的属性是因为它具有很多共有财产的特征。首先,共有私产权利主体的复数性。复数性之具体人数难以定论,虽然埃里克森假定为13人以上,[①]但毕竟是假定,无法划出清晰界限,但有一点可以肯定就是其复数性已经超过了家庭共有人数(埃里克森假定家庭共有人数为12人以下),是多数人的共有。其次,共有私产权利内容的共享性。共有私产所有权利成分和权能都在权利人之间共享。共有私产权利人享有的是一种价值请求权,就权能而言权利人对共有私产之权利的享有、使用、收益和处分都不是单一权利人所能决定的。

2. 共有私产突破了共有财产的属性

共有私产突破了共有财产的属性是因为它具有很多私有财产的特征。首先,共有私产具有私有成分。在公私二分法思想影响下,某个财产不属于国家或政府机构所有,通常认为属于"私人的",共有私产也不例外,尽管不严谨但从某种角度也有一定道理。共有私产源于私人财产的让渡,若共有财产全部或部分源于政府就属于共有公产。其次,共有私产最终目标之一是实现私利益。尽管共有私产也实现共有成员间的共同利益,但最主要还是实现私人利益。一些共有私产最终还被转化为私有财产,如住房公积金最终被个人提取或买房使用、企业年金最终转化为企业职工的退休金等。

① Robert C. Ellickson, "Property in Land", *The Yale Law Journal* 102, 1993, pp. 1322 - 1323.

第四章　共有私产之权利构造与保护规则

对财产权构造的研究有两种相互竞争的理论体系：一种是以权利成分为基础的权利束理论；另一种是以排他权为基础的排他理论。共有私产具有不同于其他财产的权利构造，用两种财产权理论体系分析共有私产有利于洞悉其权利构造本质。在解析共有私产权利构造基础上，本部分进一步提出共有私产之权利人权益的保护规则（法律经济学称为“救济规则”）。

一、共有私产的权利束分析

共有私产作为一种混合财产，其权利束中的权利如何在权利人之间配置是共有私产的一个核心问题。财产权的权利束不同于所有权权能，所有权权能（占有、使用、收益和处分）是基于财产权为人与物之间的关系理念而构建的，权能所表述的内涵是人与物之间的直接关系；而财产权的权利束是基于财产权为人与人之间的关系理念而构建的，权利束所表达的内涵是人与人之间的法律关系。权利束是法律经济学和英美财产法学者所提出的，可适用于所有财产权；而所有权权能是大陆法系物权法理论所倡导的，主要适用于物权，尤其是有体物权。共有私产是一种共—私混合财产，毫无疑问它是一种财产权，因而用权利束分析更能洞悉其本质。

权利束的标准模型一般结合了霍菲尔德（Hohfeld）和奥诺雷（Honoré）两位法学家的理论分析。[①] "霍菲尔德的财产概念是规范模式，在奥诺雷更细化的所有权要素中，这些关系组成了财产。它们被称为财产权的权利束，财产权也包括那些达不到所有权水准、力量较弱的要素集合，如地役权。"[②]共有私产就是一种所有权要素不完整的财产权，分析它的权利束离不开霍菲尔德理论和奥诺雷理论（以下简称为霍式理论和奥式理论）。下文主要以维修资金为例，分别用霍式理论和奥式理论对共有私产的权利束进行分析，以探寻其内部权利之构造特征。

（一）共有私产权利束之霍式理论分析

1. 霍菲尔德的财产权与权利束理论

在 20 世纪之前，法学家和哲学家一般都认为财产权是人与物之间的关系，如自然主义哲学家休谟就认为财产权是人与物之间的关系。[③] 1913 年美国分析法学派代表人物霍菲尔德在其经典文献中提出，所有权利都是人与人之间的关系。财产权是有关某物的人与人之间的关系，而不是人与物之间的关系，[④]这种关系可以用他的基本法律概念进行推理。他认为法律权利有 4 个基本概念：权利、特权、权力和豁免权，另外 4 个概念（无权利、义务、无资格、责任）是前 4 个的对立概念或者对应概念（见表 1），这 8 个概念是所有法律关系的最小公分母，能用来分析所有的法律关系。财产权是最核心的法律权利之一，霍菲尔德主要用财产权来推导和演示这 8 个概念的逻辑关系。根据霍菲尔德的基本概念体系，财产权可以析出 4 个基本权利束类型，即财产权利、财产特权、财产权力和财产豁免权。霍菲尔德指出这 8 个概念经常在法律理论与实践中被不严谨地随意使用，在法律条款中也依然如此。权利往往被不

---

① J. E. Penner, "The 'Bundle of Rights' Picture of Property", *UCLA Law Review* 43, 1996, p. 724.

② ［美］斯蒂芬・芒泽：《财产理论》，彭诚信译，北京大学出版社 2006 年版，第 20 页。

③ 休谟认为，财产权是在不违反正义的法则和道德上的公平的范围内，允许一个人自由使用和占有一个物品，并禁止其他任何人这样使用和占有这个物品的那样一种人与物的关系。参见［英］休谟：《人性论》（下册），关文运译，商务印书馆 2015 年版，第 341 页。

④ Wesley Newcomb Hohfeld, "Fundamental Legal Conceptions as Applied in Judicial Reasoning", *The Yale Law Journal* 26, 1916, p. 720.

加区别地使用,以涵盖特定情形下的特权、权力和豁免权,其实后三者是广义上的权利,而不是最严格意义上的权利。[①] 由于我国学界往往用狭义上的权利指代其他三种,因而本书中的法律权利概念并未采用霍菲尔德的概念体系,依然采用广义上的权利,只是在此部分中用他的概念分析共有私产权利束,以便洞悉共有私产的本质。

表1 法学中对立与对应概念

法学中对立概念(Jural Opposites)			
权利(right)	特权(privilege)	权力(power)	豁免权(immunity)
无权利(no-right)	义务(duty)	无资格(disability)	责任(liability)
法学中对应或相关概念(Jural Correlatives)			
权利(right)	特权(privilege)	权力(power)	豁免权(immunity)
义务(duty)	无权利(no-right)	责任(liability)	无资格(disability)

权利(right)等同于主张权或请求权(claim),权利人要求他人按照与之相关的一定方式行为,权利人有权控制他人行为。如张三将自行车借给李四使用,张三有权要求李四返还其自行车。与权利相对立的是无权利,无权要求他人为一定行为。如张三将自行车借给王五使用,此时李四就无权要求王五返还张三的自行车。与权利相对应的是义务,为满足权利人的权利,义务人毫无疑问要履行相应义务。权利与义务不是相互对立,而是相互依存。没有义务也就不存在权利,侵犯了权利也就违反了义务。如张三有权要求李四返还其自行车,与之对应的就是李四有义务返还。就财产而言,财产所有人享有排除非所有人占有、使用等权利(排他权),即权利,那么非所有人就有义务返还其财产,即义务,更不享有排他权,即无权利。

特权(privilege)就是一种自由,特权人有权在法定范围内为一定行为的自由。不同于汉语中常用的"特权"含义,更类似于汉语中的"自由"。如张三有使用或不使用其自行车的自由。特权与义务相对立。财产所有人享有使用其财产的特权,也就是说财产所有人不承担"不得使用"的义务,是对不使用

① Wesley Newcomb Hohfeld, "Some Fundamental Legal Conceptions as Applied in Judicial Reasoning", *The Yale Law Journal* 23, 1913, pp. 16 – 59.

义务的否定,使用之特权与不使用之义务是对立的。如张三有使用其自行车的自由,不承担不得使用的义务。特权与无权利相对应,财产所有人使用其财产的特权对应物显然是非所有人的无权利,既包括无权要求财产所有人“不使用”,又包括未经财产权人同意无权使用该财产。如张三有权使用或不使用其自行车的自由,即特权,其他人都无权要求张三使用或不使用其自行车,而且未经张三同意其他人也无使用该自行车的特权,即无权利。权利和特权的区别在于,权利是涉他权,而特权是对己权、自由权。

与权力(power)最相近的同义词是能力或者资格(ability),是改变自己或者别人所拥有的法律权益(法律关系)之能力。财产权利人对财产的转让权就是一种权力,财产权法律关系因转让权而改变。如张三将其自行车所有权转让给李四,此时张三行使的是“权力”,而不是权利。特权是做出某种行为的选择权或自由权;而权力是改变某种法律关系的选择权或能力。[①] 权力的对立概念就是无资格或无能力(disability),即无权改变法律权益或法律关系。就财产而言,不享有财产权力的人,无权改变财产法律关系,也就无权转让财产给其他人。如张三将其自行车借给李四使用时,李四无权将自行车所有权转让给王五。权力的对应概念是责任,权力人运用其权力改变法律关系时,他人既承担让权力人行使其权力的责任,又承担因法律关系的改变而带来的责任。此处的责任也不同于我们通常所说的“违反法律义务所承担的法律后果”,而是承受权力人创设法律关系的法律地位,承认对相对人所产生的法律效力,其含义接近于“服从”。如张三将其自行车所有权转让给李四,其他任何人都要承认该转让行为的法律效力。我国法学中的权力仅指公权机关所享有的立法权、行政权和司法权,根据霍菲尔德的观点这种理解是不全面的、不准确的。

豁免权(immunity)的同义词是“免除”“免罚”,是一个人的法律权益免于受他人改变的保障,是免受他人控制或权力约束的自由。豁免权包括免责权和免损权。就财产而言,免责权是指他人有关财产的超越权限行为,对财产所有人不产生法律效力,除非财产所有人追认。例如,张三自行车坏了,委托李四维修,李四却将自行车所有权转让给王五,这种转让行为对张三不产生效

---

① ［美］伊恩·艾瑞斯:《期权视阈下的法律权益结构》,朱莺、顾健译,复旦大学出版社 2014 年版,第 4 页。

力，即张三享有豁免权。免损权是指财产权人的财产权不得受到他人侵害的权利。就财产而言，财产权利人行使财产权时享有对抗其他人的多种豁免权。最典型的例证就是政府因公共利益需要征收权利人财产时应给予公正补偿。与豁免权对立的是责任，即他人涉及财产的行为，对财产所有人发生效力。如张三委托李四将其自行车卖掉，李四将自行车卖给王五，该转让行为对张三产生法律效力。与豁免权相对应的是无资格或者无能力，其他人无资格或者无能力改变权利人的法律权益。如张三自行车坏了，委托李四维修，李四却将自行车所有权转让给王五，此时李四就处于无资格、无能力地位。

简言之，权利是对他人的请求权，特权是做出某种行为的自由，权力是改变某种法律关系的能力，豁免权是法律权益免受改变的保障。在财产权所包括的法律权利中，财产权人的排他权是一种权利。从私有财产到共有财产、公有财产，再到非财产，排他权依次减弱，在非财产中已不存在排他权。财产权人的占有权、使用权、收益权等都是一种特权。以使用权为例，财产权人有自由使用财产的特权，但不能超出法律范围给他人造成伤害。从私有财产、到共有财产、公有财产，财产权人的特权也在依次减弱。财产权人的转让权或处分权是一种权力，即有自由处置财产权的权力。转让权或处分权导致财产法律关系的变更。财产权人的财产权益免于受他人改变是一种豁免权，或言之，未经财产权人同意不得改变其财产权益。豁免权受到一定限制，政府因公共利益需要可以不征得权利人的同意而强制征收其财产，但要给予公正的补偿（补偿是豁免权的一种体现）。所有财产权都是涉及人与人之间的财产权利束关系，不是人与物之间的简单物理关系，即使是自由所有权法哲学家所崇尚完全自由的私有财产，其排他权、使用权、转让权和豁免权也受到一定的限制。共有私产的权利束关系不同于私有财产权利束关系，其权利、特权、权力和豁免权更受到限制或制约。下面分别以排他权、使用权、转让权和豁免权为例逐一分析。

2. 共有私产的霍式理论权利束

共有私产中的权利——排他权。共有私产权利人的排他权，是共有私产权利人享有的排除非权利人的占有、使用其物权性价值请求权之权利，即对外排他权。共有私产权利人的排他权不是建立在实体物之上的排他权，而是存在于价值请求权之上的排他权，因为共有私产的客体是种类物——货币。共有私产对外排他权与个人独有财产相比要弱很多，因共有私产权利主体过多而被稀释,每个主体为了减少成本而希望“搭便车”,共有私产从而产生公地悲剧问题。从理论上来讲,共有私产权利人之间不享有排他权,但实践中往往对内仍然存在一定排他权,因为权利人之间为了相互制约而产生了有限排他性。当然,法律制度设置不当,同样会造成权利人之间的有限排他性,我国维修资金现行制度就是如此,形成了业主之间相互排他的局面。与排他权对应地是非权利人的义务,即非权利人(包括政府)承担不占有和使用该财产的义务。然而,实践中的共有私产经常被非权利人使用,甚至被政府使用,如政府明确规定可以用住房公积金建设保障性住房。政府的这种做法侵害了权利人的排他权。

共有私产中的特权——使用权。共有私产权利人的使用权是一种严格受限的特权,或者说已经丧失了特权所具有的自由属性,权利人不能自由行使使用权,否则会造成公地悲剧。如果权利人使用共有私产造成其他成员的损失,就要承担赔偿责任,这一点与个人私有财产完全不同。从另一角度来看,如果允许内部成员相互限制彼此使用权,这一特权就彻底丧失,每个人都不享有任何特权,就会出现反公地悲剧。因此,对共有私产之特权的限制是一个难以把握的度,过与不及都会出现问题。共有私产治理难题的存在,就是因为没有一个单一主体享有特权。换言之,所有解决共有私产治理问题的路径,都要解决特权主体单一性问题。除使用权外,共有私产的其他特权如占有权、收益权等都面临同样的问题。

共有私产中的权力——转让权。共有私产权力人的转让权同样受到限制,任何一个成员不得转让其个人享有的权利。共有私产的整体转让可以依法实现,如我国现有法律要求转让该财产需要多数决或者绝对多数决,只要达到法律要求的条件和程序依然可以转让。多数决或者绝对多数决是全体成员享有的一种权力,这种权力运行成本很高、效率很低。于是,为了权力的高效行使经常将此权力集中给单一主体(如采用法人制),或者委托给单一主体(如市场第三方主体或政府),即实现单一化。另外,共有私产权力人能否改变个体法律关系,将其共有私产权利资格转让给其他人,不同的共有私产并不一样。但有些共有私产不能直接转让但可以间接转让个人权利,如维修资金,业主虽然无权单独转让其对维修资金拥有的价值请求权,但可以转让其房屋实现间接转让。维修资金财产权更是一种身份的象征,拥有某种身份就成为这种财产的权利人。有些共有私产则不能,如企业年金,权利人就无权转让与他有关的年金价值请求权。

共有私产中的豁免权——免责权和免损权。免责权是指共有私产一些权利人违规处分共有私产的行为,对其他权利人不产生效力。若欲增加共有私产的利用效率,必须减少其他人的免责权,就是降低共有私产利用的法律门槛。以维修资金为例,若想提高其利用效率,必须减少权利人的免责权情形,降低业主合法提取使用的门槛。免损权是指共有私产免于遭受内部成员和外部人员侵害的权利。对于免损权的保护,涉及共有私产的对内关系和对外关系。就内部而言,权利人有免于内部成员损害的权利,但这种损害总是无法避免,因为一些成员行使其权利时可能会涉及其他成员利益的减损。以维修资金为例,业主对该资金的物权性价值请求权是一个固定值,一些业主对全部价值请求权主张后另一些业主就无法再主张。就外部而言,权利人有免于他人侵害的权利,此权利的保护需要外部法律制度和专门监督机构。共有私产的免损权总是受到内外部的侵害,对该权利的保护同样会出现"搭便车"现象,所有成员都不会主动保护其免损权。如维修资金受到侵害时,某个业主一般不会主动主张其免损权,总寄希望于其他业主能主张。因此,对免损权的行使需要一个单一的、专门的机构。

(二)共有私产权利束之奥式理论分析

1. 奥诺雷的所有权标准成分

霍菲尔德从法律关系角度分析财产权的权利束,而奥诺雷则从所有权内部结构角度解析财产权的权利束。奥诺雷的所有权标准成分更像是一个俱乐部的成员,每个成分都是一个独立的自然个体;而不像一个蛋糕切片那样随心所欲地决定每个成分的多少。所有权成分呈现出内在的一致性,进而每个成分都能独立于其他成分而存在,这并不是完全偶然的情形。[①] 奥诺雷所分析的一个完整所有权应具备的标准成分(incidents)成为后来学者分析财产权权利束的基本成分。

奥诺雷认为完整的所有权由 11 个要素构成,即由占有权、使用权、管理权、收益权、处分权(the right to the capital)、安全权、可继承性(transmissibility)、无期限性(absence of term)、不得有害使用、执行责任(liability to execution)和剩余

① Daniel Attas, "Fragmenting Property", *Law and Philosophy* 25, 2006, p. 141.

性(residuarity)。[1] 11 个成分中有 6 个是完整所有权应具备的权利,且这 6 个权利可以单独分离出去,有 3 个是完整所有权应具备的特性,另有 2 个是完整所有权人应承担的责任。若一个权利人只享有财产权的某个成分,那他不一定是财产所有权人,但可以看作财产权人。

2. 共有私产的奥式权利束分析

以我国维修资金现有制度为对象,根据奥式理论分析共有私产权利束成分在权利人之间的分配。

(1)奥式权利束中 6 个权利

①占有权。奥诺雷虽将占有权作为权利束的第一个成分,但并不意味着它是财产权的核心权利束。占有权经常会被理解为“排他性物理控制”,对有体物而言是正确的,但对无体物或权利而言并非如此。三个元素中“排他”和“控制”是占有权的核心元素,而“物理”不是占有权的必备要素。[2] 就以货币形式存在的维修资金而言,其占有权涉及两个问题:一是全体业主对维修资金之客体货币并不享有占有权,仅享有对资金托管银行的物权性价值请求权。物权性价值请求权又被数量较多的权利人分享,排他性占有较弱——只排除非权利人享有。从占有权的两个核心要素来看,某个业主并不享有维修资金的排他性占有权。二是银行对维修资金之客体——货币的占有。维修资金以种类物——货币形式存入银行,银行享有占有权。总之,业主仅共同享有物权性价值请求权,但对维修资金客体本身不享有占有权。本书所研究的共有私产,其占有权都是由银行享有,权利人并不享有占有权。

②使用权。奥诺雷的使用权包括狭义使用权和广义使用权,广义使用权除包含狭义使用权外还包括管理权和收益权,此处是狭义上使用权。使用权是所有权的根本特征,即使对使用权有法定限制也不会影响其重要性。[3] 我们并不总是以单一的排除其他任何人的方式使用某物,而经常和他人共同使用但排除其他大部分人,正如一瓶酒可以同时几个人喝,但不可能世上所有人

---

① A. M. Honoré, “Ownership”, in A. G. Guest ed., *Oxford Essays in Jurisprudence*, Oxford University Press, 1961, pp. 107 - 147.

② J. E. Penner, “The ‘Bundle of Rights’ Picture of Property”, *UCLA Law Review* 43, 1996, p. 756.

③ A. M. Honoré, “Ownership”, in A. G. Guest ed., *Oxford Essays in Jurisprudence*, Oxford University Press, 1961, p. 116.

都喝。[①] 共有私产的权利人理应都享有共有私产的使用权，但由于权利主体较多而且相互制约，因此要符合一定的法律条件和法律程序才能行使使用权。根据我国相关规定，业主对维修资金享有提取使用权，这是业主共同所有的标志。提取是将对银行的物权性价值请求权转换为等量货币；使用是用货币换取他人对小区共用部位和设施进行维修改造的服务。一些业主可以同时使用维修资金，但问题在于实行绝对多数决情况下不使用的业主可以行使否决权，从而使一些业主行使使用权的难度增加。而且，业主提取使用还要受其他主体制约，首先要物业服务企业提出使用方案并经业主委员会审核通过，然后报主管部门备案（主管部门有责令改正权），最后业主委员会报专户管理银行进行划转。任何一个环节都可能制约业主的使用权。可见，对于具有共—私混合属性的共有私产，权利人并不享有自由使用权。

③管理权。奥诺雷的管理权就是财产由谁使用、如何使用的问题，属于广义的使用权的应有之意。权利人将财产交由他人管理、使用也是行使管理权的一种方式。共有私产不同于私有财产，一般是由单独成立的专业组织或专门机构负责管理，往往有决策机构、日常管理与执行机构、监督机构等。以我国维修资金管理现状为例，维修资金由业主通过业主大会（决策机构）形成决策意见，由业主委员会（日常执行机构）和银行负责执行实施，由政府主管部门（监督机构）负责监管。决策机构显然是核心管理机构，然而作为决策机构的业主大会不是一个独立实体，不能形成独立意识，只能执行全体业主的集体意识，从而产生决策效率低下等问题。实际上，每个业主并不享有独立的管理权，经常出现全体业主都有权管理但又没人管理的局面。

④收益权。根据奥诺雷的观点，使用和占有本身就是收益权的体现，收益又是使用的替代品，权利人为换取收益而让他人使用。所有权人在接收到货币之前收益是以债权形式存在的，奥诺雷将这种情形称为“债已吞噬了物”。[②] 共有私产的收益权归所有权人共有，为了确保资金安全，政府往往对投资范围做严格的限制。以维修资金为例，其收益权虽由全体业主共同享有，但由于维

---

① J. E. Penner, “The ‘Bundle of Rights’ Picture of Property”, *UCLA Law Review* 43, 1996, p. 743.

② A. M. Honoré, “Ownership”, in A. G. Guest ed., *Oxford Essays in Jurisprudence*, Oxford, Oxford University Press, 1961, p. 118.

修资金投资范围有严格限制(我国仅允许投资国债),很多仅以活期形式存入银行,收益极其有限。不能转换为私有财产的收益对个人来说不算是真正的直接收益,维修资金虽然有少量收益仍由全体业主共有,但对某个业主来说是不存在直接收益权的。

⑤处分权。奥诺雷的处分权包括转让权以及浪费和毁坏等权利,涉及两个方面,即处分某物的权利和处分财产权的权利。处分某物的权利就是通过消费、浪费和毁坏等手段使某实物不复存在的权利;处分财产权的权利就是将某物通过转让、赠与等方式将财产权流转于他人的权利。共有私产权利人数较多,共享处分权,单个主体的处分权受到严格限制,有些共有私产不允许单个权利人进行处分。就处分某物而言,无论是全体业主还是某个业主都无权处分以货币形式存在的维修资金;就处分财产权而言,全体业主共同享有处分权,某个业主不能单独处分维修资金的财产权但可以随房屋一并处分。质言之,单个业主不享有维修资金的处分权。

⑥安全权。奥诺雷的安全权是针对公权力而言的,是财产免于政府征收或侵害的安全保障权。即使在给予补偿的情况下,政府经常性地运用征收权也会对财产制度造成破坏,因为所有权人的排他性使用权受到了侵害。[①] 我国的一些共有私产在政府控制之下,经常会面临公权力的侵害,如地方政府使用住房公积金建设保障房等。我国维修资金是在政府指定的银行开立账户,有些地方甚至存入政府开立的账户中,提取使用要在政府主管部门备案,所以政府直接或间接控制维修资金的情形较为普遍。维修资金经常受政府人员的非法侵害,业主虽然享有安全权,但由于“搭便车”的心理或者未能被发现,很少有业主主动行使安全保障权。对共有私产而言,在加强政府管制的同时,如何避免政府的侵害是相关法律制度要完善的问题。

(2)奥式权利束中3个特性

①可继承性。财产权可继承性是指财产权在其所有人死后能由所有人之继承人继承,是财产权的一个基本特性。财产权可继承性对所有人来说不是

① J. E. Penner, “The ‘Bundle of Rights’ Picture of Property”, *UCLA Law Review* 43, 1996, pp. 760 – 761.

一个权利,因为权利的行使必须依靠权利人的选择。① 财产权可继承性对继承人来说是权利,而对所有人来说虽不是权利但有直接经济利益,奥诺雷未将它称为权利而认为是所有权的特性。共有私产中有些具有可继承性,如住房公积金、企业年金(或职业年金)等,而有些不具有独立的可继承性,如维修资金等。维修资金不具有独立的可继承性是因为它不能转换为个人财产,但它可随房屋的继承而被继承。

②无期限性。财产权的无期限性是财产权没有明确的终止期限,是以可继承性为前提的。无期限性可以看作所有权的一个特性,而不能认为是所有财产权的特性,如知识产权都是有期限的。任何财产权可能都是有终止期限的,此处的无期限性是指法律上没有规定或者不能从法律推定终止期限。共有私产其共有人不断变动,就整体而言共有私产没有终止期限——具有无期限性;就权利人个体而言,其权利是有期限的。以维修资金为例,法律上对维修资金的财产权并没有规定终止期限,但对一个小区业主或个人而言仍有两种终止情形:一个是因房屋转让而终止(依现行规定需要办理更名手续);另一个因维修资金用完之后权利人拒绝续缴而终止。

③剩余性。所有权剩余性(也可称为剩余主张权)是所有权的一个特性,所有权人对其拥有之物享有最终剩余性权利,如地役权终止,这部分权利就归所有权人享有;租赁权到期,房屋归还所有人。虽然具有剩余性的财产权不一定是所有权,但所有权都具有剩余性。如房屋承租人将房屋转租以后,转租到期后承租人享有的是房屋租赁财产权的剩余主张权,承租人就不能称为所有人。权利人对有些共有私产享有剩余性,如住房公积金、企业年金(或职业年金)等,有些共有私产在特定情形下才能享有剩余性。就维修资金而言,在居住小区存续期间业主对维修资金不享有剩余主张权,只有在特殊情形下小区不复存在(如小区因地震全部灭失、小区被政府全部征收等),业主才享有维修资金的剩余主张权。

(3)奥式权利束中的2个责任

①不得有害使用之责。任何财产权人使用财产时都负有不侵害他人权利的义务,不限于所有权人。共有私产的不得有害使用之责,一方面要求不得侵

① H. L. A. Hart,"Definition and Theory in Jurisprudence",*Law Quarterly Review* 70,1954,pp. 37-60.

害共有人之外的其他人的权利，另一方面要求不得侵害其他共有人的权利。就维修资金而言，业主不得有害使用涉及两方面内容：其一，业主不得违法使用维修资金侵害其他业主的权利；其二，不得违法使用维修资金侵害其他人（非业主）的权利。

②被执行之责。财产因权利人所欠债务而被法院或其他机构强制执行的责任，此处的债务可能是私法债务，也可能是公法债务（如税收）。如果财产所有权不承担被执行的责任，社会信用就荡然无存，这是所有权的一个基本责任。共有私产却不同，它属于多数人共有而不是个人所有，不能成为权利人偿还个人债务的被执行对象。以维修资金为例，业主从来不会因所欠债务、税款等而被执行其已缴纳的维修资金；维修资金也不能成为破产执行对象。住房公积金、企业年金也是如此，总之共有私产不能成为被执行对象，不能承担被执行之责。

（三）共有私产权利束分析的启示

霍式理论是从法学相互对应和对立的基本概念角度分析法律关系之本质，即权利义务等概念之间的逻辑关系，财产权权利束只是其利用的一个分析工具；而奥式理论是从所有权成分角度分析了完整所有权应具备的标准成分，从而影射出财产权的权利束问题。奥诺雷将所有权看作财产权利和责任的完整构成，而将财产权看作所有权中几种可能的构成要素之一。① 虽然霍菲尔德在其论文中没有提到权利束问题、奥诺雷也很少用权利束（文中出现两次）来替代所有权成分，但学者们普遍认为，两位法学家的论文是研究权利束的两篇经典文献，将两者理论结合运用能获得权利束的相对饱满思想。

就共有私产而言，从霍式权利束分析可以看出，共有私产完全不同于私有财产，其财产权之权利束因归属主体相对分散而被稀释，权利人的权利、特权、权力和豁免权受到严格限制。从奥式权利束分析可以看出，共有私产作为共—私混合财产，绝大多数权利束成分都是共有，个人则不享有或不能独自享有权利束成分。以维修资金为例，奥诺雷的 11 个成分中有 6 个权利是共有的，3 个特性在实践中基本不存在，2 个责任中有一个是不可能承担的。因此，对单个权利人而言，共有私产之权利是一种仅具有部分权利束成分的财产权。

① Geoffrey M. Hodgso, "Editorial introduction to 'Ownership' by A. M. Honoré", *Journal of Institutional Economics* 9, 2013, p. 224.

通过权利束分析可以发现共有私产不同于私有财产。私有财产给所有权人画了一个明确的圈,圈内是所有权人的自由权利,他人的闯入和国家的干预都要有合法的理由,否则就是侵权;圈外是其他人或政府的自由,所有权人在圈外必须证实和解释他的行为以证明他的权威,否则也是侵权。① 而共有私产恰恰是无数私有财产之权利圈相互重叠的部分,重叠之后已经改变了私有财产的属性,使重叠部分的私有财产之权利圈的界限变得模糊,重叠部分的每个权利束不再独立地归属于某个私有主体。

由于共有私产权利束的分散,很多权利束既是我的又不是我的,既是你的又不是你的,有利益时竞相占取,有义务时互相推诿,进而共有私产就渐渐出现因过度使用和无人照管而枯竭的公地悲剧。同时,共有私产权利束因归属于不同个体而造成权利碎片化,多数个体之间由于制度设置原因又出现相互制衡,从而产生使用不足的反公地悲剧。洞悉了共有私产具有不同于私有财产的权利束分配之后,法律制度才能构建出具有针对性的保护规则、管理模式和治理结构。

二、共有私产之排他权与容他权

分析财产权的另一个重要理论就是排他权理论,与之相对应的是财产容他权问题。排他权和容他权不同于权利束,权利束侧重于财产权内容,而排他权和容他权侧重于财产权主体。排他权和容他权是财产的基础性权利,决定着财产的属性。"排他与容他"问题将学者的注意力集中于反映自私自利的社会伦理与一个体现合作社群价值的竞争性哲理之间的日益尖锐对抗的方面,②排他权问题成为财产法学者们的一个热点话题。排他权越强,私有财产属性越多;反之,容他权越多,共有财产属性越浓。

(一)共有私产的排他权

1. 排他权理论

排他权(the Right to Exclude)就是所有者对其财产享有排除他人(包括政府)行使某种财产权的权利。排他权理论认为排他权是财产权所有权利束的

① Charles A. Reich, "The New Property", *The Yale Law Journal* 73, 1964, p. 771.

② Kevin Gray and Susan Francis Gray, "Private Property and Public Propriety", in Janet McLean ed., *Property and the Constitution*, London, Hart Publishing, 1999, pp. 11 – 15.

核心,是财产权必不可少的成分,是财产权的“看门人”。排他权本身不涉及利益,但服务于财产的利益。排他权是手段,为实现其他财产权利益(目的)提供保障。美国财产法学家麦里尔是排他权理论的集大成者,在1998年和2014年以“财产权与排他权”为同一题目撰写了两篇论文,系统论证了排他权在财产权中的核心地位。他认为,在某个稀缺资源上,只要赋予某人排他权就等于给了他财产权;相反,否认他的排他权就等于剥夺了他的财产权。排他权是区分财产与非财产(或无主物)、确认财产权存在的一个充分且必要条件,是财产权的根本。熟知排他权在界定财产权中的作用是很重要的,有以下三个原因:其一,有利于更好洞悉财产的关键特征,从而能清晰地理解围绕该制度所构建的晦涩难懂的法律原则;其二,把握财产权内涵是从分配正义的角度对财产进行论证或批判的一个首要步骤;其三,有利于构建一个更精确的财产权概念,为宪法、法律等有关财产保护条款提供科学的注解。①

排他权理论从三个方面论证了排他权在财产权中的核心地位。首先,从逻辑角度,排他权是理解财产权的基础。从排他权出发,对其稍作扩展就能推导出财产权中的其他权利。如张三对一块土地有排他权,就有权排除任何人进入他的土地,其他人就无法占有、使用他的土地。其他人征得其同意后才可以进入、使用他的土地,从而产生占有权、使用权等。相反,从财产权的其他权利出发,就无法通过扩展该权利来推导出排他权。如地役权就是土地的一种使用权,张三对某块土地享有地役权,就不能推出他对这块土地上的任何权利人都享有排他权。其次,从历史角度,排他权是理解财产权的关键。有强有力的证据表明,在土地权益方面,排他权是原始财产制度中出现的第一项权利。② 当财产制度在复杂环境中进化,其他权利(如转让权、继承权、质押权、抵押品权、分包权等)才逐渐发展起来。例如,古代土地用益权是土地财产权的最早形式,就是一种有时间限制的排他权,以避免他人干涉土地的使用。总之,这一历史证据表明,排他权是最早演进出的第一项权利,与财产权其他成分相比,排他权是财产权制度中更为基础的权利。最后,从实践角度,成熟法律制度的法律实践中,排他权总是与那些被认定为财产权利益息息相关。实

① Thomas W. Merrill, “Property and the Right to Exclude”, *Nebraska Law Review* 77, 1998, pp. 730 – 731.

② Robert C. Ellickson, “Property in Land”, *The Yale Law Journal* 102, 1993, pp. 1364 – 1365.

践中,法律只要承认了财产权,就会赋予排他权。换言之,任何财产权都伴随排他权,没有了排他权就丧失了财产权。例如,如果法律不赋予地役权人排除供役地权利人或其他人的干扰或阻止其通行的权利,地役权人就无法享有地役权这项财产权。

排他权理论认为,不仅私有财产权存在排他权,共有财产和公有财产也有排他权。首先,排他理论认为排他权是公有财产权的"看门权利",政府部门是公有财产的"看门人"。其次,排他理论认为共有财产权尽管对内没有排他权,但对成员之外的人具有排他权。在较小规模的联合拥有和共同拥有中,排他权是不言而喻的;而在较大规模的共同财产权中,排他权可以通过正式的治理组织机构来行使,或通过更多非正式的社会规范来实现。在排他权理论和新私法思想基础上,史密斯又构建了财产权的模块化理论(财产权是由可分解的多个模块构成的一个系统),认为将财产权看作权利束只能是片面之见,不是一个理论。权利束观点混淆了财产权的目的与手段,使用、收益等利益是财产权的目的,而排他权是手段,是保护这些利益的工具。① 麦里尔认为,史密斯的模块化理论是一个比权利束更好的财产理论模型,它给我们呈现出权利束没能做到的财产权建筑结构之感。但是,与权利束一样,模块化理论仅告诉我们对财产权形式的理解,而没有暗示其(权利内容)强大的激励作用。因此,学界仍需要继续探索一个既能捕捉物权法动态特征,又能抓住其静态特征的财产权模型。②

排他权理论也遭到了许多财产学者的质疑和批判。如有学者指出排他权是"隐士财产权",③排他权是强调独享的、孤立的个体排除他人进入其领地,④不应是财产权的核心权利。2014 年麦里尔对其他学者的质疑进行了回应,进一步深化和扩展了排他权理论。他指出,根据排他权理论,财产权是三

---

① Henry E. Smith, "Property as the Law of Things", *Harvard Law Review* 125, 2012, pp. 1691 – 1726.

② Thomas W. Merrill, "Property as Modularity", *Harvard Law Review Forum* 125, 2012, pp. 151 – 163.

③ Lior JacobStrahilevitz, "Information Asymmetries and the Rights to Exclude", *Michigan Law Review* 104, 2006, p. 1841.

④ Eduardo M. Penalver, "Property as Entrance", *Virginia Law Review* 91, 2005, pp. 1898 – 1900.

位一体的关系,由三个要素构成:所有者、物和排他权。三个要素同时满足就可以称为财产权,缺少一个就不是财产权。可见,排他权是一个必要条件,再加上特定的人和有价值的特定物,就构成了财产权的充分条件。进而,他详细论证了排他权与使用权、转让权等之间在财产权中的关系和地位,提出排他权与容他权是一体两面,并不冲突。①

2. 排他权在财产权中的地位之争

财产法学界对排他权是否是财产权的核心权利,并没有形成共识。关于排他权在财产权中的地位有三种不同的观点,即"单变量本质主义""多变量本质主义""唯名主义"。

单变量本质主义认为排他权是财产权的核心,主张重塑排他权中心地位,其代表人物有布莱克斯通、边沁、科恩(Cohen)、麦里尔、史密斯和彭纳(Penner)等。在200多年前,英国法学家布莱克斯通就提出(私有)财产权是排除世上其他任何人的"唯一和专制的支配权",应成为私有财产权的一个核心权利。② 科恩在布莱克斯通死后出版的苏格拉底式的私有财产性质对话中谈及财产权的多种属性,并通过正反例证推断出仅有排他权总是与任何财产权形式紧密相关的。③ 现代财产法学家除了前文所述的麦里尔之外,还有史密斯和彭纳也主张排他权的核心地位。史密斯认为,排他权是非常重要的(即使不是一个必要条件),因为它与财产权的界定紧密相关。权利束图景最终效果并不令人满意,因为它没有考虑财产法的统一理路。④ 彭纳认为,财产权应被认为是排他性使用权。⑤ 即使是在权利束理论下排他性依然极其重要,因为一些权利束成分若想成为私有权利都必须具有排他性。若一个成分不具有绝对排他性,那么这个财产就具有混合属性。总之,单变量本质主义主张排他权在财产权全部权利束中居于核心地位。

---

① Thomas W. Merrill, "Property and the Right to Exclude Ⅱ", *Brigham-Kanner Property Rights Conference Journal* 3, 2014, pp. 1 - 26.

② William Blackstone, 1766, "Of Property in General", *Commentaries on the Laws of England* (Ⅱ), reprinted 1803, p. 1.

③ Felix S. Cohen, "Dialogue on Private Property", *Rutgers Law Reviews* 9, 1954, pp. 357 - 387.

④ Henry E. Smith, "The Thing about Exclusion", *Brigham-Kanner Property Rights Conference Journal* 3, 2014, pp. 96 - 97.

⑤ J. E. Penner, *The Idea of Property in Law*, Oxford University Press, 1997, p. 103.

多变量本质主义认为财产权的本质不仅在于排他权，而在于多种属性和成分，排他权只是其中之一。多变量本质主义代表人物有布莱克斯通、奥诺雷、莫索夫(Mossoff)、达甘、亚历山大等。布莱克斯通不仅是单变量本质主义者，还是多变量本质主义者，将财产权多种属性表述为排他权、使用权和转让权。在多变量本质主义下，排除权是财产权的必要而非充分条件。没有排他权就没有财产，但是为了创造一个足以称为财产权的权利包，需要更多的远超排他权的权利。奥诺雷是多变量本质主义的杰出代表人物，他认为一个完整所有权是由 11 个标准成分构成(如前文所述)，他也承认一些财产权并不是包涵所有权的全部成分。① 奥诺雷的所有权成分不仅是权利束理论的构建基础，还是多变量本质主义的体现，因为其认为财产权本质是由特定的多个同等重要成分组成，既不是单一成分(单一变量主义)也不是不特定的一束权利(唯名主义)构成。由于现代商品经济的发展，财产权的 11 个权利成分都可能单独成为交易的对象，财产权中并不存在一个核心成分。因此，当今许多财产法学者都是多变量本质主义，既承认排他权是财产权的必要条件，但又认为排他权不是充分条件，即一个财产权仅有排他权是不够的。莫索夫认为仅以排他权来描绘财产权难免过于片面，财产权应是占有、使用和处分某物的排他性权利统一体，并提出财产权一体化理论(The Integrated Theory of Property)。② 达甘提出为了实现一些私有财产的公共价值，法律对所有人的排他权进行限制，最典型的例子有共有权益社区法、地主—佃户法和公共场所法等。③ 亚历山大提出为了实现人类繁荣(Human Flourishing)，要对财产权人的排他权进行限制，所有权人要承担社会义务，人类繁荣理论是财产权的伦理基础。④ 多变量本质主义虽承认排他权的重要地位，但并未将排他权置于财产权的核心地位，具有积极的学术价值和意义。

---

① Thomas W. Merrill, "Property and the Right to Exclude", *Nebraska Law Review* 77, 1998, pp. 736 - 737.

② Adam Mossoff, "What Is Property—Putting the Pieces Back Together", *Arizona Law Review* 45, 2003, pp. 371 - 444.

③ Hanoch Dagan, "The Public Dimension of Private Property", *King's Law Journal* 24, 2013, p. 283.

④ Gregory S. Alexander, "Ownership and Obligations: The Human Flourishing Theory of Property", *Hong Kong Law Journal* 43, 2013, pp. 451 - 462.

唯名主义认为,财产权作为纯粹的习惯概念,是一个没有固定意涵的空洞容器,可以被每个法律制度按照其特有的价值和信仰来任意填充,是由法律现实主义者所倡导。[①] 唯名主义认为财产权没有共相,只有殊相,所以没有固定含义或内容。唯名主义者认为,排他权既不是财产权的必要条件,也不是财产权的充分条件,仅是常与财产权相关联的一个特性。唯名主义认为财产权不是由单一权利或三个核心权利构成,而是由一束权利构成,而且该束权利中没有核心权利或固定组成元素。换言之,财产权就像一捆棍棒一样,可以随意地抽离和添加,没有一个棍棒是固定不变的。唯名主义最有影响的代表人物就是分析法学派法学家霍菲尔德。虽然他用 4 对基本概念解析财产法律关系,构建了财产权概念基础,但并未明确财产权的固定成分。如财产权中"权利"由哪些具体权利构成,他并没有作出限定;关于"特权",他并没有指出财产权中哪些属于特权,或者特权仅限于哪几个。将财产权唯名主义推向极致的是沃尔特·汉密尔顿(Walter Hamilton)和托马斯·格雷(Thomas C. Grey)。汉密尔顿认为,财产权就是一个悦耳的字母组合体,用以表达财富所有者所拥有的各种权利。格雷提出由于权利束的出现,财产权已经解体,不再是法律和政治的核心范畴。[②] 可见,唯名主义认为财产权概念日渐衰落,甚至有学者提出财产权已经死亡。

概而言之,财产权理论家可分成两类:一类是专注于财产的目的,主张权利束理论,不主张排他权是财产权核心。多变量本质主义和唯名主义都属于权利束理论主张者,只是前者承认财产权由多个特定的权利构成,而后者认为财产权由许多不特定的权利构成。另一类是专注于财产的手段,认为权利束掩盖了财产制度的关键特征,提出排他权理论,认为排他权是财产权的核心。笔者更赞同多变量本质主义。排他权仅是财产权一个重要成分,但不是所有财产权都以排他权为核心的,不是绝对重要地位。从私有、共有再到公有,排他权逐渐减弱。尽管排他性较弱,公众用的公有财产之上依然存在财产权,而不能认为它们是非财产。因此,尽管排他权在财产权中具有重要地位,但它并不是所有财产权的核心权利。

---

① Thomas W. Merrill, "Property and the Right to Exclude", *Nebraska Law Review* 77, 1998, p. 737.

② Thomas C. Grey, "The Disintegration of Property", *Nomos* 22, 1980, pp. 69 - 85.

3. 排他权在共有私产中的地位

共有私产权利人享有有限的排他权。以维修资金为例，业主对非业主享有排他权，但一个小区业主之间不应享有排他权。质言之，排他权在共有私产中不是处于最重要的核心地位，只有在共有私产受到非权利人侵扰时，权利人（或其受托人）才能行使排他权。而在维修资金的相关制度中，法律条款往往突出了每个权利人的排他权，过分强调共有私产的私有属性（绝对多数决就是一个体现），从而出现了财产权的另一种碎片化悲剧——反公地悲剧。排他权不是目的而是手段，是有利于权利人实现其某种利益（如使用的利益）的手段。共有私产若因排他权而无法实现权利人的正当利益，说明该制度过分强调了权利人的排他权而忽视了其他权利。因此，在共有私产法律制度中，内部权利人之间要彻底消除不合理的排他权。

（二）共有私产的容他权

1. 容他权理论

排他权是私有财产的重要特征，也是私有财产的象征。强大的私有财产受到了理论家们诸多质疑，如马克思认为私有财产满足了人们的利己需求……成为相互欺骗与相互掠夺的工具与潜在力量。[①] 继而，他在共产党宣言中呼吁"消灭私有财产"。[②] 尽管现在没有人再提废除私有财产，但学者们对私有财产的质疑从来没有停歇过，特别是在私有财产造成的不平等、外部性、环境恶化等方面。布莱克斯通自己也承认，所有权人所享有的排他权不是绝对的，[③]如消防人员为了救人，可以未经权利人许可而进入他人的私人空间。[④] 在市场经济高度发达现代社会，学者们越来越重视财产的社会性问题：使用财产会产生社会成本，[⑤]

① ［德］马克思：《马克思1844年经济学哲学手稿》，中共中央马克思恩格斯列宁斯大林著作编译局译，人民出版社2000年版，第120页。

② ［德］马克思、恩格斯：《共产党宣言》，成仿吾译，人民出版社1978年版，第38页。

③ Ronald H. Coase, "The Problem of Social Cost", *Journal of Law and Economics* 3, 1960, pp. 1-44. Wilkinson, J. Harvie Ⅲ, "The Dual Lives of Rights: the Rhetoric and Practice of Rights in America", *California Law Review* 98, 2010, p. 290.

④ 如粗心家长在夏天将孩子锁在车里，消防员为救孩子而砸车玻璃等新闻屡上报端。

⑤ Ronald H. Coase, "The Problem of Social Cost", *Journal of Law and Economics* 3, 1960, pp. 1-44.

拥有财产应承担社会义务,[①]共享财产能提升财产利用率、促进社会繁荣。因此,基于私有财产排他权的不足,学者提出了财产的容他权(the Right to Include)。即使是主张排他权中心地位的财产法学家,如麦里尔、彭纳等,也未完全忽视容他权。麦里尔认为排他权是一个"看门者",有权决定谁能或不能使用特定物,容他权是所有人对排他权的放弃,容他权和排他权事实上是一体两面。[②] 彭纳指出,财产权就像一个大门,而不是一堵墙,财产排他权类似于大门钥匙,阻止他人进入。[③] 言外之意,所有人能用钥匙打开大门让他人进入,即所有人既有排他权也有容他权。换言之,财产所有人行使排他权时,财产权成为一堵墙;行使容他权时,财产权就成为一扇门。

诺特丹大学财产法学者凯利(Kelly)系统地论证了容他权问题。他认为,财产的容他权是所有者授予或许可他人(容他)独享或共享对其所拥有的财产的使用、占有、控制、处分、收益等权利,即与他人分享财产权。财产权不仅具有排他性,还具有容他性;不仅会导致冲突,还能促进合作;不仅产生原子化的个人主义,还能提升人们的社会性与社会交往能力。因此,财产权具有两面性,若强调排他权会造成排斥他人、导致冲突与产生个人主义;若强调容他权则会带来分享、促进合作与促进社会交往。容他权有利也有弊,既带来社会效益也产生社会成本。社会效益在于,其一,有利于分享财产,提高财产利用率;其二,有利于分散风险,降低个体财产损失;其三,有利于实现专业化,将财产交由更专业的人管理、使用;等等。社会成本在于:协调的难度、策略性的投机行为、使用的冲突。[④]

根据是否由权利人意思自治,容他包括非自愿容他和自愿容他。若自愿容他是权利——权利人的容他权,那么非自愿容他则是义务——权利人的容他义务。非自愿容他主要是非契约的法定容他,此种容他在实际生活中非常

---

① Gregory S. Alexander, "The Social-obligation Norm in American Property Law", *Cornell Law Review* 94, 2009, pp. 745 – 820; Hanoch Dagan, "the Social Responsibility of Ownership", *Cornell Law Review* 92, 2007, pp. 1255 – 1274.

② Thomas W. Merrill, "Property and the Right to Exclude Ⅱ", *Brigham-Kanner Property Rights Conference Journal* 3, 2014, p. 3.

③ J. E. Penner, "The 'Bundle of Rights' Picture of Property", *UCLA Law Review* 43, 1996, p. 744.

④ Daniel B. Kelly, "The Right to Include", *Emory Law Journal* 63, 2014, pp. 857 – 924.

普遍,可分为有形财产的非自愿容他和无形财产的非自愿容他。有形财产的非自愿容他,是指法律规定该财产所有人非合法的正当理由不得排除他人的进入、不得歧视地为他人提供服务。很多法律对此种容他有明文规定,权利人无权更改和限制,如物权法中规定的地役权就是非自愿容他的典型体现。提供公共服务的私有财产,其所有人承担非自愿容他义务。如美国的《公共住宿法案》规定,酒店有为客人提供住宿的义务,不能无理由拒客。基于此,有学者提出公共场所财产所有人不享有排他权。① 我国出租车行业明确要求司机不得无正当理由拒载。无形财产的非自愿容他,是指法律规定他人有权使用权利人的无形财产之权利,如知识产权的相关规定。著作权的一些财产权在法定期间届满之后,任何人都可以无偿使用;即使在法定期间内,只要符合法律规定也可无偿使用(如为教学而使用)。无论是专利、实用新型,还是外观设计都存在类似的非自愿容他问题。自愿容他是财产所有人的一项权利,容他与否完全是一种自愿行为,此种容他才是所有权人享有的容他权。自愿容他比非自愿容他更为普遍,容他方式一般采用非正式容他方式或契约容他方式。

根据容他方式,容他的竞争性模型中包括非正式容他(Informal Inclusion)、契约式容他(Contractual Inclusion)和专有式容他(Proprietary Inclusion)。② 非正式容他是指财产所有人不是基于法律规定或合同约定而是基于事实行为让他人进入、占有、使用或收益其财产,当事人之间不存在法定或约定义务。凯利认为非正式容他有两种类型:一类为不执行、不行使(所有权人不行使其财产权),另一类为放弃(所有权人对排他权的放弃),前者如不驱逐擅自侵入者或不向专利侵权人提起诉讼,后者如无偿许可。③ 没有非正式容他就不会产生社会交往,非正式容他在人们日常生活中极其普遍,如邀请朋友来家里做客、让同事搭乘自己的汽车、与他人分享食物等。非正式容他优点在于容他的成本很低;缺点是双方权利不受法律保障,容他权人随时可收回其财产,终止容他行为,当事人之间都可能会采取对其他当事人不利的投机

---

① Joseph William Singer, "No Right to Exclude: Public Accommodations and Private Property", *Northwestern University Law Review* 90, 1996, pp. 1283 - 1497.

② Daniel B. Kelly, "The Right to Include", *Emory Law Journal* 63, 2014, pp. 882 - 917.

③ Ibid., pp. 882 - 885.

行为。

契约式容他是指财产所有人以契约方式容许他人进入、占有、使用或收益其财产,当事人之间存在契约义务。如借用合同、专利许可合同等都是财产权所有人行使契约式容他的结果。契约式容他可以是无偿的,但一般是有偿的,财产所有人为换取一定报酬容许他人使用其财产。相比非正式容他,契约式容他存在一定的成本,如搜寻成本、签约成本等,但当事人之间的权利更有保障,权利人不能随时收回其财产,终止容他行为要承担相应责任。由于一方违约,另一方可以寻求法律救济,这样大大降低了当事人之间的投机行为。

专有式容他是指财产所有人以赋予他人准物权的方式容许他人进入、占有、使用或收益其财产,当事人之间存在契约义务和法定义务。在专有式容他中,被容他人享有准物权,是一种准对世权;而在契约式容他中,被容他人仅享有债权,是一种对人权。由此可见,专有式容他为当事人提供了更大的确定性和更多的保护,以降低投机行为发生的概率。凯利认为,专有式容他具有不同于契约式容他的四个特征:对第三人的效力(对世效力)、强制规范的约束、承担受托人责任和超额补救措施(如实际履行、禁令或惩罚性赔偿等),①这四个特征也是物权所具有的特性。由于受强制性规范的约束,容他权人不仅承担合同约定义务,而且承担法定义务。如租赁就是专有式容他,在租赁关系中,租赁人享有一种准物权(如买卖不破租赁),出租人不仅承担租赁合同约定义务,还承担一些法定义务。除此之外,专有式容他还有地役权、信托、公寓、财产寄托(寄存)、共有、商业特许、公司和合伙等。

非正式容他、契约式容他和专有式容他都是以财产为基础,三者的容他成本依次逐渐增加,但投机行为发生概率却依次降低。从财产所有人角度,三种容他方式都是其行使财产权的容他权,而不是行使财产权的排他权。专有式容他中,被容他人的财产权体现了物权法定原则,离开了法定就不再是专有式容他。无论英美法系还是大陆法系都存在物权法定原则(如前文所述),这样就限定了专有式容他权在实践中的广泛运用。但专有式容他仍随处可见,是容他的最稳固形式。

2. 容他权在财产权中的地位

在现实生活中,过度依赖财产排他权就限制了人们对财产利用的想象力,

① Daniel B. Kelly, "The Right to Include", *Emory Law Journal* 63, 2014, pp. 889 - 895.

抑制了财产利用率，丧失了对合法利益保护的机会。承认财产所有人正如享有排他权一样拥有容他权，有助于澄清财产的社会性质。有些所有权人可能会滥用他们的财产权，如将使用财产的社会成本强加给他人、孤立自己或歧视他人；但还有许多所有权人使用财产时，不仅将财产权作为一堵“墙”以排除他人，也将其作为一扇“门”以容留他们的邻居、朋友和家人、同事和客户，甚至需要帮助的陌生人。如果是这样，财产能够提升人类的社会性，而不仅是原子化的个人主义。从这种角度出发，理解容他权可能有助于恰当地将排他权语境化，并可调和竞争性的财产功能之观点。[①] 人是社会动物，离不开社会交往，容他权有利于社会交往和社会和谐，增进人类的繁荣，在财产权中具有重要地位，理应得到财产法理论和立法的认可。然而，我国财产法学者则忽视了容他权理论的构建（如物权法中只强调物权的排他效力），对强调社会主义和集体主义精神的社会而言显然是一种讽刺。立法中，我国虽有具体容他制度，但在相关法律总则中没有抽象出“容他权”这一总括性概念，无不是一个缺憾。因此，从财产权理论角度来讲，容他权和排他权对所有权人而言同等重要，不是对立关系而是一权两面。在私有经济模式下，权利人的排他权更加凸显；而在共享经济模式下，权利人的容他权则更加重要。从财产立法角度来讲，我国物权法或其他财产法在立法时应确认和鼓励财产所有权人的容他权，提升财产利用率，增进人类交往与繁荣。

我国作为社会主义国家，集体主义精神至上，容他权在财产权中更应该是一个重要的权利束。一方面，我国公有财产仍占主导地位，公有财产和共有财产随处可见，财产容他权在财产权中占有更重要地位。公有财产和共有财产是容他的最高层次，承认容他权有利于通过制度发扬其优势抑制其劣势。另一方面，容他权在共享经济中居于优先地位。我国各种共享经济快速发展，其本质基础就是私有财产的容他，然而，财产本身的容他或共享制度却往往被忽视。正如有学者所言，“尽管共享实例就在我们身边，但是由于对排他模型的过于关注，使我们忽视了共享的普遍存在、普适性以及对我们法律制度的重要性”。[②] 没有私有财产所有权人行使容他权，就不可能产生财产共享，就不可能出现共享经济。私有财产所有人在保留所有权的情况下，将所有权的一些

---

① Daniel B. Kelly, “The Right to Include”, *Emory Law Journal* 63, 2014, p. 923.

② Rashmi Dyal-Chand, “Sharing the Cathedral”, *Connecticut Law Review* 46, 2013, p. 665.

权利束（如占有权、使用权、管理权等）与不特定的社会公众共享（容他），就形成了共享经济。总之，容他权应是财产权的内在组成部分，在共享经济模式下应处于重要突出地位。

3. 容他权在共有私产中地位

在共有私产中，容他权权重应该大于排他权，因为建立共有私产的目的在于分享财产、分散风险和实现专业化管理。分享财产表现在将个人财产分享给多人共同使用；分散风险表现在权利人对共用财产风险共担；专业化管理表现在将共有私产集合体交由专业机构保管、管理和运作。共有私产中的容他兼具契约式容他和专有式容他的属性。从契约式容他角度来看，很多共有私产是权利人之间通过达成契约而形成的容他角度来看；从专有式容他角度来看，很多共有私产是法律强制规定的，权利人必须共享其财产，容许他人使用。以维修资金为例，尽管用于共用部位维修，但有些共用部位只是部分业主使用，甚至某一业主专用。然而，业主对维修资金的提取使用一般会超过他们所缴纳的部分而使用其他业主的份额，因此业主之间就维修资金而言更体现容他权。维修资金，一方面是契约式容他的体现，对维修资金的使用以业主公约的形式明确；另一方面也是专有式容他的反映，法律对维修资金的缴纳、使用和管理有强制性条文规定。

就维修资金而言，允许（和被允许）其他业主使用，就是业主的容他权（和被容他权）。如前文所述，容他权可分为非自愿容他权和自愿容他权。非自愿容他权是通过法律强制所有人分享其财产，既是权利又是义务；自愿容他权是所有人自愿分享其财产。在维修资金的制度设计上要激励业主的自愿容他权，并加强对非自愿容他权的约束，同时还要避免业主的投机性策略行为。容他权和排他权是硬币的两个对立面，加强容他权就是弱化排他权，对维修资金而言要加强容他权而弱化排他权。具体到法律制度，对于业主合法合规的提取使用，法律上不再适用“绝对多数决”原则。总之，与排他权相比，容他权在共有私产中居于更重要的地位。

三、共有私产之权利的保护规则

共有私产的权利构造不同于其他财产，一方面从权利束理论角度分析，共有私产权利束的成分多数为权利人共有；另一方面从排他理论角度分析，共有私产的容他权应优先于排他权。这种权利构造的特殊性决定了共有私产的保护规则（法律经济学称为“法律救济”）及其优先顺序不同于其他财产。

（一）财产权的一般保护规则

1.“卡—梅框架”及其在财产权保护中的应用

法授权益（entitlement）冲突经常涉及两个问题：一个是该权利分配给谁，另一个是该权利如何保护。因此，就财产权而言，法律不仅要明确其归属问题（分配），还要规定权利受到侵害时如何救济（保护）。针对此问题，耶鲁大学法学院教授卡拉布雷西（Calabresi）和梅拉米德（Melamed）早在1972年发表的《财产规则、责任规则和不可转让性：大教堂的一幅图景》一文中就提出了影响深远的规则框架，即“卡—梅框架”。① 在“卡—梅框架”中，财产规则是指他人欲从权利人那里夺走其法授权益时，必须通过自愿的交易，以权利人（卖方）同意的价格购买这一权益；责任规则是指他人欲夺走（或消灭）权利人法授权益时，只需支付被客观确定的价值即可，这个价值是由国家的某个机关而非当事人自己来确定；不可转让规则是不准许法授权益在买卖双方之间进行交易。三种规则就是权利的三种保护方式，同一权利在不同情况下可能实行不同的救济方式，因此多数权利保护方式是混合的。例如，张三的房屋在李四想要购买情况下可以受到财产规则的保护，在政府强制拆迁时可以受到责任规则的保护，在张三为无民事行为能力时可以受到不可转让规则的保护。普遍适用的权利保护方式是财产规则和责任规则，二者紧密联系又相互区别。“责任规则背后的补偿动机使得补救措施更多关注被侵害方的福利，救济手段是对损失的各种补偿方式；而财产规则的背后动机是防止侵权行为发生，救济手段多用获利赔偿和监狱徒刑等手段，着眼点在于从负面影响侵害方的福利。”②从侵权成本角度分析，财产规则中的侵权成本远远大于责任规则中的侵权成本，能够抑制侵权行为的发生；但从交易成本角度分析，财产规则下的交易成本也同样大于责任规则下的交易成本，不利于市场交易的发生，有时反而还会阻碍经济发展。以企业排污为例，企业排放的废气污染了环境，侵害了居民呼吸清洁空气的权利。对居民权利的保护通常有两种方式：一种就是财

---

① Guido Calabresi and Douglas Melamed, “Property Rules, Liability Rules, and Inalienability: One View of the Cathedral”, *Harvard Law Review* 85, 1972, pp. 1089 - 1128.

② ［美］伊恩·艾瑞斯：《期权视阈下的法律权益结构》，朱莺、顾健译，复旦大学出版社2014年版，第13页。

产规则，政府（或法庭）勒令企业停止排污以保护居民清洁空气权，现实中表现为政府对企业进行强制关停；另一种就是责任规则（也是通常适用的规则），政府（或法庭）允许企业继续排污，但要缴纳一笔排污费用以间接补偿居民的相应损失，现实中表现为企业根据其排污量缴纳排污税。第一种方式对保护居民清洁空气权非常有效，但因阻碍了经济发展而成本太高；第二种方式则是各国通常采用的方式，因为它抑制企业排污行为的同时不会对企业造成休克性的打击。

"卡—梅框架"的杰出贡献之处，不仅在于总结出权利保护的三种方式（财产规则、责任规则和不可转让性规则），还在于发现了学界和司法中遗漏的权利交易的第四种方案。卡拉布雷西和梅拉米德以污染侵害纠纷为例：一方为污染方，另一方为受到污染侵害的居民。在其雄文发表之前，他们发现传统上法庭有三种判决方案供选择，方案1：法庭认定其侵害成立，责令污染方停止污染行为；方案2：法庭认定其侵害成立，但允许污染方支付一定补偿后继续污染；方案3：法庭认为侵害不成立，允许污染方不付赔偿继续污染行为。方案1和方案3都是财产规则（方案1中，污染方要想排污必须征得所有居民的同意，逐一与每个居民进行谈判；方案3中，居民要想免受污染侵害必须征得污染方同意，分散的居民要与漫天要价的污染方谈判。两种谈判的成本之高都会令人生畏的），只是法授权益的初始配置不同，方案1将初始权利分配给了居民，而方案3将初始权利配置给了污染方。方案2是责任规则，污染方依据第三方（法庭）的定价支付后强制剥夺了居民免受污染的权利，无须逐一征得所有居民的同意。显然，方案2是为了降低交易成本，从而作为方案1的替代方案。卡拉布雷西和梅拉米德发现无论是在司法判例或理论文献中都缺失了一个规则，缺失了方案3的替代方案。于是，两位法律经济学家提出了方案4：法庭认为侵害不成立，但判决居民有权选择付给污染方一定补偿（法院认定的数额），换取污染方停止污染或搬迁。[①] 方案4显然是责任规则，居民依据第三方（法庭）的定价支付后强制剥夺了污染方的排污权（若法庭不认为是侵害，排污就成为污染方的权利）。方案4也是为了降低交易成本，进而作为方案3的替代方案。

---

① Guido Calabresi and Douglas Melamed, "Property Rules, Liability Rules, and Inalienability: One View of the Cathedral", *Harvard Law Review* 85, 1972, pp. 1115 – 1124.

几乎与此同时,方案4在司法实践中变成了现实。在斯珀工业公司诉戴尔·韦伯(Spur Indus. Inc. v. Del E. Webb Dev. Co.)一案中,亚利桑那州最高法院法官詹姆斯·卡梅隆(James D. Cameron)裁定,法院对污染方的污染行为签发禁令,但前提是代表居民提起诉讼的地产开发商应该偿付污染方一定的搬迁或关闭的费用。① 但从案例观点中显示,卡梅隆法官没有意识到卡拉布雷西和梅拉米德的文章,卡拉布雷西和梅拉米德也没有意识到与其文章观点一致的司法案例会同时出现。卡拉布雷西和梅拉米德的文章指出了一个司法空白,实践几乎同时就填补了这个空白,这也使他们文章获得盛誉。②

在财产权的保护中,无论是公有财产、共有财产,还是私有财产都离不开财产规则和责任规则这两种保护方式,而不可转让性只是在特定情形下使用。物权类型的财产权多以财产规则保护为主;而债权类型的财产权多以责任规则保护为主。针对不同归属的财产分而言之,私有财产权的保护以财产规则为主导,特定情形下适用责任规则,较少受不可转让性的限制。原因在于,私有财产是垄断的代名词,垄断激励着所有人投资改善其财产,进而能从使用或出售中得到全部回报。③ 私有财产提升了投资效率,但阻碍了分配效率。在共有和公有财产权保护中,财产规则的地位就有所下降,在不同情形下有的财产权以财产规则保护为主导,有的以责任规则保护为主导。原因在于,共有财产和公有财产要以分配效率为主,同时兼顾投资效率,而责任规则有利于提升投资效率,能促进权益有效率地转让。另外,一些共有和公有财产还要受不可转让性规则的约束。

2. 学者对"卡—梅框架"的拓展与运用

哈佛大学法学院卡普洛和沙维尔教授对法授权益保护规则的基本问题进行了系统的经济分析,论证了为什么责任规则常被用来保护个人易被有害外部性(如污染和汽车事故)侵害的权益,而财产规则通常用来保护个人有关物

---

① Spur Industries Inc. v. Del E. Webb Development Co., 108 Ariz. 178, 494 P. 2d 700, 1972.

② [美]伊恩·艾瑞斯:《期权视阈下的法律权益结构》,朱莺、顾健译,复旦大学出版社2014年版,第14页。

③ Posner, Eric A. and Weyl, E. Glen, "Property Is Only Another Name for Monopoly", *Journal of Legal Analysis* 9, 2017, p. 51.

的占有权益(所有者权益)。[①] 有害外部性致害案件发生时受害人与侵害者之间没有讨价还价,即使既定案件中实际伤害可能难以确定,以与预估损害相等的损害赔偿之责任规则也明显优于财产规则。如在交通事故中,被侵害人的法授权益受到了加害人交通行为负外部性的侵害(财产受到损失或人身受到侵害等),加害人会依据第三方(如法院)按照既定标准确定的赔偿额进行赔偿。此时责任规则要优于财产规则,当然也无法适用财产规则。占有权益(所有者权益)的保护一般通过财产规则,原因在于财产规则必须通过事先的讨价还价——经过所有人的同意或许可,通过讨价还价的程序,占有权益(所有者权益)转移到更有效率者手中。而责任规则导致双方当事人不可能谈判,其他任何人都有权将所有人的占有权益强制剥夺,无法保证权益流转到最有效率者手中。另外,在责任规则下,人们之间会针对占有权益出现相互强制剥夺的现象,从而使财产权处于不确定状态。

耶鲁大学法学院艾瑞斯教授利用期权理论进一步扩展"卡—梅框架"中的责任规则。艾瑞斯认为"卡—梅框架"中的方案2和方案4只是买方选择权,即买方强制剥夺权利人的法授权益。艾瑞斯提出与买方选择权相对应的还有卖方选择权,他仍以污染侵害纠纷为例构建出方案5和方案6。方案5:法庭认为侵害不成立,允许污染方继续污染,但同时允许污染方可以选择主动停止污染,同时从居民方接受迁移或者关闭的补偿;方案6:法庭认定其侵害成立,赋予居民有要求停止污染的权利,但也给居民以选择的自由,可以选择放弃这一权益,接受污染方的赔偿。卖方选择权和买方选择权都是责任规则,前者是权益的初始持有者拥有强制出让权益的主动权,而后者是不拥有权益的那一方拥有强制购买权益的主动权。[②] 方案5和方案6不是逻辑抽象的结果,而是司法经验的总结,因为卖方选择权的这两个方案在司法实践中都曾被应用过。

北京大学凌斌教授在"卡—梅框架"的基础上补充两个规则——管制规则和无为规则。管制规则是指虽然允许权利在私人之间交易,但施加了法定

---

① Louis Kaplow and Steven Shavell, "Property Rules Versus Liability Rules: An Economic Analysis", *Harvard Law Review* 109, 1996, pp. 713 – 790.

② [美]伊恩·艾瑞斯:《期权视阈下的法律权益结构》,朱莺、顾健译,复旦大学出版社2014年版,第15页。

限制的法律规则;无为规则是指对于特定利益,法律或者明确规定了不予救济的法定情形,或者通过限定给予救济的法定情形而实际上不予救济的法律规则。①

"卡—梅框架"的拓展模型或规则在财产权保护中也被广泛应用。财产规则是保护财产权的最常用方式,侧重于用来保护所有者权益。若想获得权利人的财产权,必须以权利人同意的价格支付对价且完全出于权利人的自愿让渡,如财产的买卖、进入他人私人空间等都是执行财产规则。责任规则是保护财产权的另一重要方式,侧重于保护他人行为有害外部性所侵害的权益。在财产权利人非自愿的情况下,权利人之财产权受到侵害时要以客观确定的价格给予补偿,此时责任规则就会出现买方选择权和卖方选择权问题。如破坏他人财物后依法进行赔偿就是执行责任规则,是买方选择权;财物所有者要求侵害人恢复原状,也是执行责任规则,然而是卖方选择权。管制规则是在财产权进行交易时由政府通过法律对交易行为进行限制,如我国对房屋买卖的限购行为就是执行管制规则。无为规则是政府对受到侵害的财产权不予救济,如超过诉讼时效的债权不予保护就是执行无为规则。财产权保护的这5个规则中,财产规则和责任规则最为重要,是"卡—梅框架"的核心问题,财产规则有利于保护私有财产权但存在交易成本极高的弊端;责任规则有利于降低交易成本、提高交易效率但弱化了财产权的保护。因此,对于不同财产在适用财产规则和责任规则时有不同的优先秩序。若强调私有财产权保护则优先适用财产规则;若强调提升交易效率则优先适用责任规则。

(二)共有私产财产权的保护规则

实践中,一些共有私产常常以财产规则作为其首要保护规则,一个权利人要使用共有私产需经过全体成员的绝对多数同意,即其他权利人同意让渡其财产权。以维修资金为例,一个业主要动用维修资金需要获得其他业主的同意,而其他业主就可能否决这个业主的使用计划,此时其他业主就是主张财产规则的保护。财产规则保护下的共有私产就像共有权益社区一样,权利人会面临着反公地悲剧,②产生潜在的交易成本和低效率问题。为了破除现有制

---

① 凌斌:《法律救济的规则选择:财产规则、责任规则与卡梅框架的法律经济学重构》,载《中国法学》2012年第6期。

② Amnon Lehavi, "Mixing Property", *Seton Hall Law Review* 38, 2008, p. 165.

度中的积弊,共有私产应以责任规则与买方选择权为核心构建其权利保护体系。

第一,在权利人之间避免用财产规则来保护共有私产。财产规则的两个核心要件,一是事前经权利人(出卖人)自愿同意;二是以权利人所主张的价格支付对价。共有私产之权利人较多、权利束主体分散等属性与财产规则核心要件不相容。若权利人利用财产规则保护其共有私产之权利,就需要征求其他权利人事先同意,可能会形成权利人之间相互排他。由此,任何权利人使用共有私产都涉及其他人的财产权,其他权利人可通过财产规则行使排他权。因此,共有私产之财产权不能以所有者权益(占有权益)方式进行保护,否则只会产生谁也无法利用的反公地悲剧。

第二,以责任规则与买方选择权为核心保护共有私产。在责任规则下权利人并不享有一个完整权利,而是一个能被他人强制剥夺的有限权利。[①] 换言之,责任规则无须权利人的事先同意(不是出于自愿),而且是以客观确定的价格(包括司法机关的强制定价)进行赔偿,这种买方选择权符合共有私产之本质属性。共有私产就一种物权性价值请求权,采用责任规则保护时其价值容易客观确定,同时有利于提升共有私产的利用效率。以维修资金为例,若采用责任规则与买方选择权,某个业主合法合规的提取使用维修资金就不需要绝大多数业主的同意,当出现违法情形时按照客观标准承担赔偿责任即可。在违法使用情况下,使用人对其他权利人造成有害外部性,其他权利人的权利只能用责任规则来救济。共有私产的某个权利人不可能强制其他人购买其财产权,所以共有私产的权利保护中不存在卖方选择权问题。

第三,以不可转让性维护共有私产的稳定和权利人的共有利益。共有私产作为典型的共—私混合财产,不能像私有财产那样自由转让,要维护特定群体的共有利益,因此法律应该禁止某个权利人单独转让其价值请求权以维护共有私产的稳定。质言之,共有私产不可转让性不是其客体的不可转让,而是其权利的不可转让。以维修资金为例,法律不允许业主将其价值请求权单独转让,该价值请求权只能与房屋共存亡,这就是不可转让性的体现。

第四,充分利用管制规则。共有私产主要涉及多数人共有,权利人所享有

---

① 凌斌:《法律救济的规则选择:财产规则、责任规则与卡梅框架的法律经济学重构》,载《中国法学》2012 年第 6 期。

权利束之分散性和受限性是私有财产无法比拟的。为了避免出现公地悲剧和反公地悲剧,共有私产权利人的正当权利有时需要政府利用法律或行政手段进行救济,所以需要充分利用管制规则。不同于资本主义市场经济国家,社群自治在我国目前的共有私产治理中还难以实施,只能作为未来发展和改进一个方向。目前,我国社会中间层发展比较滞后,社群自治意识薄弱,需要政府对共有私产进行充分管制。以维修资金为例,业主的正当权利有时通过业主自治难以实现,这时就需要政府利用管制规则来介入。

第五,极少适用无为规则。无为规则是不对权利予以法律救济的规则,其产生的后果是任何人都没有权利。共有私产很少存在不予保护权利的情形,只有共有私产权利人之权利受到侵害超过诉讼时效时才适用无为规则。因此,共有私产应极少适用无为规则。

第五章　共有私产法律治理之理论分析

共有私产的法律治理是法律对权利人之间占有、使用、管理、运营共有私产等行为关系的条文预设，是法律对政府、市场和社群在共有私产治理中的角色定位。前文分析共有私产本质与属性目的在于为其科学的法律治理提供理论依据。任何类型财产的存在都有其合理性，共有私产也是如此。若法律制度设置科学，在解决某些问题上共有私产就会比私有财产和公有财产更有效率。如何实现共有私产管理、使用和投资有效率就是一个财产治理问题，财产治理（尤其是共有财产的治理）一直是法律经济学研究的一个热点问题。

然而，共有私产与共有财产一样，其治理过程中会出现奥尔森所提的集体行动困局问题，即个人的理性选择往往导致集体或者社会的非理性结果。[①] 共有私产设立目的是实现特定群体的共同利益最大化，然而在每个人追求个人财富最大化的同时总会产生集体行动问题，使共同利益最大化受阻。

---

① 参见［美］曼瑟尔·奥尔森：《集体行动的逻辑》，陈郁等译，格致出版社、上海人民出版社2014年版，第16～50页。

一、共有私产的治理困局

亚里士多德指出,“我们不难想象,如果有血缘关系的人们共同拥有财产而且生活在一起的话,一定会存在非常复杂的矛盾和麻烦”。① 那么,共有私产作为互不熟悉的权利人之间的一种财产权组合体,其治理难度可想而知。

(一)共有私产之公地悲剧

1. 共有私产的公地悲剧

当两个或更多个体分享某一资源时,分享主体之间就需要一些内部治理制度以阻止资源被过度使用,确保资源在可持续和不断改进的状态下运行。当分享人数较少且彼此熟悉时,资源内部治理规则相对容易形成和执行;当分享人数较多或不特定时,资源使用的内部治理问题就成为一个难以解决的困局。共有私产就是多数人分享的特定资源,与自由进入的公地资源类似,存在着内部治理问题。所有权利人都想获得共有资源的收益却不想承担改善共有资源的成本时,就出现了哈丁所称的公地悲剧。哈丁指出,在一个自由放牧的牧场中,作为理性的放牧者都有增加更多牲畜的动力,因为他能从增加的牲畜中获得所有收益,却只承担一小部分过度放牧所造成的损失,这就是一个悲剧。在一个公地资源自由提取的社会里,当每个人都在追求自己利益最大化情形下,这个公地资源最终会走向毁灭。② 其实哈丁并不是注意到公地悲剧的第一人,早在公元前古希腊哲学家亚里士多德就已经注意这个问题,他指出:一件物品共有人越多,关心它的人就越少。③ 另外,在哈丁文章发表之前的 1954 年,戈登在一文中虽未提出“公地悲剧”的概念,但论述了同样的问题。他以中世纪庄园经济的公共牧场为例,提出在牲畜私有而牧场共有情况下,必须规制共有牧场的使用(如限制牲畜数量、放牧时间等),以便防止牧场的过度放牧;并指出“属于所有人的财产就是不属于任何人的财产”。④ 公地悲剧在现实中仍然非常普遍,不仅表现在哈丁和戈登所列举的公地资源上,小到社区大到宇宙的许多共用(或公用)资源的治理问题都没有得到很好的解

---

① [古希腊]亚里士多德:《政治学》,姚仁权译,北京出版社 2007 年版,第 22 页。

② Garrett Hardin, “The Tragedy of the Commons”, *Science* 162, 1968, p. 1244.

③ [古希腊]亚里士多德:《政治学》,姚仁权译,北京出版社 2007 年版,第 20 页。

④ H. Scott Gordon, “The Economic Theory of a Common-Property Resource: The Fishery”, *Journal of Political Economy* 62, 1954, p. 135.

决。以社区为例,经常出现一个小区共有枣树的枣子在成熟之前都已被打光的情形,这就是公地悲剧的一个体现。

哈丁和戈登分析中所列举的公地资源中有些属于非财产,而有些属于自由进入的财产,奥斯特罗姆将此两种财产都称为非财产。奥斯特罗姆指出,在非财产状态下(不存在财产权),只要收益大于获取资源的成本,就会存在过度使用和被毁灭的悲剧。当财产权存在时——无论是私有财产、国有财产(本书称公有财产)还是共有财产——该财产是否会出现过度利用或毁灭的情形依赖于财产权制度如何科学地分配治理的成本和收益问题。[①] 私有财产和公有财产治理的成本和收益都由单一主体承担和享有(前者由个人,后者由政府),可能不会出现悲剧问题;共有财产由于权利主体人数之多且利益分散而难以科学地分配成本和收益,容易出现公地悲剧问题。虽属于共—私混合财产,共有私产仍具有共有财产属性,财产治理的成本和收益分配不当同样会产生公地悲剧问题。

2. 公地悲剧在维修资金上的体现

维修资金监管难、增值难就是公地悲剧之体现。笔者将"公地悲剧"分为"积极作为公地悲剧"和"消极不作为公地悲剧"。积极作为公地悲剧是权利人对共有资源过度使用所造成的悲剧。造成此种悲剧的原因在于某个使用者内化了使用共有资源的所有收益却仅承担小部分资源利用之成本,因而每个资源利用者都倾向于加大资源的使用。消极不作为公地悲剧是权利人对共有资源投资不足等不作为所造成的悲剧。造成此种悲剧的原因在于某个投资人内化了共有资源投资的所有成本,但仅能享有小部分资源投资所增加的收益,因而没有权利人愿意投资。哈丁所言的共用牧地等出现的悲剧属于积极作为公地悲剧;而维修资金等出现的监管难、增值难之悲剧属于消极不作为公地悲剧。具体言之,以维修资金投资收益为例,每个共有人都希望该资产能够保值增值,但谁也不愿意为之付诸行动,总寄望于其他业主采取行为而自己"搭便车"。因为任何投资行为都是有成本和风险的,全体业主都愿意享受收益,但谁也不愿意承担成本和风险。于是,维修资金就出现了宁可存活期,也不愿意

---

① Elinor Ostrom, "The Rudiments of a Theory of the Origins, Survival, and Performance of Common-Property Institutions", in D W Bromleyed., *Making the Commons Work: Theory Practice and Policy*, San Fransisco, Institute for Contemporary Studies, 1992, p. 293.

存定期或购买国债的“消极不作为公地悲剧”,更不可能有其他投资行为。维修资金的自治监督也存在类似情形,每个业主都希望其他业主能行使监督权而自己坐享其成。为了避免消极不作为公地悲剧的发生,政府介入监管成为我国维修资金管理的必然选择。总之,共有私产在管理、投资运营等方面经常会出现公地悲剧问题。

(二)反公地财产、私有财产与公地财产

美国财产法学家赫勒教授突破对财产传统分类思维,提出极具创新性的分类方式。以进入和排他为标准,将财产分为反公地财产、私有财产和公地财产。[①] 反公地财产是每个权利人都享有排他权,任何人或特定部分人都难以进入或使用的财产,可进一步分为完全排他(full exclusion)之反公地财产和有限排他(limited exclusion)之反公地财产;私有财产是一个人权利人享有排他权,其他人都不能随意进入或使用的财产;公地财产是没有人享有排他权,任何人或特定部分人都能随时进入或使用的财产,可进一步分为自由进入(open access)之公地财产(学者又称其为非财产)和有限进入(limited access)之公地财产(本书称其为共有财产)。若调整公地财产制度设置不当就会产生公地悲剧;同样,若调整反公地财产制度设置不当就会出现反公地悲剧。

1.“反公地”概念的提出

在哈丁提出公地悲剧理论之后,公地(Commons)及其如何治理是学者们研究的一个历久弥新的课题。然而,在 20 世纪 80 年代之前,反公地(Anticommons)问题很少受到关注。在 1982 年一篇挑战私有财产传统理论的文章中,弗兰克·米歇尔曼(Frank I. Michelman)提出了反公地的同质概念,其表述为“管制制度”(regulatory regime):“这种制度下每个人总是有权保护财产标的物,结果没有人有权使用它,除非得到其他人的特别授权。”[②]米歇尔曼对反公地的理解产生于抽象法律对称性的直觉,即有“公地”,就有与之对应的“反公地”。他认为,如果存在一种资源,所有人有权按其意愿使用该

① Michael A. Heller, “The Boundaries of Private Property”, *The Yale Law Journal* 108, 1999, pp. 1163 – 1223.

② Frank I. Michelman, “Ethics, Economics, and the Law of Property”, *Ethics, Economics, and the Law*, No. 24, 1982, p. 6.

资源而没有人拥有排他权(公地财产),那么从逻辑上而言,与之对应另一种资源也会存在,即没有人有权优先使用而每个人都拥有排他权(反公地财产)。

然而,当时米歇尔曼的反公地思想在现实世界的财产关系中找不到对应物,没有对应的财产制度,缺乏实证支撑,因此财产法学家在随后的10年内没有进一步发展这个理论。相比研究私有财产和公地财产制度的海量文献,20世纪90年代初,沿着米歇尔曼的学术文献,仅有两个简要界定“反公地”概念的文献。一是罗伯特·埃里克森(Robert Ellickson)1993年在《土地财产权》一文的土地类型表中有意忽略了反公地资源这种类型,但在脚注中提及:“该土地制度中共同体每位成员都有排他权,结果没有人拥有进入和使用的优先权。”①他认为最典型的例子就是荒野保护区,任何人都有权利去保护,即排他权,没有人享有进入权和使用权。二是杰西·杜克米尼尔(Jesse Dukeminier)与詹姆斯·克里尔(James Krier)在1993年出版的《财产权》一书中这样定义反公地财产:“每个人都有排他权(the right to exclude),没有人享有容他权(the right to include)。”②具有反公地属性的财产就是反公地财产,依此定义,他们把反公地财产作为课堂讨论的理论问题,然而仍不能提出现实世界的财产案例。因此,在1998年之前,反公地财产只是财产法学理论家的一个逻辑推理,在现实中缺乏普遍适用的生命力和解释力。

在这种意义上,反公地财产理论更多的是一种“思想实验或思想经验”(thought experiment),而非有助于财产理论与政策制定的财产分类。为描述现实世界可能的反公地财产,财产法学理论家提出过几个例子,他们构想的财产在反公地状态中得到最佳利用(不被使用或利用就是最佳利用),包括埃里克森构想的荒野保护区或核垃圾场。保持这类资源为反公地状态,即使特定区域的多数人决定认可有进入的必要,单个人仍可阻止任何人进入。由于特定区域的每个人都有权利排除其他人,没有全体成员的一致同意就没有人能够进入。而这种一致同意几乎不可能达到,从而资源永远不能被利用,这恰恰是保护这类资源的最高目标。有意将资源或财产转为反公地将确保其不被利

---

① Robert C. Ellickson, “Property in Land”, *The Yale Law Journal* 102, 1993, p. 1322.

② Jesse Dukeminier and James Krier, *Property* (3rd ed.), Toronto, Little, Brown and Company, 1993, p. 58.

用，这与假设的荒野保护区或核垃圾场的最高社会价值相一致。可见，在此研究阶段，学者们是利用反公地现象的正面作用来控制不能进入的区域和不能利用的资源，从而起到保护的作用或避免造成损害。

赫勒1998年在《反公地悲剧：从马克思到市场转型中的财产》一文中系统地构建了反公地理论。[①] 赫勒发现在俄罗斯经济转型初期的莫斯科大街上，与许多空空如也的商铺形成鲜明对比的是街道两旁摆满琳琅满目商品的金属售货亭（metal kiosks）。商人不搬进商铺的原因是由于同一间商铺上财产权主体过多，任何一个财产权主体都可以排除他人使用，导致商铺使用不足。随后，赫勒将反公地财产定义为，多个所有者在稀缺资源中持有有效的排他权的财产制度。此定义将反公地问题从抽象的理论问题演绎为具体的现实问题，从高贵稀缺的逻辑演变为平凡丰富的实践。该定义与先前定义存在四个方面差异：排他权的普遍性（完全排他还是有限排他）；不被利用是否最优；权利的规范性（法定还是非法定）；反公地财产的范围。

第一，米歇尔曼及其他财产法学家定义的反公地中只有每个人（特定区域的全体居民）都行使（或拥有）排他权才能成立，忽视了现实世界反公地出现在有限的所有者拥有排他权的情形中。在米歇尔曼定义中，一个最低门槛要求是"几乎同时的全体一致同意"以确保反公地财产不会被任何人使用。赫勒所举的例子证明了即使当一些权利人（而不是全体）行使排他权的时候，资源无法利用或利用不足的情形也可能发生。

第二，尽管在少数情况下财产永远不被利用是最优的（如核垃圾、野生保护区等），但更多的情形是财产不被利用的现象并非社会所需。米歇尔曼重点论证在理论上反公地财产作为一种可选择的财产制度，可能是与私有财产制度一样有效的具有正面价值的财产制度。米歇尔曼、埃里克森、杜克米尼尔和克里尔所举的例子都是反公地喜剧问题——不被利用是最好的结果，而赫勒的论证中所举的例子更多是悲剧——不被利用是最坏的结果。换言之，"反公地对一定类型财产可能是有效益的"这一事实无法排除很多情形下"反公地可能导致财产低效率"的可能性。赫勒在文章中所讨论的财产，事实上也是人们日常关心的稀缺资源，其一定程度的被利用比不利用更优。因此，现

---

① Michael A. Heller, "The Tragedy of the Anticommons: Property in the Transition from Marx to Markets", *Harvard Law Review* 111, 1998, pp. 621 - 688.

实中,反公地财产制度往往是最佳利用的威胁,而不是(米歇尔曼等学者所言的)保护特定资源或财产的典范制度。

第三,导致反公地的相互排他权并不必然来源于法律制度的正式授权,非法律制度造成的相互排他也随时出现。例如,在俄罗斯金属亭案例中,政府权威的衰弱,黑社会集团持有非正式的排他权,而这些潜在的亭子所有者必须集合起来以保护他们的空间。相比之下,米歇尔曼集中在法律所允许或禁止的方面,来源于法律制度的授权。现实中,很多反公地财产或反公地现象并不是法律的授权,更多是人们非正式的有意设置。如金库,人们有意设置多人分别掌握不同密码,所有人到齐后分别输入各自密码方能进入金库,以避免任何人单独进入,更好地保护了资金的安全。可见,反公地可能是法律制度造成的,也可能是非法律制度造成的。

第四,反公地财产可能出现在一个稀缺资源特定利用层面,而不是整个财产权制度层面。例如,在一个库姆那卡(komunalka)公寓,个人房间完全可看作私有财产,而整个公寓是以反公地财产形式被拥有的。足以让人发现,一个客体中反公地财产权可能出现在一个有效的利用规模中(特定层面),而不是该客体的所有可能利用层面的财产权都是以反公地形式存在的。如维修资金在提取使用层面存在反公地问题,而在投资运营层面却不存在反公地现象。

赫勒从四个方面对先前定义进行修正,促使反公地财产理论从财产理论的边缘区域走向核心区域。反公地财产有助于阐明现实世界的某些未解之谜,昭示着聚焦于财产权如何"集束"(归集权利束)的财产制度之重要性。而且,掌握反公地财产如何运行反过来又可启发实践政策的制定与实施。

2. 反公地资源与私有财产、公地资源的区别

(1)反公地资源与私有财产的区别①

私有财产与反公地财产之间的区别可用权利束隐喻来表达。在法律反公地中,权利而非束(bundles),是财产禀赋的核心。某物以反公地财产存在,如果某位所有者持有奥式权利束清单的核心权利,另一位持有同样的或另一核心权利,如此类推,这些所有者之间没有科层结构或冲突解决的清晰规则。而且许多核心权利都具有排他权功能,这就形成了反公地现象。

① Michael A. Heller, "The Tragedy of the Anticommons: Property in the Transition from Marx to Markets", *Harvard Law Review* 111, 1998, pp. 670 – 671.

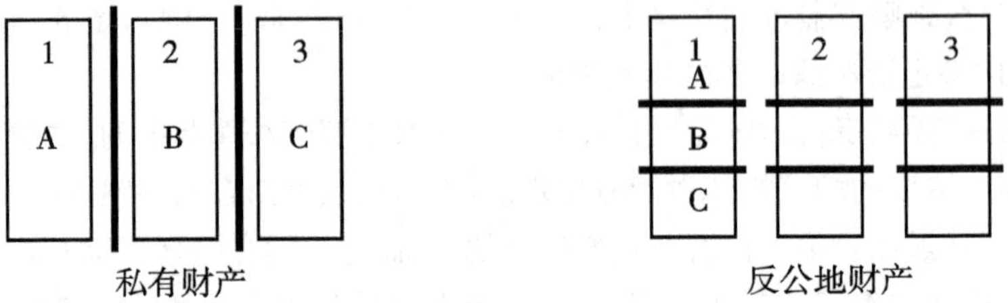

图 7　私有财产与反公地财产的区别

私有财产与反公地财产之间的区别也可用图 7 来表示。私有财产一般纵向分解物质世界，每位所有者控制着单个物的核心权利束。相反，反公地财产在某物上横向创造所有者的重叠权利关系。

在图 7 中，长方形 1、2、3 代表着相似物体（如土地地块），画线代表着财产权的初始禀赋，或称为权利边界。图 7 的左边展示的是私有财产制度，特点是竖线分离物的权利束。即 A 的初始禀赋是物 1 的核心权利束，B 得到 2，C 得到 3。相反，图 7 的右边展示的是反公地制度，特点是横线分解某物的排他权。多个所有者融合一体，包括 A、B、C，初始禀赋涵盖了 1、2、3 的排他权。私有财产所有者 A 可以决定分解物 1 的核心权利，可能是出租一部分或抵押。然而，私有者分解财产权利的后果与反公地财产截然不同。当反公地所有者在一起时，他们之间没有科层决策结构或合作关系，难以决定分解物 1 的核心权利。相反，在市场法律系统中，即使所有者 A 分解了物 1 的核心权利，某人仍然是可确认的所有者"owner"，拥有超越其他权利持有者的控制权。

图 7 的反公地图示也可以用来阐明的法律反公地与空间反公地之间的区别。法律反公地中，横线划分了不同所有者持有的排他性权利。在莫斯科商店案例中，核心权利束——所有权、出租权、使用权等，被赋予不同所有者。相反，空间反公地中，横线划分了财产物的有形分割，每位反公地所有者获得核心权利束，然而空间太小不足以提供最有效率的使用方式。例如，公租房案例中，每位所有者获得一个房间的核心权利束，而最佳使用应是作为单个家庭的单元公寓来使用。

（2）反公地财产与公地财产的区别

讨论公地资源或财产时，经济学家和财产法学家常常把多方使用优先权作为定义特征。然而，麦克弗森（Macpherson）定义公地为这样的制度：（特定区域)所有人都拥有不被排除的权利。[①] 这种定义抓住了公地财产与反公地财产的紧密关联。在两种财产制度中,所有者之间均没有科层关系,没有任何单个所有者被社会认可作为该物的最终决策者。如前文所述,公地财产可以分为有限进入的公地财产和自由进入的公地财产。有限进入的公地财产是特定群体的人有权自由进入、获取或使用的公地财产,内部人之间没有排他权,而对外享有排他权,也就是本书所称的"共有财产";自由进入的公地财产是所有人都有权自由进入、获取或使用的公地资源(非财产),没有人享有排他权,是哈丁所称的"公地资源"。

反公地财产是每个权利人都有排除他人使用的权利,是公地财产的镜像。[②] 公地财产是所有权主体不明或虚化;而反公地财产是享有排他权的权利主体过多。公地财产易因过度使用或者无人照管而荒芜(或消亡);而反公地财产易因决策不统一或者使用不足而浪费。"公地悲剧告诉我们为什么东西容易分得支离破碎,而反公地悲剧则有助于解释为什么拆开容易还原难。"[③]可见,反公地财产与公地财产之间是相互对称关系,公地财产是未私有化,而反公地财产是私有化过度。

(3)公地、私有和反公地三种财产的关系[④]

学者经常用公地来描述非私有财产制度,传统上存在公地(非私有)财产与私有财产的二分法。这种二分法太过局限,不足以抓住现实世界财产关系的多样性。更普遍的情形是,公地、私有、反公地作为财产三种类型,可更好地刻画财产关系。根据进入权和排他权情况,可将资源分为公地资源、私有财产和反公地资源,三者之间关系如图 8 所示。

---

① C. B. Macpherson, "Liberal-Democracy and Property", in C. B. Macpherson ed., *Property: Mainstream and Critical Positions*, Toronto, University of Toronto Press, 1978, pp. 199 - 201.

② Michael A. Heller, "The Tragedy of the Anticommons: Property in the Transition from Marx to Markets", *Harvard Law Review* 111, 1998, pp. 621 - 688.

③ Lee Anne Fennell, "Common Interest Tragedies", *Northwestern University Law Review* 98, 2004, pp. 936 - 937.

④ Michael A. Heller, "The Boundaries of Private Property", *The Yale Law Journal* 108, 1999, p. 1167.

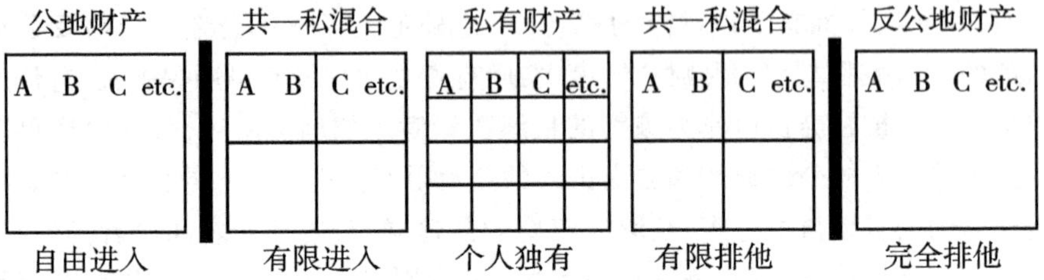

图 8 公地、私有和反公地的边界

在图 8 中,纵向的粗实线是私有财产的边界,中间是个人私有财产,其左右边两边是共—私混合财产,具有共有财产与私有财产的两种属性。粗实线左边是自由进入的公地财产,产权经济学家一般称为"非财产",如公海、空气、紫外线、阳光、风等,任何人都可以自由进入与提取。从有限进入的公地财产(有限进入的共—私混合财产)到自由进入的公地财产,都会出现公地悲剧问题。粗实线右边是完全排他反公地财产,任何一个人都能排除他人的使用,如专利的反公地现象等。像公地财产一样,从完全排他到有限排他的连续区,都可能出现反公地悲剧。在完全排他反公地中,每个人都能阻止其他人而导致没有一个人可以利用该资源,反公地悲剧出现的可能性是比较高的,政府在没有补偿情况下重新集中"权利束"的可能性较低。然而,在有限排他反公地中,边界问题更加复杂,有限数量权利人之间可能会彼此组织协调以使用资源。在这种情况下,所有人对内以反公地形式彼此制约来控制资源,而对外以私有财产形式对抗他人。不能就使用该资源达成一致的所有权人之间,彼此仍然希望能相互废除排他权而获得权益,但谁都无能为力。

反公地财产与私有财产、公地财产相互区别表现为:第一,反公地财产是一种多个所有者持有稀缺资源的有效排他权的财产制度;私有财产是单一所有者享有排他权;公地财产没有人享有排他权。第二,反公地财产多位所有者中,每位所有者具有阻止其他所有者获取该物核心权利束的能力;私有财产只有一位所有者享有;公地财产没有享有。第三,保持反公地财产状态意味着该物不可转让,不能有效利用或高效使用,所有者之间不存在决策权威的清晰科层结构。第四,反公地财产是排他性为主导;公地财产是自由进入为主导。

(三)共有私产之反公地悲剧

1. 共有私产的反公地悲剧

从哈丁之后,人们更关注公地悲剧问题,采取多种途径避免公地资源出现悲剧。公地资源私有化是解决公地悲剧的重要方法之一，[①]但如前文所述，私有化过度或者决策过于分散又会产生另一种悲剧——反公地悲剧。反公地悲剧就是在一项稀缺资源上当每个人都拥有排除他人使用的权利时，这项资源就会出现无法使用或者使用不足的悲剧。我国一些共有私产就出现了由于过分强调个人私有财产权保护而导致了反公地悲剧的情形。

完全排他反公地财产，就如一个保险柜同时安装几十把锁，每把锁的钥匙由不同人保管，所有人到齐后才能打开保险柜，每个人都能阻止他人打开保险柜。有限排他反公地财产，就如实行“多数决”的社团，一定数量的权利主体能够阻止社团其他人行使某种权利。完全排他和有限排他之反公地财产都会出现反公地悲剧。完全排他反公地悲剧是每一个排他权行使就会造成悲剧，有限排他反公地悲剧是达到一定数量的人行使排他权才会造成悲剧。反公地悲剧不仅用来形容由于财产权主体过多导致财产使用不足的情形，还用来形容由于决策分散导致统一意见难以达成的情形。反公地资源不一定都造成悲剧，有的甚至能给人类社会带来福祉，如人类对核废物采取“反公地资源”式的管控；再如，赋予公共绿地周围居民的反财产地役权（Antiproperty Easements）就是利用反公地资源的优点来避免城市公共空间的过度开发。[②]我国现有制度下的维修资金就出现了有限排他反公地属性，其后果不是喜剧而是悲剧。

反公地悲剧是一个非常实用的隐喻，有助于我们理解有价值的稀缺资源是怎样和为什么会消失在利用不足的黑洞之中，对资源的浪费在数量上可以与公地悲剧中资源过度使用一比高下。[③] 作为共—私混合财产，共有私产同样具有私有财产的一些属性，制度上在调整共有私产时往往过于强调私有财产权保护，从而导致财产权碎片化，人人都妨碍他人行使权利。共有私产在治理时需要在使用不足（反公地悲剧）和过度使用（公地悲剧）之间寻找平衡，走向任何一个极端都会出现悲剧。

---

① Harold Demsetz, “Toward a Theory of Property Rights”, *The American Economic Review* 57, 1967, pp. 350 – 353.

② Abraham Bell and Gideon Parchomovsky, “Of Property and Antiproperty”, *Michigan Law Review* 102, 2003, pp. 1 – 70.

③ James M. Buchanan and Yong J. Yoon, “Symmetric Tragedies: Commons and Anticommons”, *Journal of Law and Economics* 43, 2000, p. 2.

2. 反公地悲剧在维修资金上的体现

维修资金提取难、使用难的直接原因表现为法律上的“绝对多数决”。除了浅层法律原因之外，维修资金提取难、使用难深层理论原因就是反公地悲剧。

现有制度下的维修资金就形成了有限排他之反公地财产，一定数量的业主能够阻止其他人提取、使用维修资金，即决策分散导致了反公地悲剧的出现。业主的否决权既能阻止其他业主对维修资金的违法使用，也有可能阻止合法使用。原因在于每个业主的利益并不完全一致，甚至利益比较分散。例如，一个小区某栋楼楼顶漏水的顶楼业主与其他楼层或其他栋楼业主的利益并不相同；某栋楼电梯损坏需要维修，而其他栋楼业主并无此需求。作为理性的经济人，每个业主都会从自身利益最大化的角度去判断维修资金的使用是否符合自身利益，符合则同意，不符合就否决。在利益分散的小区业主之间很难实现多数业主利益的一致，于是形成了维修资金的反公地财产属性。质言之，具有否决权的所有者过多时，相互行使否决权就会产生反公地财产的集体悲剧。[①] 维修资金的反公地悲剧主要是由法律制度设置造成的，因为每个业主并不享有维修资金所有权的完整权利束，每位业主只享有所有权权利束的极小部分。然而现有法律为了强调每个业主的所有权，将维修资金使用的排他权授予了每位业主，采用“绝对多数决”的原则。在权利束和利益极度分散的财产之上实行“绝对多数决”极易导致反公地悲剧的发生。

一种非私有财产不能简单归为公地财产或者反公地财产。一种财产可能在某一方面体现为公地财产，而在另一方面却为反公地财产。正如赫勒所言，反公地财产可能出现在一个稀缺资源特定使用层面上，而不是出现在该资源的整个财产权所有层面上。[②] 对维修资金来说，在监管、增值方面表现为公地财产，而在提取、使用方面表现为反公地财产。因此，维修资金同时存在公地悲剧和反公地悲剧问题。

（四）共有私产治理困局的影响因素

影响共有私产治理困局有主观和客观两大方面因素。以维修资金治理困

---

① ［美］迈克尔·赫勒：《困局经济学》，闾佳译，机械工业出版社2009年版，第114页。

② Michael A. Heller, “The Tragedy of the Anticommons: Property in the Transition from Marx to Markets”, *Harvard Law Review* 111, 1998, pp. 621 – 688.

局为例，主观因素主要是权利人之间的利己动机等，而客观因素主要是情景（环境）因素、法律因素等。

1. 利己社会动机

社会心理学通常将人的社会动机分为四大类：（1）个人主义——最大化自己收益的动机；（2）竞争——倾向于竞争中追求自身相对收益最大化的动机；（3）合作——倾向于在合作中追求合作者利益最大化的动机；（4）利他主义——最大化他人收益的动机。个人主义和竞争通常被称为利己动机；利他主义和合作通常被称为利社会动机。① 利己动机是人们行为的主导动机，而利社会动机是人们行为的辅助动机。利己动机不利于权利人之间的合作，而利社会动机能促进权利人之间的合作。利己行为动机是与生俱来的，但也会受后天的社会环境因素影响，包括家庭环境、教育等。而利社会行为动机则完全靠后天的培养，即受后天教育的影响。因此，社会应培养人们利社会动机。

共有私产的公地悲剧和反公地悲剧都是由权利人彼此之间的利己动机所造成的，每个人都从自己私有利益最大化角度考虑，从而忽略了共有私产的共有利益。就维修资金而言，某个业主在其他业主提取使用征求其意见时都会考虑该次维修对自己有无好处。换言之，所维修的公共部位是否与自己有关或者自己是否会经常使用。若维修部位与该业主无关，或该业主不会使用所要维修的公共部位，该业主就不会同意提取使用。这就是利己动机在维修资金权利人之间的反映。

2. 情景（环境）因素

影响共有私产治理困局的情景因素主要有共有人人数、赏罚措施和执行机构的权利与责任等。

共有人之人数是影响共有私产治理的核心情景因素，也被称为“集团规模”。奥尔森认为，集团人数越多，就越不可能有人自愿提供集体物品。② 可见，共有人的规模会直接影响权利人之间的合作，共有人规模越大合作越困难；反之越容易。然而，共有私产就是多数人之间的共有，其集体行动的障碍

---

① Charles G. McClintock, “Social Motivation: a Set of Propositions”, *Behavioral Science* 17, 1972, pp. 438 – 455.

② ［美］曼瑟尔·奥尔森：《集体行动的逻辑》，陈郁等译，格致出版社、上海人民出版社 2014 年版，第 26 ~ 33 页。

就可想而知。正如休谟所举的“邻居排水”例子，两个邻居排水很容易就共同拥有的草地排水达成一致，因为他们很容易知道对方的意图。一旦超过一定人数后行动就难以达成一致，执行就更加困难，因为每个人都不愿承担因排水而产生的额外支出。① 以维修资金为例，现在一个小区少则几百户多则几千户，可见维修资金的共有人数规模是很大的，难免会陷入集体行动的困局。

赏罚措施是对共有私产有利或有害行为的奖赏或惩罚。若对共有私产权利人利害行为的赏罚不力，就会形成治理的困局。如维修资金不足而需要全体业主共同补缴时，若一些拒绝缴纳的业主未受到相应惩罚，其他业主后续都会效仿，最后导致维修资金因无人续缴而用尽。对增进共有私产利益的行为应给予一定的物质激励，否则没有权利人愿意付出。

执行机构的权利涉及共有私产常设机构是不是独立机构，有无独立的决策和执行权利。若执行机构没有独立的决策和执行权利，仅是被迫执行集体意识的临时机构，共有私产就会出现治理困局。就维修资金而言，业主委员会对维修资金的提取、使用和投资等没有独立的决策权，在全体业主不能形成统一意见时就产生了公地悲剧和反公地悲剧。

3. 法律因素

法律因素是影响共有私产治理的一个关键因素，法律既可以纠正公地悲剧和反公地悲剧，又可以造成公地悲剧和反公地悲剧。维修资金治理困局的法律因素表现在实行“绝对多数决”原则上，主要基于两个方面原因：第一，实行“绝对多数决”原则是由维修资金法律性质决定的。依据我国法律规定，维修资金属于业主共有财产，并被纳入建筑物区分所有权之中调整。根据我国《物权法》第 97 条的规定，按份共有财产管理处分实行“绝对多数决”原则，维修资金的处分也不例外。第二，实行“绝对多数决”原则是由社团的基本属性所决定的。社团有两种，即人的集合和财产的集合。维修资金可以看作一种财产集合，在不具有独立法人资格或者没有独立管理机构的情况下，“绝对多数决”似乎成为必选的路径。“多数决原则已经是社团结构的第一要素”，②否则难以保护社团多数成员的利益。一般认为，若实行“少数决”只会造成维修

① David Hume, *A Treatise of Human Nature* (Ⅱ), Everyman edition, London, J. M. Dent, 1952, p. 239.

② [德]卡尔·拉伦茨：《法学方法论》，陈爱娥译，商务印书馆 2003 年版，第 345 页。

资金治理的更加混乱,虽然提取使用容易了,但违规使用、挪用等会更加普遍。从表面上看,为了保障小区业主多数人的利益,法律采用"绝对多数决"原则似乎是必然选择。

二、三大定理及其在共有私产治理中的运用

在提升资源利用效率理论研究方面,无数学者已作出杰出贡献,为各种资源的不同制度设计提供了理论支撑。目前,在提升共有资源利用效率方面已有三个影响深远的基本定理,即科斯定理、霍布斯定理和奥斯特罗姆定理。科斯的理论被抽象为"科斯定理",在学界已耳熟能详;霍布斯的理论也有学者称为"霍布斯定理",如库特(Cooter)在《科斯的成本》一文中最早用此称呼与科斯定理作对照研究;①而奥斯特罗姆的理论没有被学者称为"奥斯特罗姆定理",本书中将其理论称为"奥斯特罗姆定理",②以突出该理论与其他定理的同等非凡地位。三大定理来源并服务于实践中丰富多样的财产制度,也被学者们不断的发展和改进。下文并未按理论产生的时间先后,而是从科斯定理开始阐释三大定理在一般财产和共有私产治理中的应用。

(一)科斯定理及其在共有私产治理中的运用

1. 科斯定理

科斯的理论被后来学者抽象为"科斯定理",即在无交易成本前提下,只要财产权是明确的(权利主体明晰),无论权利最初界定给谁(权利最初分配方式)都无关紧要,市场都能实现资源的最优配置。③ 这就是科斯第一定理。科斯第一定理有三个核心要素,即权利归属主体明晰、无交易成本和自由谈判。就财产权而言,权利归属主体明晰就是财产权有明确的私有主体,但不必考虑财产权界定给加害方还是给受害方,即不必考虑财产权的配置方式,传统方法考虑如何制止一般意义上的加害方是错误的。科斯以"牛吃谷"为例,呈现出财产权具有相互性(reciprocal)特征,牛吃谷侵害了农民的财产权,但禁止牛吃谷也必然会导致牛群的减损,侵害了牧民的财产权,所以每一方都应对

---

① Robert Cooter, "The Cost of Coase", *Journal of Legal Studies* 11, 1982, pp. 1 – 34.

② 奥斯特罗姆因该理论的突出贡献获得了2009年诺贝尔经济学奖,到目前为止也是第一个获得该奖项的女性。

③ Ronald H. Coase, "The Problem of Social Cost", *Journal of Law & Economics* 3, 1960, pp. 3 – 15.

其带给另一方的外部性承担责任。传统法律制度认为牛群主动践踏、食用谷物,而谷物被动受到侵害,理应是牧主侵害了农民的财产权。科斯理论彻底颠覆了人们的传统思维,认识到固化地将财产权初始配置给农民的传统做法是不恰当的,并不符合市场效率要求。若法律将财产权赋予牧主,牧主就无须向农民承担因牲口侵害农作物而产生的损害赔偿责任,而农民需要采取防御措施或者向牧主购买其财产权;若法律将财产权赋予农民,则牧主就需承担损害赔偿责任或向农民购买其财产权。在无交易成本和允许自由谈判前提下,财产权无论是赋予牧主还是农民都能通过市场交易实现资源配置的帕累托最优。

现实中无交易成本的前提是不存在的,在考虑交易成本的前提下,法律权利的初始配置确实影响经济系统运行的效率,某个权利的配置可能比任何其他配置带来更大的生产价值。[①] 科斯第二定理就是存在交易成本时,权利的初始配置可能非常重要,一种初始配置可能优于其他方式。[②] 就财产权而言,科斯第二定理已经指出存在交易成本情形下财产权界定给哪一方对资源的利用效率有重大影响,因为不恰当的界定会导致交易成本极高。众所周知,在交易成本极高时一些私人交易不可能再发生。因此,从科斯第二定理中可以看出,在现实社会中,为了提高资源利用效率明确界定财产权的分配方式是非常必要的,否则就会出现公地悲剧。

存在交易成本情况下,政府通过法律对某些权利最初的配置方式可能更有利于提高资源利用效率。科斯第三定理就是在交易成本存在时(政府以法律形式)限定权利的一些配置方式(对资源利用效率的提高)可能优于任何通过双方交易达成的分配方式。[③] 就财产权而言,法律明确限定一些财产权的配置方式和范围可能更有利于资源的最大化利用,如在公司法中限制上市公司高管的股权在一定期限内交易就是科斯第三定理的实践运用。然而,科斯并不是提倡政府对权利配置的全面干预,只是将政府限定在很小的范围内,即政府通过法律明确界定财产权的初始配置。科斯第三定理被法律经济学家波斯纳进一步发展成波斯纳定理:如果市场交易成本过高而抑制交易,那么财产

---

① Ronald H. Coase, "The Problem of Social Cost", *Journal of Law &Economics* 3, 1960, p. 16.

② Joseph Felder, "Coase Theorems 1 - 2 - 3", *The American Economist* 45, 2001, pp. 54 - 61.

③ Ibid.

权应赋予那些最珍视它们的人，因为这些人将能创造出最大的收益。在牛吃谷案例中，建围栏的义务由哪一方承担，“取决于不同个案中牛群和庄稼之间的比率。如果牧牛草地比庄稼种植得多，那么农民将他们的土地围起来要比牧场主将其土地围起来便宜，那法律就把建围栏的义务加于农民。但一旦土地用途比率倒过来了，那么此义务也会发生替换”。[①] 显然，科斯第三定理和波斯纳定理的核心思想是将财产权配置给能创造最大价值的一方，既不是传统上将财产权初始权利配置给农民，也不是随意配置给任意一方。

总之，就财产权而言，科斯的三个定理对财产权初始界定要求越来越高。到第二、第三个定理时，科斯定理的核心要素就是财产权的初始界定问题，即私有财产权的明确配置。基于科斯定理，一些产权经济学家常常将财产权视为私有财产权的同义语，认为科斯的财产权配置就是私有财产权的归属问题。因此，科斯定理是以“私”为主导，其元素包括私有财产权、私人谈判、自由交易和自由市场等，强调市场的作用。

2. 科斯定理在财产治理中的运用与局限

科斯定理成为以私有化和市场配置方式解决公地悲剧的一个理论依据，即通过明确界定私有财产权降低交易成本，解决外部性问题。一些学者提出，解决公地悲剧的唯一路径就是私有化，即明晰产权。如登姆塞茨提出对公共财产应强制实行私有财产权制度；[②]罗伯特·史密斯认为避免公地悲剧的唯一方法，是通过创设私有财产权来代替共有（或公有）财产权；[③]还有锡恩（Sinn）、韦尔奇（Welch）以及前文所提到安德森、希尔等。实践中，私有化解决公地悲剧的例子举不胜举，如一些国家的土地、交通和矿产资源等的私有化。然而，科斯定理在解决交易成本和外部性问题上又有局限性。

交易成本的演算解析出两种情形：一种是自治原则在合同与人身伤害等两人之间的问题上具有强大的生命力；另一种当涉及大量个体时，交易成本就有完全不同的解释用意，它解释了大量规则出现的原因，这在两人之间的自治

---

① ［美］理查德·A. 波斯纳：《法律的经济分析》，蒋兆康译，中国大百科全书出版社 1997 年版，第 66 页。

② Harold Demsetz, "Toward a Theory of Property Rights", *The American Economic Review* 57, 1967, pp. 347 – 359.

③ Robert J. Smith, "Resolving the Tragedy of the Commons by creating Private Property Rights in Wildlife", *Cato Journal* 1, 1981, p. 467.

原则下是不可能出现的。[①] 换言之,当交易在两个人之间进行时,交易成本相对较低,权利人之间的意思自治能够实现资源的高效配置;而当大量的多数人进行交易时,交易成本非常之高,唯有(法律)规则才能促成交易的达成。前者突出市场的作用,而后者恰恰凸显政府(或者社群)的作用。在控制交易成本方面,市场不会总是有效,往往需要政府通过法律途径才能降低交易成本。

解决外部性问题或者外部性的控制也不仅有私有财产权配置一种路径,还有责任规则和税收—补贴规则两种重要路径。财产权路径倡导者首先确定外部性相冲突的每方当事人被赋予何种权利,然后,这种权利通过赋予权利人禁止另一方当事人不利行为而得到保护。[②] 这就是财产规则,它作为控制外部性的三种方式之一,交易成本是最高的。当主体为多数人时,因令人生畏的交易成本,交易在财产规则下是无法达成。因此,权利人是多数人时,科斯定理有可能就失效了。

3. 科斯定理在共有私产治理中的运用与局限

科斯定理在共有私产治理中被广泛应用,如住房公积金就被界定为职工个人所有。尽管法律规定住房公积金为私有,由于交易成本的存在和交易者可能的策略行为,实践中仍然无法解决住房公积金的私人自治问题,其治理方式仍由政府承担。因而,有学者提出科斯定理存在瑕疵,其定价方式的缺陷在于其认为合作的障碍仅是交易成本,而不是交易者策略行为。交易者不能确定其对手要做什么,不是因为成本过高而不能获取其意图,只是由于其对手存在隐藏真实动机的策略行为。[③] 共有私产权利人是多数人,交易达成的交易成本是极其高昂的,每个权利人的策略行为更加多样化,单独适用科斯定理难以对共有私产进行有效治理。

此外,一些情形下的私有化被证明是有争议和破坏性的,[④]私有化会造成人与人之间的原子化,最终造成个人主义泛滥。就共有私产而言,私有化过度

---

① Richard A. Epstein, "Holdouts, Externalities, and the Single Owner: One More Salute to Ronald Coase", *Journal of Law & Economics* 36, 1993, pp. 554 – 555.

② A. Mitchell Polinsky, "Controlling Externalities and Protecting Entitlements: Property Right, Liability Rule, and Tax-Subsidy Approaches", *Journal of Legal Studies* 8, 1979, pp. 1 – 48.

③ Robert Cooter, "The Cost of Coase", *Journal of Legal Studies* 11, 1982, p. 23.

④ Carol M. Rose, "Privatization-The Road to Democracy", *Saint Louis University Law Journal* 50, 2006, p. 698.

会造成一个权利人权利的碎片化,形成反公地悲剧。因此,以科斯定理为基础的私有化和市场路径不是解决所有公地悲剧和反公地悲剧的唯一正确路径。

(二)霍布斯定理及其在共有私产治理中的运用

1. 霍布斯定理

尽管霍布斯比科斯早几百年,但他的理论并不是仅针对提高资源利用效率的经济学理论,而是一个政治学理论。基于此,本书将霍布斯定理放在科斯定理之后,作为与科斯定理相反的另一个极端。霍布斯认为,在人人相互为敌的自然状态下,一切美好的东西都不复存在。[①] 除非有第三方限制他们的行为,否则人们将永远生活在相互威胁的混乱之中。霍布斯所指的这个第三方就是君主或者利维坦,也就现在所言的独裁政府,相对于资源交易者来说利维坦享有无限的权利。霍布斯的理论是与科斯定理相对立的,库特将其称为霍布斯定理。霍布斯认为,即使在谈判没有严重障碍的情形下,人们很少能足够理性地在合作剩余的分享上达成一致。考特和尤伦称霍布斯理论为"规范霍布斯定理",即构建法律以使私人之间的协调失败所导致的损害最小。[②] 为了最小化交易失败的损失,法律将财产权直接分配至评价最高的一方,从而使权利交换不再必要。科斯定理认为外部性问题是由谈判过程的成本所造成的,而霍布斯定理认为外部性问题是由于缺乏一个权威(政府)的利益分配所致。[③] 科斯定理强调的是"市场",而霍布斯定理强调的是"政府"。因此,二者对政府规模大小要求不同,科斯要求小政府、弱政府,而霍布斯要求大政府、强政府。

依据库特等法经济学者的分析,本书将霍布斯定理抽象为市场的外部性和交易成本不会被私人谈判所治愈,除非政府强迫双方当事人同意某个交易价格或者政府直接配置资源,换言之,没有政府的干预,很多资源是不可能被高效率利用的。霍布斯定理是古典国家主义理论的代表,是现代国家主义理论的渊源之一,对私有财产权极度悲观,为政府主导财产权提供了理论依据。就财产权而言,一些低效率且易产生外部性的财产权应依据霍布斯定理由政

---

① 霍布斯指出,最糟糕的是人们不断处于暴力死亡的恐惧和危险中,人的生活孤独、贫困、卑污、残忍而短寿。参见[英]霍布斯:《利维坦》,黎思复等译,商务印书馆2014年版,第95页。

② [美]罗伯特·D.考特、托马斯·S.尤伦:《法和经济学》,施少华等译,上海财经大学出版社2002年版,第82页。

③ Robert Cooter, "The Cost of Coase", *Journal of Legal Studies* 11, 1982, p. 18.

府进行管理或配置,或归政府所有或由政府规制。其一,财产的政府所有是霍布斯定理的典型适用。在我国高度计划经济时期,财产全部实行国家所有是霍布斯定理应用到极致的体现。其二,财产权的政府规制是霍布斯定理的另一种体现。在政府规制情况下,一方面,政府通过法律直接规定侵害他人财产权的赔偿责任,不给双方当事人任何讨价还价的机会;另一方面,政府直接将财产权分配给利用效益更高的一方,阻断低效交易的发生。

2. 霍布斯定理在财产治理中的运用及其局限

霍布斯定理成为以国有化或政府规制方式解决公地悲剧和反公地悲剧的一个理论依据。一些学者甚至将霍布斯定理作为解决公地悲剧的唯一方式,如奥普尔斯认为,只有"利维坦"才是有效避免公地悲剧的唯一路径。① 也有学者提出不是那么绝对的主张,如爱伦菲尔德(Ehrenfeld)指出,私人缺乏维护公地资源的兴趣时,就需要公共机构、国际权威机构担起责任,实行外部管制。② 持这种观点的还有哈丁、海尔布罗纳(Heilbroner)等,从而产生了新霍布斯福利经济学。实践中,国有化或政府规制解决公地悲剧的例子也不在少数,如我国对土地、矿产、森林、河流、文物等都实行国有化,对涉及公共利益的财产实行政府规制或管制等。

全面实行霍布斯定理是以政府完美无瑕为假设条件的,即政府既善良又有能力——作为选民们忠实、明智而有能力的代理人,具有所罗门的智慧、谷歌所能搜索到的广博知识及圣人般的诚信。③ 然而现实并非如此,政府也存在委托代理风险、低效问题等弊端。

政府常常产生委托代理问题,因为公务人员同样具有经济人的属性。公共选择学派经济学家布坎南认为,"从来没有类似的假设(即'经济人'假设),用以分析个人在政治或公共选择任务和位置上的行为,不管这个人是投票过程中的参加者还是政治团体中的代理人"。④ 之前有经济学家认为,政治家都

---

① W. Ophuls, "Leviathan or Oblivion", in H. E. Dalyed., *Toward a Steady State Economy*, San Francisco, Freeman, 1973, pp. 215 – 230.

② David W. Ehrenfeld, *Conserving Life on Earth*, Oxford University Press, 1972, p. 322.

③ [美]维托·坦茨:《政府与市场——变革中的政府职能》,王宇等译,商务印书馆2014年版,第4页。

④ [美]布坎南:《自由、市场与国家》,吴良健等译,北京经济学院出版社1988年版,第24页。

是慈善的社会规划者,是追求社会福利最大化的忠实执行者,而布坎南发现“经济人”假设也适用于政治领域和公共领域。布坎南认为在经济人假设的前提下,政治家虽然由选民民主选举产生,但基于经济人的本性,在诸多社会公共决策中,他们未必会代表全社会的公共利益,也会追求自身利益的最大化……进而背离自身的公共利益代理人角色。[①] 基于经济人的原因,政府在财产使用和分配上会为自身利益着想,为某些利益集团服务,因而政府会出现权力寻租、政治腐败等问题。

政府存在低效问题,是因为缺少提高效率的动力。正如坦茨所言,“因为政府的公共计划缺少竞争者从而缺少竞争约束,所以公共计划的运营者缺乏节省开支、提高效率的动力”。[②] 如前文所述的政府作为“住房公积金”这项公共计划的运营者,一个突出问题就是管理效率低但管理成本却不低(2015 年管理费用占增值收益总额的 9.97%)。另外,政府低效还与激励导向问题有关。福特基金会卢・温尼克指出,“在政府中,一切激励因素是以不犯错误为导向,你取得了 99 个成功也没有人注意,但只要犯一个错误你就完蛋了”。[③] 这也是我国一些政府公务人员出现懒政低效的一个根本原因。

3. 霍布斯定理在共有私产治理中的运用及其局限

霍布斯定理在共有私产治理中也被普遍采用,虽然不是实行国有化,但利维坦影子随处可见,对每一种共有私产都实行不同程度的政府代管或政府规制。仍以住房公积金为例,虽然法律规定住房公积金属于私人所有,但仍由政府成立的专门机构负责管理。政府管理虽然取得一定的治理效果,但仍然存在前文所述的诸多问题,如利用和收益低效、挪用建设保障房、管理成本高等问题。完全实行霍布斯定理是对政府的过于自信,有学者认为霍布斯定理的错误在于,交易者一味地提高他们的要求,完全不会考虑达成协议可能性的降低。在理性均衡的预期中,博弈者既不会采取产生非合作的策略,也不会采取

① [美]布坎南:《自由、市场与国家》,吴良健等译,北京经济学院出版社 1988 年版,第 28 页。

② [美]维托・坦茨:《政府与市场——变革中的政府职能》,王宇等译,商务印书馆 2014 年版,第 20 页。

③ [美]戴维・奥斯本、特德・盖布勒:《改革政府——企业家精神如何改革着公共部门》,周敦仁等译,上海译文出版社 2006 年版,第 17～18 页。

产生合作的策略。[①] 而且，国有化或政府管制过度，又会产生共有私产管理者权力寻租等委托代理问题。过度强调政府作用，结果可能会将一些有限进入的公地资源变成了自由进入的公地资源，如泰国、印度等森林资源因国有化出现过度砍伐等问题。因此，以霍布斯定理为基础的国有化或政府规制路径也不是解决所有公地悲剧和反公地悲剧的唯一正确路径。

（三）奥斯特罗姆定理及其在共有私产治理中的运用

1. 奥斯特罗姆定理

在探索提高公地资源利用效率，避免公地悲剧和反公地悲剧发生的方面，许多政治学家、经济学家、法学家等从市场和政府两个路径寻找解决问题的答案。政治经济学家奥斯特罗姆却探索了一条不同的路径——从公地资源权利人内部寻找解决问题的答案，对公地资源的治理做出了杰出贡献，因此本书将其理论称为奥斯特罗姆定理。她以消费上具有竞争性但占有上不具有排他性的"公共池塘资源"为研究对象，通过世界多地类似资源的实证研究，发现有些公地资源在权利人的自治管理下取得了成功而有些却失败了，从而抽象出取得自治治理成功的基本规律和资源的固有特性。公共池塘资源是奥斯特罗姆对某一类公地资源的独创称呼，它不同于在消费上不具有竞争性的公地资源，也不同于本书所研究的消费上具有竞争性且占有上具有一定排他性的共有私产。奥斯特罗姆定理不同于科斯定理和霍布斯定理，后两者一个强调市场，一个强调政府，而奥斯特罗姆定理强调社群自治与自主治理。

奥斯特罗姆定理是指在满足一定条件下，一些公地资源由占用者自主提供制度安排（社群自主治理）就能避免外部性和过度使用等问题，并实现资源利用的高效配置，而不需要进行私有化或国有化。满足的条件包括资源本身的特点和制度安排的要求。资源本身特点：一是资源处于偏远地区，不受政治制度的影响；二是资源规模相对较小，占用者具有同质性；等等。制度安排要求：清晰界定边界；占用和供应规则与当地条件相一致；集体选择的安排；监督；分级制裁；冲突解决机制；对组织权的认可和嵌套式企业。[②] 就财产权而言，奥斯特罗姆定理对一些多数人共有财产仍旧坚持财产权权利束由成员共

① Robert Cooter, "The Cost of Coase", *Journal of Legal Studies* 11, 1982, p. 23.

② 参见[美]埃莉诺·奥斯特罗姆：《公共事物的治理之道——集体行动制度的演进》，余逊达、陈旭东译，上海译文出版社2012年版，第108～122页。

同占有，通过集体制度安排能够实现财产治理的公地喜剧效果，但需要满足上述条件，否则适用该定理也难以成功。公司的内部治理制度就是适用奥斯特罗姆定理的一个体现。奥斯特罗姆并不认为社群自治治理永远都能达到财产治理的最优方案，在其他两种方案更优的情况下她并不排斥其他方案，即市场路径和政府路径。因此，有学者又将奥斯特罗姆的理论称为“多中心主义”。

2. 奥斯特罗姆定理在财产治理中的运用及其局限

奥斯特罗姆定理成为社群自治解决公地悲剧和反公地悲剧的一个理论依据。除奥斯特罗姆外，还有一些政治经济学家、法学家等认为多数人之间的共有财产（尤其是有限进入的共有财产）通过成员间的自治能够成功避免“公地悲剧”，如泰勒、辛格尔顿、麦凯、罗斯等。如麦凯认为共有物之权利人间的自治有时能实现“公地喜剧”。卡尔·罗斯提出“固有公共财产”的概念，认为一些财产应该排除在私有财产之外，固有公共财产是处于纯私有财产和政府控制的公有财产之外，不被政府和私人控制的财产。固有公共财产增进了人们的社交性，实现了资源的更高利用价值。[①] 实践中，奥斯特罗姆定理最常见地运用在城市社区财产和农村经济组织财产治理中，成员自治成为其治理的主要方式。然而，社群自治在实践中仍存在诸多局限。

在财产治理上社群自治的成功需要具备苛刻的条件，任何一个条件变动就会造成自治失败，这也是奥斯特罗姆发现一些“公共池塘资源”自治不成功的原因。以城市社区自治为例，很多社区自治就存在诸如公地悲剧和反公地悲剧等困局——社区自治组织处于进退维谷的境地。[②] 社群的大小、同质性、沟通渠道和人文传统与素质等直接影响奥斯特罗姆定理适用的成功与否，显示了该定理在实践适用的苛刻性。

3. 奥斯特罗姆定理在共有私产治理中的运用及其局限

奥斯特罗姆定理也常被运用于共有私产的治理中，企业年金就是自治比较成功的典型例证。企业年金治理都是由企业及其职工与年金理事会或者法人受托机构签订委托管理合同，其中年金理事会又是由本企业及其职工组成，

---

① Carol Rose, "The Comedy of the Commons: Custom, Commerce, and Inherently Public Property", *The University of Chicago Law Review* 53, 1986, pp. 711 – 781.

② Gregory S. Alexander, "Dilemmas of Group Autonomy: Residential Associations and Community", *Cornell Law Review* 75, 1989, pp. 1 – 61.

在一定程度上体现了权利人自治的奥斯特罗姆定理。然而,共有私产不是远离政治的特殊资源,企业年金的高效管理运作完全依靠权利人自治也难以成功。仔细分析会发现企业年金治理成功仍离不开政府和市场的影子。

一方面,离不开政府对企业年金运作过程的规制。为了降低企业年金的管理风险,从企业年金的建立到运营都离不开"利维坦"的影子。政府并不是直接管理,而是采用"自由家长式"的引导和规制。政府的目标没变,而政府干预的方式在变。如政府对企业年金的投资范围、投资比例限额等都有明确的限定。另一方面,离不开市场手段的运用。企业年金的信托制度就是市场机制的运用,通过市场实现其高效运行。企业年金理事会或者法人受托机构再作为二次信托的委托人,分别与账户管理人、托管人和投资管理人签订委托管理合同,整个管理过程是市场化运行的体现。因此,企业年金取得较好管理成效,也不仅仅是适用奥斯特罗姆定理的结果。总之,以奥斯特罗姆定理为基础的社群自治也不是解决所有公地悲剧和反公地悲剧的唯一正确路径。

三、共有私产治理的理论路径选择——混合路径

从上文分析可见,市场、政府和社群三种路径在共有私产治理上都存在阿喀琉斯之踵。共有私产的治理不存在唯一"正确"的治理路径,不同的治理路径隐含着不同的条件假设,导致不同的结论。① 共有私产的成功治理一般需要政府、市场和社群三种路径的混合适用,可称为第四条路径——"混合路径"。对共有私产采用混合路径是由其共—私混合财产属性与权利束极其分散等特征所决定的。

混合路径中具体以哪种路径为主导,一方面,不同的社会制度会有一定的差异。在资本主义国家有些共有私产治理可能是以社群自治为主导的混合路径,而社会主义国家在社群意识较落后的时期则应是以政府路径为主导的混合路径。忽略这个背景与差异,共有私产的治理必然导致失败。另一方面,所追求的价值目标、财产权人数和复杂性等不同也会造成一定的差异。一般认为,追求效率价值需要依靠市场路径,追求平等价值需要依靠政府路径。但当某一财产权人数多且权利关系复杂时,所要依靠的路径可能恰恰相反。有学者通过系统研

① Pamela Oliver, "Rewards and Punishments as Selective Incentives for Collective Action: Theoretical Investigations", *American Journal of Sociology* 85, 1980, p. 1359.

究得出完全不同的结论：在财产权人数多且权利关系复杂时，实现资源配置效率或自由等目标在很大程度上必须取决于政府路径，实现平等和人格等目标在很大程度上必须取决于市场。① 共有私产就是人数较多且关系复杂的财产，因此共有私产要追求效率价值，政府路径必须占主导，即政府路径主导的混合路径。

（一）共有私产现有治理路径实证分析——以维修资金为例

我国维修资金现有治理模式是借鉴西方资本主义的社区自治模式，即以社群自治为主导的混合路径。社群自治为主导体现在业主大会和业主委员会的自治以及“绝对多数决”规则等方面；政府作用体现在政府以法律形式实现最低限度的干预；市场作用体现在突出社区业主私有财产权。笔者对建设部165号令和5个省市维修资金法律制度进行条文分析，可发现维修资金现有治理制度的一些特点（见表2）。

1. 维修资金现有治理路径的特点

第一，维修资金治理是以社群自治为主导的，但缺少独立的意识机构。表中所设置的8个核心治理要素中，有5个要素（管理机构、部分专户管理银行的确定、分摊与决策方式、投资决策方式和采购方式）由社群自治来主导，但由于业主大会不具有独立法人资格或独立意识能力，社群自治则是通过业主的“绝对多数决”来实现。由于执行机构缺少独立意识能力，当决策难以达成一致时，维修资金治理就陷入决策和执行难的困局之中。

第二，政府只是在法定的有限范围内进行规制。8个核心治理要素中，只有形式监督和“房屋督修”是政府的权力，但这两个权力有严格的限制。“资金管理”和“专户管理银行的指定”只有在没有业主大会或者受业主大会委托情况下，政府才能行使一定的权力。可见，现有治理模式只是将政府作用限定在极其有限的范围内。

第三，过分强调业主的私人所有权。8个核心治理要素中，“归属主体”、“账户设置方式”和“按受益人范围进行分摊”是私人所有权的直接体现；“共用部位涉及相关利益方的绝对多数决”和“投资的绝对多数决”是强调私人所有权的间接体现。在“绝对多数决”规则约束下，维修资金治理模式形式上是社群自治为主导，实际上演变为突出业主私人所有权的个人主义治理模式。

---

① Nell K. Komesar, *Law' s Limits—the Rule of Law and the Supply and Demand of Rights*, Cambrdge, Cambrdge University Press, 2001, p. 126.

表 2　建设部及几个典型省市维修资金管理制度的实证分析

管理方式规定	管理和监督机构		归属主体	专户管理银行的指定	专户设置方式	分摊原则与决策方式	投资形式与决策方式	房屋督修	资金使用的采购方式
	业主大会成立前	业主大会成立后							
住宅专项维修资金管理办法（建设部、财政部 2007 年第 165 号令）	建设主管部门	业主大会管理，主管部门监督	业主所有	主管部门或业主大会	按小区设账，并按户设分账	受益人分摊①/相关业主绝对多数决	国债/业主大会或绝对多数决	强制	无
北京市住宅专项维修资金管理办法（京建物〔2009〕836 号）	住房资金管理部门	业主大会管理，主管部门监督	业主所有	住房资金管理部门或业主大会	按小区设账，并按户设分账	受益人分摊②/相关业主绝对多数决	国债	强制	无
天津市商品住宅专项维修资金使用办法（津国土房维〔2014〕28 号）	房屋维修资金管理中心		未明确	房屋维修资金管理中心	市统一归集并存入统一专户	受益人分摊③/相关业主绝对多数决	无	无	50 万元以上采用招标
广州市物业专项维修资金管理办法（穗建规字〔2016〕4 号）	物业专项维修资金管理中心④	业主大会管理，管理中心监督	业主所有	主管部门指定范围，管理中心或业主大会选聘	按小区设账，并按幢、户分级设分账	受益人分摊③/相关业主绝对多数决	国债/管理中心或绝对多数决	强制	5 万元以上要进行审价，提倡公开招标

续表

管理方式规定	管理和监督机构		归属主体	专户管理银行的指定	专户设置方式	分摊原则与决策方式	投资形式与决策方式	房屋督修	资金使用的采购方式
	业主大会成立前	业主大会成立后							
深圳市物业专项维修资金管理规定（深府〔2010〕121号）	市物业管理行政主管部门		业主所有	市管理机构招标确定	分栋、分户登记	受益人分摊[①]/相关业主绝对多数决	组合存款和购买国债/市管理机构	强制	10万元以上第三方审价
重庆市物业专项维修资金管理办法（重庆市人民政府令第244号）	房地产行政主管部门[④]	业主大会管理，主管部门监督	业主所有	主管部门定2~3家，由业主大会选聘	按小区设账，并按户设分账	受益人分摊/相关业主绝对多数决	国债/绝对多数决	强制	直接确定；1/3以上有异议的，需招标

备注：①由相关业主按比例分摊。

②一个单元共用部位，由该单元业主按比例分摊；一个楼层共用部位，由该楼层业主按比例分摊。

③一个小区共用部位，由全体业主按比例分摊；一栋楼共用部位，由该栋楼业主按比例分摊；每个楼门共用部位，由楼门业主按比例分摊。

④业主大会成立前，或者业主大会成立后未要求划转物业专项维修资金的，都由主管机构代为管理。

2. 维修资金形成现有治理模式的原因

西方的社群主导模式，与其政治、经济和社会环境等有关，因为西方资本主义社会明显的特征就是“小政府、大社会”，市民社会发达，社群自治意识强。以社群路径为主的模式是我国维修资金治理的未来发展方向，但目前制度环境下并不适合采用这种模式。

其一，我国欠缺社区自治的文化基础。我国的文化基础是建立在国家与家庭二元结构之上的，缺少社区文化，人们没有社区依赖感和归属感。社区居民没有自觉为社区服务的意识，在财产共有时业主追求私有权利却无视共有利益。原因在于，在“大政府、小社会”制度环境下，我国社会中间层没有得到充分发展，社区文化与社区意识没有得到充分培育。这一点与西方社会不同，西方资本主义社会建立在“小政府、大社会”基础之上，市民社会思想、社区文化与自治意识比较发达，即使在政府瘫痪时西方社会一切能照常运行。因此，在借鉴西方社区自治后，维修资金社群自治在我国就演变为以个人主义为主的博弈场。

其二，我国缺少中观财产制度思想，也是我国市民社会不发达的一个反映。从所有人多寡角度来看，公有财产可以看作一个宏观财产，其不仅涉及公共利益，而且权利人人数最多，很多财产所有人从理论上来说是全体国民。私有财产可以看作一个微观财产，其主要涉及私人利益，而且权利人人数为一人、几个人或少数人。然而，共有私产既不是宏观财产，也不是微观财产，而是涉及中观利益①的一个中观财产，其权利人人数介于微观财产与宏观财产之间。在市民社会思想不发达的我国，法律仅以宏观—微观二分法(公—私二分法)作为其潜在的理论基础，相应的宏观财产和微观财产制度就比较健全，而中观财产制度却相对羸弱或缺乏。因此，法律将维修资金作为中观财产治理时却沦为私人所有权的竞技场。

其三，社区法律制度中缺乏高效地形成集中意识的独立机构。即使在社群自治基础较好的西方社会，社区自治仍是通过赋予法人资格或独立意识能力来实现决策主体的一体化。然而，我国业主大会及其委员会是不具备法人资格和独立意识能力的松散社区自治组织，难以高效地形成集中意识。当业主大会通过“绝对多数决”不能达成一致时，维修资金就不能使用，也无法进

① 董保华:《社会法原论》，中国政法大学出版社2001年版，第3页。

行投资。因此,维修资金现有治理在决策上转变为业主之间的角逐场。

(二)共有私产治理应是以政府为主导的混合路径

共有私产的效率价值应优先于其他价值,当一项资源权利主体过多时市场路径就可能不是提高效率的最佳路径。“当有更多人被卷入的时候,需要财产权的主张就弱了,而需要一般性管制的主张则变强了”。[①] 共有私产需要由公权力机构来配置其财产权利,将“权利配置给那些能够最具生产性地使用权利并且有激励他们这样使用的动力的人”,[②]从而提升其利用效率。在我国,政府才具有斩断“戈耳迪之结”的能力,因此政府路径必须占主导地位,但同时应结合其他两种路径。在管理使用过程中应实行政府主导下的权利人有限自治,在投资运作过程中应是以市场机制为主的信托制度并结合政府的规制。

1. 管理上实行政府主导下的权利人有限自治

基于我国特殊的政治经济制度,共有私产的治理应实行政府主导下的权利人有限自治。但共有私产作为共—私混合财产,政府主导并不是将其国有化或政府代管,而是在政府主导下的权利人有限自治。不适宜国有化或政府代管的原因在于,若将共有私产国有化或政府代管后,政府就会强调政府利益或公共利益,可能产生公务人员追求个人私利,最终可能会忽视权利人的共有利益。如政府代管下的住房公积金,被政府为了公共利益而挪用建保障房,显然侵害了权利人的利益。另外,国有化或政府代管无法避免权利人之间、权利人与政府管理者之间会为降低彼此诉求而达成非法交易,进而出现非法套取、权力寻租等行为。正如前文所述,公务人员仍具有经济人的本性,在管理共有私产过程中往往不是追求共有私产权利人的最大利益,而是追求自身利益的最大化。政府以法律形式主导权利人有限自治的范围与形式,具体体现在以下三个方面:

其一,政府要清晰界定共有私产的边界。边界界定清晰是社群有限自治适用的一个必备条件,边界不清会造成权利人的贡献和投资被非权利人所获

---

① Ronald. H. Coase, “The Federal Communications Commission”, *Journal of Law and Economics* 2, 1959, pp. 1 – 40.

② Ronald. H. Coase, “The Institutional Structure of Production”, *The American Economic Review* 82, 1992, pp. 713 – 719.

取。若允许任何人随意提取公共池塘资源,就可能把使用者的贴现率提高到100%,就会出现参与者将过度使用资源作为支配策略的“一次性博弈”困局。[①] 在界定共有私产边界前,法律应确认其共—私混合财产的属性。由于我国社群自治能力较弱,需要政府通过法律界定共有私产的边界。首先要清晰地界定权利人与非权利人之间的边界(外部边界),这也是共有私产与自由进入财产的区别。就维修资金而言,非本小区的业主不享有动用该财产的权利,即使是政府或受托管理的机构也不得挪用、非法占用维修资金,就是共有私产边界的体现。其次要清晰地界定共有私产权利人之间的边界(内部边界),权利人能主张的共有私产之价值请求权的范围。共有私产是共与私的混合,不可回避涉及私的利益,需要划分权利人之间的边界。以维修资金为例,法律和业主公约必须明确:可以动用该资金维修共用部位的范围有哪些?哪些属于全体业主承担的责任范围?哪些属于物业服务企业承担的责任范围?就权利人内部边界而言,各地方相关规定要比建设部165号令更为具体和清晰,这也是政府界定共有私产边界的体现。

其二,政府通过立法实现共有私产管理决策主体的一体化。共有私产一个重要特性就是权利束的分散,其有限自治需要自治主体一体化(Integration or Unitization)或单一化。一体化方式就是由权利人组成一个单一的、独立的管理机构来管理资源的使用与投资,并将收益在资源所有者之间进行共享。[②] 如前文所述,共有私产是一种物权性价值请求权,其权利主体众多,决策极其分散,通过管理机构一体化才能实现财产的高效治理。政府主导下社群治理中的一体化并不是交由政府代为管理,也不是全部分割给私人进行管理,主要是由政府通过法律和行政手段实现共有私产管理主体的单一化。实现一体化是避免反公地悲剧的出现,使分散的部分权利束相对集中于一个具有决策能力的实体之下;实现一体化也是防止公地悲剧的发生,使公—私混合利益统一在单一管理人的实体之中。就维修资金而言,由业主委员会进行管理就是一体化的反映,但由于我国现有业主委员会不具有独立的主体资格,没有独立的

---

① [美]埃莉诺·奥斯特罗姆:《公共事物的治理之道——集体行动制度的演进》,余逊达、陈旭东译,上海译文出版社2012年版,第109~110页。

② Barton Thompson, “Tragically Difficult: The Obstacles to Governing the Commons”, *Environment Law* 30, 2000, p. 244.

决策能力,没能实现实质上的一体化。

针对共有私产的特性,实现管理机构一体化的一个重要方式就是采取法人化。政府以法律形式强制权利人成立非营利的法人团体来管理共有私产,并以行政手段推行该制度。奥斯特罗姆在总结社群自治成功的案例时发现一个必备条件就是“嵌套式企业”,即将资源组建成一个企业,利用企业进行治理,①这就是法人化的体现。共有私产作为一种共有资源,其内部权利人之间的价格机制由于无法增进共有利益已经难以起作用,需要寻找一个资源配置的替代机制。法人就是一个合适的选择,因为法人的显著特征就是价格机制的替代物。② 采取法人化后,共有私产的管理机构就具有了独立的主体资格,能够有效地集中分散的决策权利。

其三,政府通过法律对共有私产治理制度的预先设定。所有法律调整的范围都不是社群完全自治的领域。共有私产只能是极其有限的权利人自治,因为需要政府对共有私产治理的具体制度进行设定。正如公司治理一样,公司内部事务属于股东(或公司管理层)自治的范围,但政府却对公司内部治理的程序、内容等进行了详细的设定,而且很多条款还是强制性条款。显然,公司虽不是政府主导下的权利人有限自治,却是政府规制下的股东及其管理机构的高度自治,与本书所研究的共有私产有一定差异,但也有许多相似性。本书所研究的三种典型共有私产中,维修资金治理中存在的问题是由于政府主导的力度不够,在社群不发达的情况下过分强调了社群自治和私人权利,从而产生具体制度设置上的不切实际。而住房公积金治理则不同,其所存在的问题则是由于政府代管(完全控制)所致,凸显了政府本身的低效率。企业年金是这三种共有私产中管理最好的,原因就在于对其实行了政府主导下的权利人有限自治。

2. 投资运营上实行政府规制下的信托投资

共有私产在使用管理上不能适用科斯定理。科斯定理强调私有财产权与私有利益,却忽视了共有利益。尽管赫勒认为将反公地资源转化为真正的私

---

① 奥斯特罗姆提出,将占用、供应、监督、强制执行、冲突解决和治理活动在一个多层次的嵌套式企业中加以组织。参见[美]埃莉诺·奥斯特罗姆:《公共事物的治理之道——集体行动制度的演进》,余逊达、陈旭东译,上海译文出版社 2012 年版,第 122 页。

② R. H. Coase, “The Nature of the Firm”, *Economica* 4, 1937, p. 389.

有财产是避免悲剧的一个重要路径，①但共有私产是不能转变为私有财产的，否则特定成员间的共有利益就丧失殆尽，就会出现公地悲剧的结局。原因在于，科斯定理忽视了私人非竞争性议价的最终障碍是缺少分配剩余的规则，而不仅仅是议价成本，因为在沟通成本较高时采取策略行为则更廉价。因此，在使用管理环节，利用科斯定理治理共有私产就会因缺少分配剩余的机制而走向反公地悲剧的极端。以维修资金为例，我国现有制度导致维修资金使用低效就是强调私人所有权所致。

然而，共有私产在投资运营上可以适用科斯定理，即以市场为主导，但离不开政府的规制。一方面，利用市场机制对共有私产投资进行信托管理。通过市场投资和交易，提高共有私产的增值能力，这就是科斯定理的体现。另一方面，利用政府规制能减少禀赋效应，保障权利人的利益。就共有私产而言，离开政府的规制，共有私产权利人与受托人之间就会形成阻碍交易达成的禀赋效应，②科斯定理就无法适用。根据禀赋效应，出让者因要价过高而欲获取过多剩余，而受让者因出价较低而不愿让出更多剩余，从而阻碍了在科斯定理理想状态下应该发生的交易。③ 总之，利用政府规制能有效避免权利人与受托人之间因禀赋效应阻碍信托关系的建立。另外，利用政府规制能降低信托投资过程中的风险。信托理论与制度在共有私产管理中的应用，将在下部分中详细展开。

（三）信托理论在共有私产治理中的运用

共有私产在管理上是政府主导的权利人有限自治，而投资上则是政府规制下的信托投资。共有私产投资管理是一项专业性行为，再加之权利人时间与精力的限制，委托专业的第三方机构是必然选择，因此在投资管理上应适用信托理论。

---

① Michael A. Heller, "The Tragedy of the Anticommons: Property in the Transition from Marx to Markets", *Harvard Law Review* 111, 1998, pp. 678 – 679.

② 禀赋效应是由 Richard Thaler 在 1980 年提出的。参见 Richard Thaler, "Toward a positive theory of consumer choice", *Journal of Economic Behavior and Organization*1, 1980, pp. 39 – 60。考虑禀赋效应时，科斯定理就会受到很大影响。参见 Daniel Kahneman, Jack L. Knetsch and Richard H. Thaler, "Experimental Tests of the Endowment Effect and the Coase Theorem", *Journal of Political Economy* 98, 1990, pp. 1325 – 1348。

③ Owen D. Jones and Sarah F. Brosnan, "Law, Biology, and Property: A New Theory of the Endowment Effect", *William and Mary Law Review* 49, 2008, pp. 1941 – 1943.

随着社会的发展，人与人之间的社会关系发生了巨大变化，由身份关系演变为契约关系，又由契约关系分化出信托关系。现代社会主要存在两大社会关系——契约关系和信托关系。其中，现代社会信托关系的上升与发展迎合了共有私产信托治理的需要。

1. 人与人之间主流社会关系的嬗变

任何社会总有一种特定的人与人之间关系模式占主流。19 世纪英国法学家梅因就已经注意到这个趋势，他指出："所有进步社会的运动，到目前为止，是一个'从身份到契约'的运动。"①虽然此观点有点绝对化而受到人们的质疑，但揭示出梅因所处时代主流社会关系特性——契约关系为主导。100 多年后的今天，有学者提出主流社会关系已经由契约关系转变为信托关系。如弗兰克尔(Frankel)指出，根据各自占主导的社会关系——从身份关系到契约关系，再到信托关系——社会已按照这种线性方式在进化，虽然这种说法可能不十分准确，但人们可以观察到社会基本关系的变化。她进而提出现代社会就是信托关系占主流的社会，即社会关系已由身份、契约关系转变为信托关系。② 此处的信托关系是广义的信托关系，完全不同于身份关系和契约关系。

在身份关系社会，一个主体总是部分或全部地控制或支配另一个主体来满足控制者的需求和欲望，形成权力持有者和依附者之间的身份关系，依附者没有可选择的自由，如奴隶主和奴隶之间的身份关系。法律在这种身份关系的建立上起到了关键作用，在很大程度上是法律而不是当事人来决定是建立还是终结这种关系。在大多数身份关系中，法律优先考虑二者(权力持有者和依附者)的安全，而不是依附者的自由。奴隶社会和封建社会就是典型的身份关系占主导的社会。

在契约关系社会中，不同主体依靠交换来满足彼此的需求和欲望，而不是依靠强力和支配。为满足需求和欲望，契约当事人有充分自由的选择权。契约使每一方都不受另一方支配，使他们比在身份关系中更为独立与自由，但是这是以牺牲安全为代价的。一旦一个人不具有可与他人交换的任何东西时，这个人就处于难以继续生存的危险境地。自由资本主义社会就是典型的契约关系占主导的社会。

① [英]亨利·萨姆奈·梅因:《古代法》，沈景一译，商务印书馆 2009 年版，第 112 页。

② Tamar Frankel, "Fiduciary Law", *California Law Review* 71, 1983, pp. 798 - 801.

在信托关系社会中,委托人也是依赖受托人来满足其需求和欲望,但仅就某个特定服务或事项依赖受托人,双方不存在支配或依附关系,委托人和受托人都有选择的自由。而且,每个人往往既是委托人又是受托人,即在一个事务上是委托人,而在另一个事务上则是受托人。信托关系继承了契约关系和身份关系的各自优点,结合了契约关系中交易自由与身份关系中权力和依附的有限形式。在专业化、社会分工越来越细的今天,各种事务的处理绝大多数是靠信托关系来完成的,即广义上的信托关系随处可见。弗兰克尔认为,现代市场经济社会就是典型的信托关系占主导的社会。

弗兰克尔作为研究信托制度的法学家,其观点可能有点偏颇。笔者认为,现代社会关系仍然存在三种,即身份关系、契约关系和信托关系,其中契约关系和信托关系同时是现代社会的主流社会关系。信托关系在现代社会得到空前发展,其地位大大提升,成为主流社会关系之一。

2. 信托关系产生与发展原因

专业化和集中化是信托关系产生和发展的重要原因。其一,专业化。专业化是现代社会最明显的一个特征,每个人在浩瀚的知识海洋里仅对很微小的某个专业有所了解,对其他领域都知之甚少或一无所知。然而,人从出生到死亡却要解决数不清的各种专业问题,这些专业问题的解决99%都是靠专业化人士。专业化人士有偿地或无偿地接受委托人的委托,从而就产生了无数信托关系,当然这种信托关系是广义的信托而不是狭义的信托。就共有私产投资问题而言,其共有人并不是专业的投资机构,无法进行科学的投资决策,需要专业化的人员和机构作为受托人进行信托投资管理。其二,集中化。集中化是资源从多数人手里转移到少数专业化人士控制之下,能够提升规模经济、分散风险和实现个人难以完成的任务。① 集中之后通过信托方式委托独立的专业机构进行管理,就产生了信托关系。共有私产的建立初衷之一就是分散风险、实现个人不能完成的任务,将个人财产集中为一个集体财产。

3. 信托关系在共有私产治理中的运用

本书共有私产之客体是货币,权利人仅享有物权性价值请求权,决定了实行信托投资制度的可行性。共有私产权利束极其分散,通过信托关系将其投资管理权集中于一个主体之下,避免权利人之间的决策分散和禀赋效应。共

① Tamar Frankel, "Fiduciary Law", *California Law Review* 71, 1983, p. 804.

有私产是共—私混合财产,由权利人进行投资管理时容易受“私”的利益影响,由第三方投资决策时具有独立性。总之,由独立的专业机构进行信托投资管理符合共有私产之特性,不仅实现了投资管理的独立性和专业化,还实现了投资决策的集中化。

所有投资都有风险,共有私产的信托投资也不例外。为了降低投资风险,政府必须对共有私产信托投资进行规制。从信托关系的主体到信托关系中的权利义务,再到受托人的法律责任等方面,都需要政府通过法律的形式进行严格规制。共有私产信托投资不仅受已有《信托法》的调整,还需针对某一种共有私产的特性制定专门的信托投资管理法。

企业年金就是共有私产中信托投资管理比较成功的典型例证。企业年金采用二次信托方式巧妙地将某些分散的核心权利束集中到一起,将共—私混合利益统一于一体。企业年金的权利人(企业及其员工)是委托人,企业年金理事会或者法人受托机构是受托人,在委托人和受托人之间建立了一级信托关系。受托人接受委托人委托以自己名义管理企业年金。受托人再以委托人身份与账户管理人、托管人和投资管理人依次建立二级信托关系,由二级信托的受托人分别对企业年金进行账户管理、资金保管和投资管理等。企业年金是一个完全独立财产,独立于任何当事人财产,任何当事人破产企业年金都不属于破产财产范围。政府对企业年金的信托投资进行了严格规制,并制定了管理办法,①将投资管理风险降到最低。可见,企业年金的管理既不是私有化

① 人力资源和社会保障部等四部委2011年颁布的《企业年金基金管理办法》(人力资源和社会保障部令第11号)第3条规定:建立企业年金计划的企业及其职工作为委托人,与企业年金理事会或者法人受托机构(以下简称受托人)签订受托管理合同。受托人与企业年金基金账户管理机构(以下简称账户管理人)、企业年金基金托管机构(以下简称托管人)和企业年金基金投资管理机构(以下简称投资管理人)分别签订委托管理合同。第5条规定:一个企业年金计划应当仅有一个受托人、一个账户管理人和一个托管人,可以根据资产规模大小选择适量的投资管理人。第9条规定:委托人、受托人、账户管理人、托管人、投资管理人和其他为企业年金基金管理提供服务的自然人、法人或者其他组织,因依法解散、被依法撤销或者被依法宣告破产等原因进行终止清算的,企业年金基金财产不属于其清算财产。第10条规定:企业年金基金财产的债权,不得与委托人、受托人、账户管理人、托管人、投资管理人和其他为企业年金基金管理提供服务的自然人、法人或者其他组织固有财产的债务相互抵销。不同企业年金计划的企业年金基金的债权债务,不得相互抵销。第11条规定:非因企业年金基金财产本身承担的债务,不得对基金财产强制执行。第13条规定:人力资源社会保障部负责制定企业年金基金管理的有关政策。人力资源社会保障行政部门对企业年金基金管理进行监管。

也不是政府代管,而是以信托方式实现了政府主导下的权利人有限自治与信托管理相结合。信托管理是科斯定理的运用,政府主导是霍布斯定理的运用,而权利人有限自治是奥斯特罗姆定理的适用。企业年金的治理模式是充分融合了三大定理的混合路径,有效地克服了共有私产属性中的弱点,避免了公地悲剧和反公地悲剧,值得其他两种典型共有私产(维修资金和住房公积金)借鉴。

第六章　共有私产法律治理之制度构建

——以维修资金为例

共有私产的理论抽象来源于实践，最终也要服务于实践。制度构建就是从抽象理论回归到具体的法律制度与实践问题。在理论层面上前文已做了多方面探究，所有共有私产都具有一些共同特点和属性，其治理方式一般应是三种路径的混合（或称为混合路径），以政府主导的权利人有限自治为基础并结合政府规制的信托投资制度。由于每种共有私产又有细微差别，在法律治理的制度设计时应有所微调。维修资金是治理问题最突出的一种共有私产，本部分仅将维修资金作为唯一分析对象。

一、法律应确认共有私产是一种不同的共有类型

就制度层面而言，维修资金治理困局之形成原因在于将其纳入传统的共有制度进行调整。我国继承了大陆法系的立法传统，现在所适用的共有制度起源于上千年之前的法律制度，那些法律制度与当时的社会环境相一致。然而，现在社会环境发生了巨大变化，所出现的各种新型财产（如维修资金、住房公积金等）在之前是无法预见的，仍沿用以前的僵化制度调整实践中纷繁复杂的共有财产会造成与现实社会脱

节的问题。美国大法官霍姆斯(Holmes)认为,"法律令人厌恶的最好理由是它仍躺在'亨利四世'的时代;更令人厌恶的是制定法律的原因很久以前早已消失,然而法律规则仍坚持盲目地模仿过去"。① 有关维修资金的现有法律制度就出现了霍姆斯所言的情形,即盲目地模仿过去。解决维修资金治理困局问题,需要对现有共有制度进行扩展以增强其接纳能力。

(一)制度与实践之矛盾、理论与现实之妥协

1.共有类型多样性与共有制度有限性之矛盾

现实中,共有类型有无数种形式,从两人共有到全人类共有之间有无数种共有类型。人数的少量增减可能不影响共有性质,但达到一定数量后就会因量变引起质变。在制度不完善的前提下,(多数人)共有所有权和几个人的所有权制度在经济上浪费的数量,可能会有所不同。② 享有所有权的人数越多,在制度不完善的情况下治理越困难。正如前文所述,共有人数多少会影响共有财产管理,共有人数越多或集团越大,愿意做贡献的人就越少,其管理就离不开外部主体。③ 基于此,埃里克森认为,2~12 人属于家庭所有(仍属于私有),13 人以上才属于共有,其包括集团共有(13~1000 人)、族群共有(1000~1,000,000 人)和所有人共有(Open-access to all)几种类型。④ 埃里克森的分类尽管有一定的道理,但仍然难以解决共有财产的多样性和差异性问题,无法契合所有共有财产的治理需要。现有物权法的共有制度按照共有内容不同(权利义务不同)将其分为按份共有和共同共有,而忽视了共有人数的多少可能造成的共有财产之差异。有限的两种共有制度无法涵盖实践中无数共有类型,产生了实践与制度的矛盾。很多民法学者早已意识到物权法定(包括共有类型的法定)的僵化性,提出物权法定缓和问题。孙宪忠教授曾提出除了现有的两种共有之外,还应有总有、合有和公有等,但即使如此也无法解决共有类型多样性与制度有限性之间的矛盾。

---

① Oliver Wendell Holmes, "The Path of the Law", *Harvard Law Review* 10, 1897, p. 469.

② Frank I. Michelman, "Ethics, Economics, and the Law of Property", Ethics, Economics, and the Law, *Nomos* 24, 1982, p. 13.

③ [美]曼瑟尔·奥尔森:《集体行动的逻辑》,陈郁等译,格致出版社、上海人民出版社 2014 年版,第 31 页。

④ Robert C. Ellickson, "Property in Land", *The Yale Law Journal* 102, 1993, pp. 1315 - 1400.

2. 成文法僵化性与实践灵活性之矛盾

大陆法系作为成文法系，其僵化性导致对共有财产的调整能力不足。对两大法系进行比较发现，二者对共有财产的接纳能力明显不同。其原因在于：其一，两大法系在设计共有法律制度时存在价值导向之差异。大陆法系在法律概念主义主导下更强调公平和安全，从而导致其僵化刻板而无法接纳与治理纷繁复杂的共有财产；而英美法系在法律工具主义主导下更强调价值和效率，其相对灵活地满足共有财产的治理需求。其二，大陆法系国家没有一部统一的财产法，任何共有财产（包括共有私产）必须纳入物权法之中；而英美法系国家有统一的财产法，任何不同的共有财产都可以囊括在"财产权"之下独立存在而互不干扰。第三，大陆法系作为成文法，其缺陷就是封闭性和滞后性，已有法律对不同的共有财产调整缺乏灵活性和针对性；英美法系作为判例法，其优点就是开放性和灵活性，通过判例很容易接纳或调整不同共有财产。

我国作为成文法系国家，一方面，我国有相对封闭的财产权类型体系。当出现不同财产权时，学者们倾向于在物权和债权之间进行归类。然而，实践中很多财产权具有物权和债权混合成分（如租赁权），或者既不是物权也不是债权（如特许经营权），就给大陆法系的财产制度带来困惑和尴尬。另一方面，我国有一套严密的财产权概念体系。以物权为例，在物权之下有所有权，在所有权之下又包括个人所有与共有等，在共有之下又分为两种法定共有。在封闭僵化的概念体系下，出现任何不同的共有财产时，法律上一般习惯于将其纳入既有的概念体系，强制进行削足适履。第一步，一般会用"所有权"关系去解析所有的财产归属关系，成为理解财产最基本的工具和参照物，从而产生"所有权的泛化"问题，在问题最终解决上往往出现所有权失灵现象。① 第二步，在所有权之下进一步区分是个人所有还是共有；在一般共有之下，就会将其归入两种法定共有中的一种。建筑物区分所有权虽然是不同于个人所有与两种法定共有的一种共有形态，但其共有部分的管理仍是基于权利人所占有的份额，即以按份共有作为理论基础。

实践中，共有财产组合具有极大随意性和灵活性，权利人为了提高财产利用效率、增加财产收益，组合成各种类型的共有财产。在分享经济理念下，财产权共有形式更加灵活与多样。以分享交通工具为例，共享自行车（又称共

---

① 梅夏英：《财产权构造的基础分析》，人民法院出版社2002年版，第51页。

享单车)与网约专车存在不同的权利共有形式。共有单车的所有人并不占有自行车,由无数不同的使用者控制,而所有人获取使用费用;而网约专车则不同,所有者以驾驶自有汽车形式为他人提供出行服务,所有者和使用者共同占有汽车。无数种不同的共有形式都被纳入有限的法定共有制度中调整,难以做到有针对性地科学治理。共有私产只是无数共有财产中的一个类型,但其存在的问题凸显了我国成文法僵化性与实践灵活性之间的矛盾。

3. 理论与现实之妥协

尽管制度与实践之间存在矛盾,但是现有体系也不可能完全被推倒重建。现有财产制度是经过漫长的进化逐渐形成的,有其存在的科学性和合理性,而且它对绝大多数财产的调整与治理是妥适的、高效的。不能因为现有财产制度对某些特殊财产调整失灵,就全盘否决它的地位。基于此,前文是从共有私产形成机理的角度而不是从财产类型重新构建的角度提出混合财产理论模型。因此,目前难以用混合财产理论模型重建财产权法律制度体系。

共有私产之共—私混合属性与权利束特性的理论分析,为此类财产在制度构建时的权利束配置与共私利益之协调提供了理论基础,进而实现理论与实践的妥协与融合。正如莱哈维所言,混合思想可能并不总是需要建立明确的混合财产制度……当某种财产制度产生的结果被认为不能令人满意时,社会的集体决策机构可能会很好地改变现有财产制度,包括转向独特的财产权混合物。① 例如,越来越多作者对私有财产提出质疑,认为私有财产本身应该包含社会责任和分配正义的原则,②并呼吁重新审视财产权中排他性或者自我提升的权利束,③进而增添共与公的属性。再以 PPP 模式下特许经营为例,若法律制度借鉴混合财产理论——认可其为公—私混合财产,并将该思想植入具体制度之中,就不会产生将其争议纳入行政庭审理的尴尬。就维修资金而言,混合财产思想应该融入调整该财产的具体制度中,根据其特性来确定财产权权利束的特殊配置,平衡共有利益和私有权益。

---

① Amnon Lehavi,"Mixing Property",*Seton Hall Law Review* 38,2008,p. 205.

② Gregory S. Alexander, *The Global Debate Over Constitutional Property—Lessons for American Takings Jurisprudence*, Chicago, The University of Chicago Press, 2006, pp. 20 – 21; Hanoch Dagan,"Takings and Distributive Justice",*Virginia Law Review* 85,1999,pp. 767 – 778.

③ Lior Jacob Strahilevitz,"Information Asymmetries and the Rights to Exclude",*Michigan Law Review* 104,2006,pp. 1835 – 1898.

总之,在制度构建上只能依据共有私产的混合属性与权利束分散属性来修正现有制度,而不能全盘否决现有制度。共有私产的一些权利束应在权利人、政府和市场第三方之间进行重新配置,将混合财产理论体现在具体法律制度中。

(二)由法律确认共有私产是一种不同的共有形式

正如前文所述,无论物权还是财产权之种类都实行法定是世界财产法通行的一个原则,否则就得不到法律的充分保护。法律应确认共有私产是一种既不同于建筑物区分所有权,也不同于现有两种法定共有的一种共有形态。法律在确认共有私产是不同的共有形式之前需要结合共有主体的人数和内容对共有财产进行重新分类。

笔者认为,应根据共有的人数和内容将共有财产分为少数人共有和多数人共有。少数人共有包括按份共有和共同共有等;多数人共有可分为共有私产和共有共产等多种类型。少数人共有类型与制度不适合调整多数人共有之财产。正如前文所述,按份共有的个人主义和共同共有的身份主义决定了二者只适合于少数人共有。建立在个人主义之上的按份共有不适合调整多数人之间的共有,原因在于个人主义会导致每个个体都无视服从与义务,更无视权力与法律,只有可怕的个人至上的所谓自由与混乱。① 反过来,按份共有强调民主和平等又是滋生个人主义的温床,因为“个人主义是民主主义的产物,并随着身份平等的扩大而发展”。② 建筑物区分所有属于按份共有之变种,也不适合调整多数人共有的财产。按份共有在少数人之间依然存在个人主义问题,但毕竟人数较少,在可接受的成本之下通过协商能够达成一致。建立在身份主义之上的共同共有更不适合调整多数人之间的共有,因为人数之多早已冲破了身份关系,彼此之间都是陌生人。

多数人共有要突出集体主义思想,即人们通过共同努力实现共同体利益的增长。多数人共有财产的治理方式应不同于少数人共有财产,内部管理要实现决策与执行主体一体化,对外投资要通过信托制度实现专业化。多数人

---

① [法]拉梅内:《反教会的革命与战争的进程》(1829 年)第 1 章,见《全集》,巴黎,1836～1837 年,第 9 卷,第 17～18 页。转引自[英]斯蒂文·卢科斯:《西方人看个人主义》,李光远译,红旗出版社 2002 年版,第 6～7 页。

② [法]托克维尔:《论美国的民主》(下卷),董果良译,商务印书馆 2009 年版,第 683 页。

共有中,共有私产是共与私的混合,是比较普遍的一种多数人共有形式。共有共产不是私人让渡个人财产所形成,而是在特定历史与环境下由特定人群长期辛劳付出所形成的财产,如地理标志、非物质文化遗产等。如地理标志是基于原产地的自然气候条件、特殊工艺与特定人群辛勤劳动而凝结成的产品特殊品质,是原产地世世代代劳动者的集体智慧结晶,对原产地劳动者而言是一个共有共产。共有私产和共有共产只是多数人共有的其中两种类型,还有其他类型。

基于上述分析,法律应确认共有私产是一种具有混合属性的多数人共有财产,是一种不同于两种法定共有的共有形态。法律确认其是不同的共有类型并不意味着需要制定一部"共有私产法"。正如股权一样,法律不需要单独制定一部股权法,而是在公司法中明确它是股东的特有权利即可。共有私产同样如此,法律只需要在单行立法中明确其是一种共有私产(权),并在修订物权法时将其作为一种共有类型即可。如在维修资金立法中,为满足物权法定原则之需求,笔者认为首先应将其立法层级上升为全国人大及其常委会制定的法律;其次在法律中明确维修资金是一种共有私产;最后根据它的不同特性设置不同于其他共有财产的使用和投资管理模式。

法律确认共有私产是一种不同的共有类型,其意义在于有利于突破现有物权中共有制度的藩篱。我国维修资金的治理就是在现有共有模式下进行的,阻碍了财产治理制度的创新。假设共有私产作为多数人共有的一种来治理,就可以根据其自身的弱点来采取应对措施。假设根据某个共有私产的排他权和进入权所占主导成分不同,可以将财产(或财产的某个权利束)分为公地财产、私人财产和反公地财产,①相应地对公地财产和反公地财产可以分别采取不同治理措施。例如,在提取使用方面,维修资金容易产生权利人之间的排他权,进而形成反公地悲剧,法律设计时首先应考虑如何用一体化制度排除和减少权利人之间的排他权问题。

二、共有私产内部管理一体化及其法律关系

为了突出具体法律制度设计的针对性,本节和第三节仅就我国维修资金

---

① Michael A. Heller, "The Boundaries of Private Property", *The Yale Law Journal* 108, 1999, pp. 1163 - 1223.

进行分析。虽然每节二级标题仍使用“共有私产”一词,但三级标题及具体内容直接使用“维修资金”的表述来行文。

(一)共有私产内部管理实行政府主导的一体化

1.维修资金管理一体化的常见方式

由政府以法律形式强制推行维修资金管理主体一体化,体现了政府主导。维修资金一体化有两种方式:一种方式是业主大会(或业主协会)成立一个法人团体(或非营利性公司)或被赋予独立行为能力;另一种方式是由全体业主选举产生的业主委员会作为独立法人或赋予其独立行为能力。

美国、我国香港特别行政区和德国等对维修资金的管理采用第一种一体化方式。(1)美国。美国的《统一共有权益法案》(Uniform Common Interest Ownership Act)规定,共有权益社区必须成立业主协会组织,其组织方式为营利的或非营利的公司、信托、有限责任公司等被州法律所许可的形式。业主协会设立一个执行委员会作为该协会的日常执行机构。(2)我国香港特别行政区。我国香港特别行政区的《建筑物管理条例》中规定每个小区成立并注册一个法团,名称为“……(小区或建筑物名称)业主立案法团”。小区的共有财产(包括香港特别行政区所称的维修基金)属于法团所有。设立管理委员会作为法团的日常管理机构,管理委员会委员由被推选或指定的业主担任,人数一般为3人以上单数(50户以下3个以上、50~100户为7个以上、100户以上为9个以上)。管理委员会设立主席、秘书和司库(财务)各1人,负责的是日常管理工作。(3)德国。2006年修订后的德国《住宅所有权与长期居住权法》赋予“所有人团体”法律主体资格地位,赋予其行为能力以提高共同体的实践可操作性。共有财产(包括德国所称的维修准备金)属于所有人团体所有,而且不适用破产程序等。设立管理人作为所有人团体的执行机构,法律直接赋予管理人一定权能,而且规定业主公约不得限制或剥夺。① 可见,美国、我国香港特别行政区和德国的做法是赋予业主大会法人资格或使其具有当事人行为能力来实现一体化。

日本等对维修资金的管理采用第二种一体化方式。日本的《建筑物区分所有权法》虽赋予业主大会决策的权利,但并没有赋予其独立主体资格,而是

① 陈幽泓:《海外地区物业管理相关法律研究之五——德国〈住宅所有权与长期居住权法〉》,载《住宅与房地产》2014年第12期。

赋予业主大会选举的“管理组合”(相当于我国的业主委员会)法人资格。管理组合负责管理住宅修缮金,而修缮金的使用则是执行业主大会的决策。[①]这种管理方式也不尽如人意,并未取得理想效果。可见,日本等地区的做法是赋予管理组合或者管理委员会法人资格或使其具有当事人行为能力来实现一体化。

这两种一体化方式从管理成效上看,第一种要好于第二种。首先,因为第一种方式中,全体业主共同成立一个法人团体,有独立的意思能力和执行机构,有利于提高决策和管理效率。虽然第二种实现了执行机构的一体化,但决策依然很分散,并未取得良好效果,如日本修缮金管理中也凸显出一些问题。其次,在表决机制上第一种方式更加简化,不实行绝对多数决。如我国香港特别行政区法团会议出席人数达到全体业主20%(只限于解散管理委员会事项)或10%(其他所有事项)就符合法定人数,经出席会议的业主过半数票就能通过决议。可以看出,我国香港特别行政区的规定要比任何公司股东会的表决机制更加简化。再如德国,出席人数占共有所有权份额超过半数即具有决策能力,经出席会议的业主过半数同意即通过决议;若因出席人数未达到法定要求而不具有决策能力,管理人就同一事项重新召集一次会议时,此次会议就不再考虑出席人数而自动具有决策能力。可见,为了避免反公地悲剧的出现,第一种方式中许多国家和地区大大简化了表决机制,并未实行按份共有或建筑物区分所有权的“绝对多数决”表决机制。另外,两种方式有一个共同点,就是都体现了以社群自治为主导并结合政府有限规制,与其社会中高度发达的中间层和自治意识相匹配。

2. 我国维修资金管理应以小区为单位成立法人团体

我国应在政府主导下以小区为单位成立法人团体并注册登记,法人团体为非营利法人,与民法总则对法人的分类相一致。维修资金归法人团体所有,该小区每个业主是法人团体的会员,享有相应权利并承担相应的义务。业主大会是法人团体的决策机构,业主推选的业主委员会(或称为业委会)作为法人团体的日常管理机构,并成立监督委员会(或称为监委会)作为法人团体的内部监督机构履行监督职责。各级政府主管部门对其辖区内所有小区的法人

---

① 张军建:《住宅专项维修资金信托法律制度研究》,中南大学2008年博士学位论文,第26~29页。

团体运行进行监管。业主委员会和监督委员会都由本小区的业主担任，人数为3人以上单数（根据小区大小来设定人数），分别设业主委员会主席和监督委员会主席一人。业主大会的表决规则实行一户一票，同时我国应废除当前的"绝对多数决"规则。笔者认为可以借鉴我国香港特别行政区法团会议的议事规则——"出席人数达到全体业主20%（只限于解散业主委员会事项）或10%（其他所有事项）就符合法定人数，经出席会议的业主过半数票就能通过决议"，或者借鉴德国所有人团体会议的议事规则。通过法律形式简化法人团体中业主大会的议事规则（以下简称简化的表决规则），以避免维修资金决策时反公地悲剧现象的出现。

维修资金作为法人团体所有财产，在其缴纳、使用管理上由业主大会进行决策，业主委员会负责执行，监督委员会负责监督，政府负责监管。在法人团体成立之前所缴纳的资金可由政府主管部门负责代管，但在法人团体成立之后都应划入法人团体开立的账户之中，该账户由业主委员会委托管理机构和商业银行进行管理和托管。法律应将维修资金的业主缴纳方式由一次性缴纳调整为按月缴纳，避免业主因经济原因难以承担一次性缴纳。对于未按月缴纳的业主，业主委员会应限期缴纳和承担滞纳金，并纳入个人信用记录；对于超过多月未缴纳的业主，经业主大会决议，业主委员会可申请法院强制执行，若无其他财产可执行，法院可拍卖其专有部分，所欠维修资金优先受偿。也可借鉴德国的做法，对于有能力缴而故意不缴的业主实行强制拍卖和迁离制度。拖欠维修资金情节严重者或屡犯者，业主委员会根据业主大会的决议可起诉到法院，通过判决要求该业主转让其专有部分，否则法院将通过拍卖强制其迁离该小区。强制拍卖和强制迁离制度是共有利益优先于私有利益的体现，是保障业主按时交纳维修资金的有力措施。

3. 政府主导作用的体现

除了政府主导的法人团体一体化及其简化的表决规则之外，我国政府在维修资金治理中的主导作用还应体现在以下方面：首先，政府的最终裁决权。对于业主合法、合理的提取使用需求未能通过简化的表决规则程序的，可以申请政府主管机构的裁决。对于符合使用条件的，政府仍可以通过裁决方式强制授予其使用权。其次，政府对资金使用加强监管。将政府维修资金使用纳入强制审计范围，避免违法使用情形的发生；加大对维修资金管理过程中违法行为的处罚，提高违法成本。最后，政府将业主的维修资金缴纳情况纳入个人信用档案。业主需要缴纳或者续缴维修资金的,根据业主大会的决策可以按月缴纳或者一次性缴纳,对于未按期缴纳或者续缴的,除承担滞纳金外还应纳入个人信用记录。除上述三个方面之外,法律还可赋予政府其他权力。

(二)共有私产一体化管理之法律关系

法人团体成立之后,业主、法人团体与业主委员会之间针对维修资金的管理形成了委托关系,暂且称为准信托关系。这种准信托关系不能完全等同于信托关系,因为在信托关系中受益人有权使用、享有和获取来源于财产的一定收益,而受托人对信托财产享有法律权利,并行使独占控制权,受益人的收益权和受托人的独占控制权是相分离的。因此,狭义信托关系并不能适用于法人团体与业主委员会,①但可以借鉴信托关系来设计二者之间的权利义务,以法律形式确定业委会受托人责任(Fiduciary Responsibility)。法人团体与业委会之准信托关系应稍弱于公司与公司董事之间的信托关系。很多学者提出,公司治理结构本身就是一种信托,如公司治理中公司董事对公司及其股东负有受托人责任,享有较宽泛的决策权。② 与公司相比,业委会委员与法人团体的内部委托关系相对较弱,体现在业委会委员决策权相对较少,更多是执行业主大会的决策。尽管如此,仍将法人团体治理结构看作成准信托关系,将维修资金看作准信托财产,其意义在于突出维修资金的独立性(如我国《信托法》第 15 条、第 16 条、第 17 条和第 18 条对信托财产独立性的规定)和强化各方主体的责任。

在准信托关系下,维修资金财产独立性体现在独立于各主体的财产,避免各主体债务人的追索。首先,维修资金独立于业主的个人财产。维修资金不能成为偿还业主债务的被执行对象;维修资金不能成为担保的客体也不能单独转让或继承;维修资金应随房屋的转让而一同转让,并在政府主管机关进行变更登记;等等。其次,维修资金独立于法人团体其他财产和业委会委员的个

---

① Wayne S. Hyatt and Jo Anne P. Stubblefield, "The Identity Crisis of Community Associations: in Search of the Appropriate Analogy", *Real Property, Probate and Trust Journal* 27, 1993, p. 632.

② A. A. Jr. Berle, "Corporate Powers As Powers in Trust", *Harvard Law Review* 44, 1931, pp. 1049 – 1074; Stanley A. Kaplan, "Fiduciary Responsibility in the Management of the Corporation", *Business Lawyer (ABA)* 31, 1976, pp. 883 – 928; Julian Velasco, "How Many Fiduciary Duties are There in Corporate Law", *Southern California Law Review* 83, 2010, pp. 1231 – 1318.

人财产。法人团体除维修资金外还有经营(如出租)小区共有设施所得收益,维修资金应独立于法人团体的其他财产;借鉴其他国家的做法,我国小区法人团体不得实行破产制度。虽然业委会以自己名义管理维修资金,但维修资金应独立于业委会委员个人财产。除因管理使用维修资金所发生的债务外,法人团体和业主委员会其他债务不得用维修资金偿还。最后,维修资金独立于账户管理机构、资金托管银行和投资管理机构(以下简称受托人)的财产。本书的共有私产是以货币为客体的财产,货币的特性就是所有权随交付而转移,法人团体只享有物权性价值请求权。投资管理信托关系中的受托人在管理维修资金时就成为货币本身的所有者,法律必须要求受托人将维修资金和其他财产严格区分。

在准信托关系下,有利于强化各方主体的责任。信托制度一个突出优势就是各方主体权责明确,有利于强化各主体责任。业主不能将其看作私有财产而拒绝续缴或随意使用,可通过相应程序和责任强化业主的义务;业主委员会负有勤勉、忠诚等义务,可通过相应法律条款约束其行为、强化其责任。

维修资金管理准信托关系可以看作一种自益准信托,委托人和受益人是全体业主。该法律关系主体同样包括委托人、受益人、受托人和监督人;委托人是法人团体,但实际是全体业主,全体业主以业主大会的形式进行决策;受益人是法人团体,但实际仍是全体业主;受托人为业主委员会委员,可以实行任期制与连选连任制;监督人是监督委员会委员。该法律关系客体是维修资金,其来源包括开发商缴纳、业主缴纳和孳息,其使用范围包括共用部位维修、购买保险①和投资增值等。该法律关系内容——各主体的权利义务具体如下:

1. 委托人(受益人)——业主的主要权利和义务

业主的主要权利应包括:(1)表决权。每个业主并不享有独立的决策权,而是全体业主共享决策权。每个业主仅享有表决权,根据上文所述“简化的表决规则”进行集体决策,这是同时适用霍布斯定理和奥斯特罗姆定理的体现。表决的范围涉及业主委员会主席及成员的聘任与解聘、维修资金每月缴纳数额、维修资金的提取使用、共用设施的投保问题等。(2)被推选为业委会

① 用维修资金为小区共用设施和共用部位购买保险是世界各国的普遍做法,我国应该采用此种做法来提升小区业主抗风险的能力。

或监委会委员的权利。根据自己的意愿和相应程序,每个业主都有权被推选并担任业主委员会或监督委员会之委员,并有权担任主任委员。(3)使用权。业主享有使用维修资金维修共有部位的权利,此权利的实现需要业主大会的表决通过,并由业主委员会来负责执行。(4)间接收益权。业主享有维修资金投资收益的权利,此权利也是全体业主的共有权利,是全体业主所享有的物权性价值请求权总量上的增加。虽不能直接转化为每个业主的私有财产,但可以通过减少续缴额度等间接转化为业主的私有财产。(5)监督权。每个业主有权监督业委会的工作,有权查询、复制维修资金管理过程中的相关材料。(6)知情权。每个业主对维修资金管理、使用和投资等情况享有知情权,业主委员会委员有义务充分公开维修资金管理使用的信息。(7)解聘权。业主有权通过业主大会决议解除不称职的业委会委员职务。

业主的主要义务有:(1)按时足额缴纳维修资金的义务。维修资金最主要的来源就是业主私有财产的让渡,业主有义务按时足额缴纳维修资金。未按时缴纳的业主除补缴外还应承担滞纳金,情节严重的,业主委员会可以起诉到法院要求强制裁决。(2)尊重业主大会之集体决策,履行相关义务。按照上述"简化的表决规则"[出席人数达到全体业主20%(只限于解散业主委员会事项)或10%(其他所有事项)就符合法定人数,经出席会议的业主过半数票就能通过决议],业主大会的每次决策不可能经过全体业主的同意,未参加表决或未投赞成票的业主应遵守业主大会的决策事项。

2. 受托人——业委会及其委员的权利义务

业委会及其委员的主要权利有:(1)获得适量报酬的权利。信托主要基于当事人之间的信任,一般民事信托常常是无报酬的。随着现代社会商事信托的快速发展,有偿信托行为成为一个普遍规则,民事信托也受其影响,收取报酬成为民事信托中激励和约束受托人行为的一个有效方式。维修资金的受托管理作为一种准信托,可借鉴有偿信托模式。受托人为小区的共有事宜付出劳动,理应获得劳动报酬,因为他们管理小区和维修资金不仅有利自己,更有利于整个小区的全体业主。若不支付报酬,则是让业主委员会委员承担所有管理成本而全体业主分享收益,会造成没有业主愿意担任委员职务,就产生了公地悲剧。(2)对维修资金的管理使用权。虽然维修资金使用的重要决策由业主大会负责,但具体执行以及日常管理仍是由业委会负责。例如,根据业主大会决策,业委会对维修资金进行日常收缴;根据业主申请和业主大会决策，业委会使用资金维修共用部位和设施；根据业主大会决策，业委会使用资金为共用部位和设施购买商业保险；根据业主大会决策，业委会委托投资管理人进行投资管理；等等。(3)以法人团体名义进行诉讼的权利。当业主拖欠维修资金以及他人侵害维修资金时，业委会有权以法人团体名义向法院提起诉讼。(4)违反维修资金共益行为的禁止权。业主有违反小区共益的行为或侵害维修资金等行为时，业委会有权进行制止。

业委会及其委员对业主的受托义务，可借鉴公司中董事的受托人义务(Fiduciary Duties)。公司董事的受托人义务主要是勤勉义务和忠实义务，这也是公司法学者所认可的公司信托关系两个核心义务。[①] 也有学者提出董事对公司负有5个信托义务，即注意义务、客观公正义务、忠实义务、诚信义务和合理性的义务。[②] 在维修资金受托人关系中，业委会及其委员的主要义务有：(1)忠实义务。业委会及其委员要忠实于全体业主，执行业主大会的决定，根据大会的决策追求全体业主共有利益的最大化。忠实义务具体要求为，不得通过维修资金为自己谋求利益(除应得的报酬之外)；不得将维修资金转化为自己固有财产；不得用维修资金与自己固有财产进行交易；等等。(2)注意义务。业委会及其委员要履行合理的注意义务，确保维修资金不得被业主违法使用，不得被他人挪用、侵占等。业主法人团体成立之后，业委会及其委员及时将政府代收或开发商代管的维修资金转至法人团体账户名下，并委托专业机构和商业银行进行管理和托管；维修资金外部管理、投资信托建立后，纳入投资的那一部分统一由资金托管银行管理。(3)按时收取业主缴纳维修资金的义务。根据业主大会的决策，业委会及其委员按时向业主收取维修资金。对未按时缴纳的业主，采取催告、诉讼等措施使迟延缴纳的业主受到相应的制裁。(4)委托第三方维修共用部位义务。对于需要动用维修资金维修共用部位的，业委会及其委员要委托物业服务公司或市场第三方对共用部位进行维修。(5)及时公开维修资金管理、使用和投资信息的义务。为了满足业主的知情权，业委会要及时公开管理使用和投资的相关信息。(6)妥善保管维修

---

① Iman Anabtawi, "Fiduciary Duties for Activist Shareholders", *Stanford Law Review* 60, 2008, p. 1262.

② Julian Velasco, "How Many Fiduciary Duties are There in Corporate Law", *Southern California Law Review* 83, 2010, pp. 1308 – 1309.

资金相关资料的义务。业委会应保存维修资金的相关资料一定年限(如10年以上),在业委会换届之后应移交下届业委会继续保管。

3. 内部监督人——监委会及其委员的权利义务

法人团体的监督委员会犹如公司治理中的监事会或监事,负责监督业委会委员管理维修资金的行为。监委会及其委员的主要权利包括:(1)监督权。监委会委员有权监督业委会委员使用管理维修资金的所有行为,对于不符合法律、业主规约和业主大会决议的行为提出异议。(2)查询权。监委会委员有权查询维修资金管理的所有资料,以便掌握该资金管理使用现状。(3)建议权和报告权。监委会委员根据发现的问题,及时向业委会提出改进要求;对于未改善的,及时向业主大会汇报并提出撤换业委会委员的建议;对于业委会委员的违法行为,及时向政府监管部门进行报告。(4)少量报酬权。为了激励监督委员会委员履行职责的积极性,法人团体应支付少量的报酬。监委会委员的主要义务是尽职尽责的履行监督职责,定期向业主大会汇报维修资金管理使用情况。

三、共有私产投资运营的信托管理法律关系

财产可以分成两个截然不同的种类:一类被称为主动财产——所有人能亲自占有、管理和处理的财产,如农场、微小企业和大量有形财产等;另一类被称为被动财产——一套由股票和债券等体现经济预期收益的财产,其所有人无能为力而无法亲自对它做任何事情。① 共有私产就属于第二种类型,一方面,它属于多数人所有的共—私混合财产,其权利束极其分散性,单个所有人不可能亲自占有、管理和处理,需要专业机构进行专业投资管理;另一方面,由于共有私产主要是货币,它对全体业主而言是一个物权性价值请求权,只是一个具有物权性质的权益,其增值依赖于第三方专业机构。

(一)政府应放宽共有私产投资的范围

1. 现有规定对维修资金投资的限制

现有规定对维修资金投资有两项限制:第一个是投资范围的限制;第二个为投资决策主体的限制。第一个限制是政府通过法律对维修资金投资领域进行限制。为了确保资金安全,国家对维修资金投资范围进行限制是应当的,但

① A. A. Jr. Berle, "For Whom Corporate Managers are Trustees: A Note", *Harvard Law Review* 45, 1932, pp. 1369 – 1370.

目前仅限于投资国债,显然有点过于保守。第二个限制是谁对维修资金的投资享有决策权。业主以"绝对多数决"规则对维修资金是否投资购买国债进行决策。两项投资限制造成维修资金投资收益并不理想,大量资金对权利人而言成为闲置资金。

政府依然要对维修资金的投资过程进行严格监管,但应当放宽其投资范围,取消业主投资决策权,实行强制的信托投资管理。政府应该借鉴类似财产的投资监管模式,将政府和市场两个路径同时适用于维修资金的投资过程中。

2. 从类似财产投资运作来看风险完全可控

以企业年金和养老保障基金市场化投资运作为例,其投资风险完全在可控范围之内,且增值远高于购买国债的收益。统计显示,企业年金的近3年、5年和8年的平均收益分别是6.19%、4.20%和7.87%(见表3),而10年期国债从2010~2014年平均收益率分别约为3.47%、3.88%、3.46%、3.83%和4.25%,企业年金市场运作8年期收益率远远高于10年期国债。再看,更早由全国社保理事会采用市场第三方运作的养老保障基金,其收益率则更高一些,近3年、5年和8年的平均收益分别是8.19%、5.89%和9.47%(见表3)。与之形成鲜明对比的是,强调安全的基本养老保险基金投资范围仅限定于银行存款和国债,从2010~2014年其投资收益率分别为2.0%、2.5%、2.6%、2.4%、2.9%,比社保理事会运作的养老保障基金收益率低很多。[①] 企业年金和养老保障基金二者之间收益率差距(见表3)主要是因为养老保障基金投资范围更广。养老保障基金在投资范围中虽有投资比例限制,但可以投资银行担保的信托贷款项目、实业、证券投资基金、股票等。

表3　企业年金和养老保障基金收益率统计

年份	企业年金收益率(%)	养老保障基金收益率(%)	差距(%)
2007	41.00	43.19	2.19
2008	-1.83	-6.79	-4.96
2009	7.78	16.12	8.34

① 李连仁:《企业年金十年投资回顾与展望》(上),载中国保险报・中保网:http://tz.sinoins.com/2015-07/27/content_163773.htm,最后访问日期:2016年12月19日。

续表

年份	企业年金收益率(%)	养老保障基金收益率(%)	差距(%)
2010	3.41	4.23	0.82
2011	-0.78	0.84	1.62
2012	5.68	7.01	1.33
2013	3.67	6.20	2.53
2014	9.30	11.43	2.13
最近8年平均	7.87	9.47	1.60
最近5年平均	4.20	5.89	1.68
最近3年平均	6.19	8.19	2.00

可见,投资范围越广、投资比例搭配越合理,该资产收益率就越高。借鉴其他财产投资模式,在政府严格监管之下委托第三方进行专业投资,可以将维修资金投资风险降低到可控的范围。

3. 政府对维修资金投资制度的调整

首先,政府应放宽投资范围,通过法律设置使用和投资的比例。政府以法律形式将维修资金分成两个部分:一部分是按照一定比例预留的维修准备金;另一部分是进行投资增值的资金。维修准备金中包括购买共用部位和设施的保险费用,小额维修可以从准备金中随时支付,大额维修符合保险理赔条件的由保险支付,不符合保险支付条件的再依据特定程序从托管账户中支付。留出维修准备金之外的剩余资金应全部委托专业投资管理人进行投资运营管理。政府利用法律限制风险较高的投资项目最高投资比例,可借鉴企业年金的投资比例限制,如企业年金投资股票、证券投资基金等不得超过总额的30%。

其次,运用信托制度进行投资管理。我国应制定住宅专项维修资金基金投资管理办法,以基金形式运用信托制度构建维修资金投资管理框架。委托人和受益人都是法人团体(实际为全体业主),受托人是账户管理机构、资金托管银行和投资管理人。受托人(尤其是投资管理人)对维修资金投资享有独立支配权和决策权,即享有独占支配权。与受益人相比,受托人占有优势地位,因此法律应对受托人设置更严格的责任、更高的行为标准,而且法院在审查受托人是否履行职责时应适用严格的审查标准。[1] 受托人都是专业的金融公司或投资公司，利用信托制度能够更好地规避维修资金的投资风险，提升投资的专业性和收益率。维修资金信托投资具体法律关系在下文中会进一步展开论述。

（二）建立共有私产投资管理信托法律制度

维修资金预留一部分作为当年的维修准备金之后，剩余资金全部以信托基金形式进行投资管理。信托法为维修资金投资管理提供了最恰当的机制，因为信托法很好地确立了受托人的受信人责任和受益人的财产权利原则。[2] 维修资金在投资信托关系下成为信托财产，具有信托财产的基本属性——物上代位性和独立性，不能成为破产、抵销和强制执行的对象（特殊情形除外）。而且，维修资金以信托财产形式进行有偿信托投资管理，有利于与无偿的私人信托区别开来；由于信托财产的独立性，有利于从强调分散的个人财产权中突出维修资金财产权的整体性；投资管理人可以集合无数个小区的维修资金于一体，有利于发挥投资的规模效应。

维修资金信托投资管理要建立基金账户托管和投资信托管理制度。每个小区业主委员会有权选择符合法定条件的账户管理人、资金托管人和投资管理人。小区业主委员会以法人团体名义分别与维修基金账户管理机构（以下简称账户管理人）签订账户管理合同、与维修基金托管银行（以下简称资金托管人）签订资金托管合同、与维修基金投资管理机构（以下简称投资管理人）签订投资管理合同。在各自委托合同中，当事人分别约定委托人、受益人和受托人的权利、义务和法律责任。除双方合同约定外，住宅专项维修资金基金投资管理办法应该规定受托人法律上的最低要求、权利义务基本配置，以及政府对基金投资的监管等。信托关系中最重要的内容就是当事人之间的权义关系，[3]在借鉴企业年金信托投资制度基础上，下文将对维修资金信托当事人的权利义务与受托人条件等内容展开论述。

---

① Wayne S. Hyatt & Jo Anne P. Stubblefield, "The Identity Crisis of Community Associations: in Search of the Appropriate Analogy", *Real Property, Probate and Trust Journal* 27, 1993, p. 632.

② 何宝玉：《英国信托法原理与判例》，法律出版社 2001 年版，第 374 页。

③ 王志诚：《信托法》，台北，五南图书出版股份有限公司 2005 年版，第 157 页。

1. 委托人与受益人权利义务

作为自益信托,委托人和受益人仍为同一人。委托人与受益人主要权利有:(1)选择权与更换权。委托人有权在符合法定条件的维修资金管理机构中选择受托人;对不再具备法定条件或者未达到委托合同要求的受托人,委托人有权及时进行更换。(2)监督权。委托人有权监督受托人是否按照委托合同约定对维修资金进行信托投资管理。(3)收益权。维修资金投资收益由法人团体享有,实际受益者是全体业主,虽然不能直接转化为每个业主的私有财产,但可以通过减少后续缴纳数额来间接增加其私有财产。

委托人与受益人主要义务有:(1)避免不当干预的义务。在委托合同约定范围内,受托人有权以自己的名义管理财产,在法定投资配置比例下对财产进行独立投资决策,委托人不得进行干预。(2)按时缴纳义务。与私人信托相比,维修资金信托的受益人不是无偿受益人,必须按照业主大会的决定定期缴纳维修资金。否则,维修资金最终会用尽,信托财产就不复存在,信托关系就终结。维修资金信托投资的目的主要是减少业主缴纳的额度,而不是完全取代业主的缴纳。(3)及时归集义务。法人团体成立后,业委会及时将维修资金归集于账户管理人控制之下。

2. 账户管理人条件与权利义务

账户管理人是与法人团体签订委托合同,负责维修资金账户管理的机构。账户管理人要比一般公司的设立门槛高很多而且实行设立许可制度。其应具备的法定条件:(1)法人资格。维修资金账户管理人应是经国家批准且具备法人资格的金融机构。(2)资本要求。具备法定的最低注册资本金要求(如5亿元以上)和净资产要求。(3)有健全的公司治理结构和法定的营业场所。(4)有专业的从业人员,如具备基金从业资格人员人数不少于多少人。(5)具有完善的账户信息管理系统和风险防控体系。(6)近几年无重大违法行为,等等。

账户管理人的主要权利:(1)收费权。账户管理人有权根据法定数额按户每年收取少量的管理费。假设每年每户收取20元管理费,再乘以庞大的基数,账户管理人每年也会有可观的收益。(2)管理权。账户管理人有根据委托合同以自己名义进行管理的权利,但不得违背与法人团体之间的管理合同。(3)辞任权。账户管理人在经法人团体同意后有权决定辞任,这也是信托法授予受托人的权利。

账户管理人的主要义务:(1)设账义务。账户管理人有义务按小区设账和按户设分账,记录业主维修资金缴纳、使用和投资收益的情况。同时,账户管理人对维修资金要进行分别管理,不得与其他财产相混合。(2)提供查询义务。账户管理人有义务向法人团体和业主提供查询服务,向法人团体提供维修资金缴纳、使用和投资情况的年度报告。(3)保存档案义务。账户管理人有义务保存维修资金账户管理档案达到法定年限,如企业年金要求保存15年以上。

3. 资金托管人条件与权利义务

资金托管人是接受小区法人团体委托,保管维修资金的商业银行。资金托管是商业银行一个重要业务,为了避免维修资金托管风险,法律仍要规定资金托管人的最低条件。(1)法人资格。托管人应是符合法定条件的商业银行。(2)资本要求。托管人符合注册资本金最低要求(如50亿元以上)和日常净资产要求。(3)有健全的公司治理结构、法定的营业场所和专业的从业人员。(4)清算、交割系统。托管人拥有安全的维修资金清算与交割系统。(5)风险防控。托管人具有健全的风险防控体系。(6)近几年无重大违法行为等。资金托管人可以与账户管理人是同一人,但不得与投资管理人为同一人。

资金托管人的主要权利:(1)占有权。资金托管人作为维修资金基金财产的托管者,有权占有以货币形成存在的基金财产。货币作为种类物,占有者就是货币本身的所有者,委托人仅享有物权性价值请求权。(2)收费权。资金托管人有权按照所托管维修资金净值的一定比例收取托管费用,如可规定不超过净值的0.2%,具体比例由双方托管合同约定。(3)拒绝执行权。资金托管人发现违规或违约投资的,有权拒绝执行并及时通知法人团体。

资金托管人的主要义务:(1)资金安全和分别管理义务。资金托管人的安全义务主要是确保维修资金不被其他人非法占用或挪用,确保法人团体账户和业主账户的网络安全;分别管理义务主要是指从账目上应将维修资金与托管人的固有财产、储户财产等相区别开来。(2)投资协助和监督义务。托管人的协助义务包括开立投资账户、协助清算和交割等;监督义务主要是监督投资管理人的管理工作。(3)提交报告和资料保管义务。资金托管人有义务向法人团体提供资金托管的年度报告;有义务保管资金托管资料达到法定年限。

4. 投资管理人的条件与权利义务

投资管理人是接受小区法人团体委托，负责对维修资金进行投资的专业机构。投资管理人可以是证券公司、基金公司或者专业的资产管理公司等。投资管理人仍需具备设立方式、法人资格、资本要求、组织机构、营业场所、从业人员和防控风险体系等条件要求，类似于账户管理人和资金托管人的法定条件，在此不再赘述。为了减少维修资金投资管理风险，投资管理员不得与资金托管人为同一人。

投资管理人的主要权利：(1)投资管理权。投资管理人有权依据法定与约定对维修资金进行投资管理。在法定投资比例限定范围内，投资管理人有自由决定投资范围和对象的权利。(2)收费权。投资管理人有权依据维修基金财产净值或者投资收益的一定比例收取投资管理费用，具体比例由双方合同约定。如企业年金按照不超过财产净值的1.2%收取投资管理费。(3)代为行使股东权。在投资某公司股票后，投资管理人有权代替小区法人团体行使股东权。

投资管理人的主要义务：(1)依法、依约投资管理义务。投资管理人对维修资金基金财产进行投资管理时不得违反法律规定和合同约定，不得追求自身利益。(2)报告义务。投资管理人在投资管理维修资金基金财产时，若发生重大波动应及时向法人团体和政府主管部门进行报告。(3)分别管理和公平对待义务。投资管理人不得将维修资金与其他财产相混合，应分别管理；投资管理人应公平对待不同维修资金基金财产，不得与其他基金财产混同。(4)投资收益及时纳入托管。投资管理人对维修资金的投资收益应及时划转法人团体或者及时纳入资金托管。(5)法律和合同规定的其他义务。

5. 信托投资的政府规制

维修资金的信托基金投资管理需要同时适用霍布斯定理和科斯定理。信托投资是建立在科斯定理基础上，而政府规制则是建立在霍布斯定理基础上。维修资金信托投资具有一定的风险，为了确保资金安全，政府相关主管部门必须进行严格规制。

政府的建设主管部门应成立统一的监管机构（如有的地方成立的“维修资金管理中心”），对维修资金的信托投资管理进行集中监督。就投资管理而言，政府除了以法律形式规范投资管理各环节外，主管部门还应对维修资金信托投资管理进行日常监督检查。受托人除了符合法定条件外，进行投资管理业务还要取得国家建设主管部门（如住房与城乡建设部）的许可；主管部门发现问题的，及时给予处罚，并责令受托人改正；情节严重的，追究相关人的刑事责任，并取消受托人的投资管理资格；等等。

结　论

共有私产属性和治理涉及政府、市场和社会三者的复杂关系，在设计法律制度时不仅要考虑共有私产治理的基本规律，还要考虑我国制度环境、人文环境等基本国情。在共有私产治理中，法律需要在政府、市场和社群之间寻找一个科学的平衡点，需要立法部门具备极高的立法艺术。

一、共有私产制度设计应突出其价值功能

所有财产的法律制度都是为了实现该财产的价值功能。正如瑞克所言，一旦财产不是被看作自然权利，而是作为一种实现某种功能的制度设计，那么它的来源在制度设计中就不起决定性作用。与所有权、使用权等相关的条件设置并不取决于财产的来源，而是依赖于它所要实现的功能。① 创造或界定所有权的目的就是实现财产的某种价值，否则所有权问题就是多余的。共有私产相关制度的建立目的在于创造和捍卫其内在价值，而不是强调该财产的归属关系。设立共有私产之目的是实现特定群体内部的共有利益，实现共有利益的最大化。如果现有制度阻碍了共有私产之价值功能的实现，这个制度就需要被打破。

---

① Charles A. Reich, "The New Property", *The Yale Law Journal* 73, 1964, p. 779.

在交易成本存在的社会中，法律对共有私产的初始配置是必要的，配置的目的是减少交易成本而不是增加交易成本，否则法律就成为助纣为虐的工具。正如科斯第二定理所言，司法或立法对权利的初始分配在决定资源最终控制权上起到关键作用，因为交易成本可能阻碍高效率的资源再分配。[①] 现有法律对共有私产财产权的初始配置已经出现了偏差，恰恰增加了交易成本，阻碍了资源的高效率利用。

在共有私产制度设计中，应将其要实现的价值功能摆在第一位。以维修资金为例，制度设计在使用方面要方便业主或者业委会合法合规的提取使用，在投资方面要提升它的收益率。为了确保价值功能的实现，还需要责任规则保驾护航，任何主体若违反使用、投资管理规定都要承担相应的法律责任。维修资金作为一种共—私混合财产，在权利人的法授权益保护时不能强调财产规则，否则维修资金就变成了无人能动的沉淀资金。

二、共有私产治理制度要突出政府作用

共有私产之权利是一种受限的权利，因为其权利束极其分散，并混合了共有与私有利益，权利人在行使权利时会出现相互制衡的问题，完全由权利人自治不一个明智选择。因此，共有私产无论在使用管理方面还是投资运作方面都离不开政府的规制。即使是在市民社会与社群自治发达的西方国家，仍有政府的身影。政府通过法律形式对共有私产的自治进行干预，而且很多条款还是不允许权利人进行调整的强制性条款。可见，共有私产的治理是科斯定理、霍布斯定理和奥斯特罗姆定理混合使用的充分体现。

我国作为政府主导的市场经济国家，共有私产的治理更离不开政府的作用。不同于西方“大社会、小政府”，我国国情就决定了政府在维修资金管理中必须起到主导作用。西方就存在政府适度干预共有私产治理的情形，我国则更应强调政府的作用。以政府主导的旧小区改造为例，我国能用公共财政资金支付城市商品房小区内部改造费用，这在西方资本主义社会是不可能的。总之，在社群自治意识淡漠、市民社会思想薄弱的情形下，共有私产完全实行权利主体自治是不符合我国基本国情的。如维修资金的“绝对多数决”就是

---

① Daniel H. Cole and Peter Z. Grossman, “The Meaning of Property Rights: Law versus Economics?”, *Land Economics* 78, 2002, p. 321.

社群充分自治的体现,结果导致该财产治理的低效率。因此,本书主张共有私产实行政府主导下的有限自治与政府规制下的信托投资管理相结合的治理模式。

三、共有私产相关法律制度的联动修改问题

有些共有私产相关法律制度需要做联动修改,而不是制定某部法律就能达到共有私产治理目标,这也是本书没有最终呈现立法建议稿的缘由。以维修资金相关治理制度为例,我国《物权法》《物业管理条例》《住宅专项维修资金管理办法》《业主大会和业主委员会指导规则》等法规与相关制度需要联动修改,同时还要单独制定住宅专项维修资金基金管理办法才能实现对维修资金的科学治理。

四、共有私产应成为经济法学所研究的重要问题

共有私产是哪个学科该研究的问题?或适合用哪个学科的理论去分析?此问题本身可能就是一个伪命题,因为任何一个问题都可以用任何学科去研究,研究角度不同得出的结论不同,不同学科对同一问题进行研究能使对该问题的认识更加深入和丰满。因此,本书并未囿于学科限制和理论限制,为了对共有私产认识更加全面笔者运用了不同学科的方法和理论。本书的研究也利用了经济法学的一些理论,也凸显了经济法学研究该问题的优势。

经济法学对共有私产研究的优势具体表现在以下几个方面:第一,共有私产是经济法法律关系的一个客体。"社会性财产和社会性行为是经济法法律关系的重要客体",[①]共有私产是社会性财产的一种,理应成为经济法学研究的范围。第二,与民商法学相比,经济法学不会拘泥于固有理论限制。民商法学一般会从物权法定的共有理论角度研究共有私产,更强调形式正义和个人私益,难以突破固有理论的樊篱;而经济法学更少受固有理论的约束,更追求实质正义和共有利益。实质正义是一种实现最大多数人福祉的正义,是一种科学的因人而异的正义,它强调不同的法律调整方式。[②] 经济法学可以根据共有私产不同特点和不同情形构建不同的具体制度,相对比较灵活。第三,经

---

① 韩志红:《经济法调整机制研究》,中国检察出版社2005年版,序中第Ⅷ页。

② 史际春、邓峰:《经济法总论》(第2版),法律出版社2008年版,第153~154页。

济法学更擅长于中观和宏观思维。民商法学更倾向于微观思维，对具体制度做精致化设计；而经济法学更倾向于中观和宏观思维，对共有私产这种中观财产具有思维优势。第四，经济法学不走极端，体现中庸之道。经济法学不会过分强调“公”或者“私”，会平衡协调“公”“私”“共”之间的关系。然而，私法却不同，如“私法的观察方式却看不到第三人，即各种经济关系中最大的利益人：公众”，①这恰恰是经济法学的优势。总之，经济法学研究共有私产具有独特的学科思维优势，共有私产问题理应成为经济法学的主要研究领域。

---

① ［德］拉德布鲁赫：《法学导论》，米健译，商务印书馆2014年版，第114页。

附件：住宅专项维修资金相关立法建议稿

一、《物权法》与《物业管理条例》相关条款的修改建议

（一）《物权法》相关条款的修改建议

第七十五条　业主应设立业主大会，选举业主委员会和业主监事会。业主委员会根据业主大会的授权以物业区域为单位设立法人团体。

地方人民政府有关部门应当对设立业主大会和选举业主委员会给予指导和协助，推动法人团体的成立。

第七十六条　下列事项由法人团体通过业主大会表决决定：

（一）制定和修改业主大会议事规则；

（二）制定和修改建筑物及其附属设施的管理规约；

（三）选举业主委员会或者更换业主委员会成员；

（四）选聘和解聘物业服务企业或者其他管理人；

（五）筹集和使用建筑物及其附属设施的维修资金；

（六）改建、重建建筑物及其附属设施；

（七）有关共有和共同管理权利的其他重大事项。

决定前款第五项和第六项规定的事项，法人团体

应当经占总人数五分之一以上的业主同意。决定前款其他事项,法人团体应当经占总人数十分之一以上的业主同意。特殊情形由业主委员会决定,须经业主监事会同意,并在主管机关备案。

第七十八条 法人团体的决定,对全体业主具有约束力。

业主认为法人团体作出的决定侵害其合法权益的,有权向人民法院提起诉讼。

第七十九条 建筑物及其附属设施的维修资金,属于业主的共有私产,法人团体享有法人财产权。经业主共同决定,可以用于电梯、水箱等共有部分的维修。维修资金的筹集、使用情况应当公布。维修资金的使用管理、投资运营由国务院另行规定。

(二)《物业管理条例》相关条款的修改建议

第八条 物业管理区域内全体业主组成业主大会,选举业主委员会和业主监事会。业主委员会根据业主大会的授权以物业区域为单位设立法人团体,业主大会是法人团体的决策机构,业主委员会是法人团体的执行机构,业主监事会是法人团体的监督机构。

业主大会应当代表和维护物业管理区域内全体业主在物业管理活动中的合法权益。

第九条 一个物业管理区域成立一个法人团体。

物业管理区域的划分应当考虑物业的共用设施设备、建筑物规模、社区建设等因素。具体办法由省、自治区、直辖市制定。

第十条 同一个物业管理区域内的业主,应当在物业所在地的区、县人民政府房地产行政主管部门或者街道办事处、乡镇人民政府的指导下成立业主大会,并选举产生业主委员会,并注册成立法人团体。但是,只有一个业主的,或者业主人数较少且经全体业主一致同意,决定不成立业主大会或法人团体的,经主管机构批准后,由业主共同履行业主大会、业主委员会职责。

第十二条 法人团体的业主大会分为临时会议和定期会议。业主可以委托代理人参加业主大会会议。

业主大会决定本条例第十一条第(五)项和第(六)项规定的事项,法人团体应当经占总人数五分之一以上的业主同意;决定本条例第十一条规定的其他事项,法人团体应当经占总人数十分之一以上的业主同意。

法人团体的决定,对全体业主具有约束力。

业主认为法人团体通过业主大会或者业主委员会作出的决定侵害其合法权益的,有权向人民法院提起诉讼。

可在此基础上重新修订《物业管理条例实施细则》,详细规定法人团体的设立程序、组织机构、议事规则、权利义务、法律责任等。

二、住宅专项维修资金管理条例(立法建议稿)

国务院　令　第　号

第一章　总　　则

第一条　为了加强对住宅专项维修资金的管理,保障住宅共用部位、共用设施设备的维修和正常使用,维护住宅专项维修资金所有者的合法权益,根据《物权法》等法律,制定本条例。

第二条　商品住宅、售后公有住房住宅和共有产权住房专项维修资金的交存、使用、管理和监督,适用本办法。

本办法所称住宅专项维修资金,是指专项用于住宅共用部位、共用设施设备保修期满后的维修、更新和改造的资金。

第三条　本办法所称住宅共用部位,是指根据法律、法规和房屋买卖合同,由单幢住宅内业主或者单幢住宅内业主及与之结构相连的非住宅业主共有的部位,一般包括:住宅的基础、承重墙体、柱、梁、楼板、屋顶以及户外的墙面、门厅、楼梯间、走廊通道等。

本办法所称共用设施设备,是指根据法律、法规和房屋买卖合同,由住宅业主或者住宅业主及有关非住宅业主共有的附属设施设备,一般包括电梯、天线、照明、消防设施、绿地、道路、路灯、沟渠、池、井、非经营性车场车库、公益性文体设施和共用设施设备使用的房屋等。

第四条　住宅专项维修资金由法人团体负责管理,实行专户存储、专款专用、委托运营、政府监督的原则。

第五条　国务院建设主管部门会同国务院财政部门负责全国住宅专项维修资金管理、运营的指导和监督工作。

县级以上地方人民政府住房与城乡建设主管部门会同同级财政部门负责

本行政区域内住宅专项维修资金管理、运营的指导和监督工作。

第二章 交 存

第六条 下列物业的业主应当按照本办法的规定交存住宅专项维修资金:

(一)住宅,但一个业主所有且与其他物业不具有共用部位、共用设施设备的除外;

(二)住宅小区内的非住宅或者住宅小区外与单幢住宅结构相连的非住宅。

前款所列物业属于出售公有住房的,售房单位应当按照本办法的规定交存住宅专项维修资金。

第七条 商品住宅的业主、非住宅的业主按照所拥有物业的建筑面积交存住宅专项维修资金,每平方米建筑面积交存首期住宅专项维修资金的数额为当地住宅建筑安装工程每平方米造价的5%至8%。后续需要补交的,由法人团体决定交纳数额、交纳方式(按月交纳或一次性交纳)和交纳时间等。

直辖市、市、县人民政府住房与城乡建设主管部门应当根据本地区情况,合理确定、公布每平方米建筑面积交存首期住宅专项维修资金的数额,并适时调整。

第八条 出售公有住房的,按照下列规定交存住宅专项维修资金:

(一)业主按照所拥有物业的建筑面积交存住宅专项维修资金,每平方米建筑面积交存首期住宅专项维修资金的数额为当地房改成本价的2%;

(二)售房单位按照多层住宅不低于售房款的20%、高层住宅不低于售房款的30%的比例,从售房款中一次性提取住宅专项维修资金;

(三)后续需要补交的,由法人团体决定交纳数额、交纳方式(按月交纳或一次性交纳)和交纳时间等。

第九条 业主交存的住宅专项维修资金属于业主的共有私产,法人团体享有法人财产权。

第十条 业主大会和法人团体成立前,商品住宅业主、非住宅业主交存的住宅专项维修资金,由物业所在地直辖市、市、县人民政府住房与城乡建设主管部门代管。

直辖市、市、县人民政府住房与城乡建设主管部门应当委托所在地一家商业银行,作为本行政区域内住宅专项维修资金的托管银行,并在托管银行开立住宅专项维修资金专户。

开立住宅专项维修资金专户,应当以物业管理区域为单位设账,按房屋户门号设分户账;未划定物业管理区域的,以幢为单位设账,按房屋户门号设分户账。

第十一条 业主大会成立前,已售公有住房住宅专项维修资金,由物业所在地直辖市、市、县人民政府财政部门或者住房与城乡建设主管部门负责管理。

负责管理公有住房住宅专项维修资金的部门应当委托所在地一家商业银行,作为本行政区域内公有住房住宅专项维修资金的托管银行,并在资金托管银行开立公有住房住宅专项维修资金专户。

开立公有住房住宅专项维修资金专户,应当按照售房单位设账,按幢设分账;其中,业主交存的住宅专项维修资金,按房屋户门号设分户账。

第十二条 商品住宅的业主应当在办理房屋入住手续前,将首期住宅专项维修资金存入住宅专项维修资金专户。

已售公有住房的业主应当在办理房屋入住手续前,将首期住宅专项维修资金存入公有住房住宅专项维修资金专户或者交由售房单位存入公有住房住宅专项维修资金专户。

公有住房售房单位应当在收到售房款之日起30日内,将提取的住宅专项维修资金存入公有住房住宅专项维修资金专户。

第十三条 未按本办法规定交存首期住宅专项维修资金的,开发建设单位或者公有住房售房单位不得将房屋交付于购买人。

第十四条 资金托管银行、代收住宅专项维修资金的售房单位应当出具由财政部或者省、自治区、直辖市人民政府财政部门统一监制的住宅专项维修资金专用票据。

第十五条 业主大会和法人团体成立后,应当按照下列规定划转业主交存的住宅专项维修资金:

(一)法人团体应当委托所在地一家商业银行作为本物业管理区域内住宅专项维修资金的托管银行,并在专户管理银行开立住宅专项维修资金专户。

开立住宅专项维修资金专户,应当以物业管理区域为单位设账,按房屋户门号设分户账。

（二）法人团体应当通知所在地直辖市、市、县人民政府住房与城乡建设主管部门；涉及已售公有住房的，应当通知负责管理公有住房住宅专项维修资金的部门。

（三）直辖市、市、县人民政府住房与城乡建设主管部门或者负责管理公有住房住宅专项维修资金的部门应当在收到通知之日起30日内，通知资金托管银行将该物业管理区域内业主交存的住宅专项维修资金账面余额划转至法人团体开立的住宅专项维修资金账户，并将有关账目等移交法人团体。

第十六条 住宅专项维修资金划转后的账目管理单位，由法人团体决定。账目管理单位可由资金托管银行承担，住宅专项维修资金托管制度由国务院相关部门另行规定。

法人团体开立的住宅专项维修资金账户，应当接受所在地直辖市、市、县人民政府住房与城乡建设主管部门的监督。

第十七条 业主分户账面住宅专项维修资金余额不足首期交存额30%的，应当及时续交。

成立业主大会和法人团体的，续交方案由法人团体决定。

未成立业主大会和法人团体的，续交的具体管理办法由直辖市、市、县人民政府住房与城乡建设主管部门会同同级财政部门制定。

第三章 使　　用

第十八条 住宅专项维修资金应当专项用于住宅共用部位、共用设施设备保修期满后的维修、更新和改造，不得挪作他用。

第十九条 住宅专项维修资金的使用，应当遵循方便快捷、公开透明、受益人和负担人相一致的原则。

第二十条 住宅共用部位、共用设施设备的维修、更新和改造费用，按照下列规定分摊：

（一）商品住宅之间或者商品住宅与非住宅之间共用部位、共用设施设备的维修、更新和改造费用，由相关业主按照各自拥有的物业建筑面积的比例分摊。

（二）售后公有住房之间共用部位、共用设施设备的维修、更新和改造费用，由相关业主和公有住房售房单位按照所交存的住宅专项维修资金的比例分摊；其中，应由业主承担的，再由相关业主按照各自拥有的物业建筑面积的比例分摊。

（三）售后公有住房与商品住宅或者非住宅之间共用部位、共用设施设备的维修、更新和改造费用，先按照建筑面积比例分摊到各相关物业。其中，售后公有住房应分摊的费用，再由相关业主和公有住房售房单位按照所交存的住宅专项维修资金的比例分摊。

第二十一条 住宅共用部位、共用设施设备维修、更新和改造，涉及尚未售出的商品住宅、非住宅或者公有住房的，开发建设单位或者公有住房单位应当按照尚未售出商品住宅或者公有住房的建筑面积，分摊维修、更新和改造费用。

第二十二条 住宅专项维修资金划转法人团体管理前，需要使用住宅专项维修资金的，按照以下程序办理：

（一）物业服务企业根据维修、更新和改造项目提出使用建议；没有物业服务企业的，由相关业主提出使用建议。

（二）住宅专项维修资金列支范围内专有部分占建筑物总面积二分之一以上的业主出席会议，且占出席人数二分之一以上的业主讨论通过使用建议；

（三）物业服务企业或者相关业主组织实施使用方案。

（四）物业服务企业或者相关业主持有关材料，向所在地直辖市、市、县人民政府住房与城乡建设主管部门申请列支；其中，动用公有住房住宅专项维修资金的，向负责管理公有住房住宅专项维修资金的部门申请列支。

（五）直辖市、市、县人民政府住房与城乡建设主管部门或者负责管理公有住房住宅专项维修资金的部门审核同意后，向资金托管银行发出划转住宅专项维修资金的通知。

（六）资金托管银行将所需住宅专项维修资金划转至维修单位。

第二十三条 住宅专项维修资金划转法人团体管理后，需要使用住宅专项维修资金的，按照以下程序办理：

（一）物业服务企业提出使用方案，使用方案应当包括拟维修、更新和改造的项目、费用预算、列支范围、发生危及房屋安全等紧急情况以及其他需临时使用住宅专项维修资金的情况的处置办法等。

（二）法人团体召开业主大会，业主大会依法通过使用方案。

（三）物业服务企业组织实施使用方案。

（四）物业服务企业持有关材料向业主委员会提出列支住宅专项维修资金；其中，动用公有住房住宅专项维修资金的，向负责管理公有住房住宅专项维修资金的部门申请列支。

(五)业主委员会依据使用方案审核同意,并报直辖市、市、县人民政府住房与城乡建设主管部门备案;动用公有住房住宅专项维修资金的,经负责管理公有住房住宅专项维修资金的部门审核同意;直辖市、市、县人民政府住房与城乡建设主管部门或者负责管理公有住房住宅专项维修资金的部门发现维修资金的使用不符合有关法律、法规、规章和使用方案的,应当责令改正。

(六)业主委员会、负责管理公有住房住宅专项维修资金的部门向资金托管银行发出划转住宅专项维修资金的通知。

(七)资金托管银行将所需住宅专项维修资金划转至维修单位。

第二十四条 发生危及房屋安全等紧急情况,需要立即对住宅共用部位、共用设施设备进行维修、更新和改造的,按照以下规定列支住宅专项维修资金:

(一)住宅专项维修资金划转法人团体管理前,按照本办法第二十二条第(四)项、第(五)项、第(六)项的规定办理;

(二)住宅专项维修资金划转法人团体管理后,按照本办法第二十三条第(四)项、第(五)项、第(六)项和第(七)项的规定办理。

发生前款情况后,未按规定实施维修、更新和改造的,直辖市、市、县人民政府住房与城乡建设主管部门可以组织代修,维修费用从相关业主住宅专项维修资金分户账中列支;其中,涉及已售公有住房的,还应当从公有住房住宅专项维修资金中列支。

第二十五条 下列费用不得从住宅专项维修资金中列支:

(一)依法应当由建设单位或者施工单位承担的住宅共用部位、共用设施设备维修、更新和改造费用;

(二)依法应当由相关单位承担的供水、供电、供气、供热、通讯、有线电视等管线和设施设备的维修、养护费用;

(三)应当由当事人承担的因人为损坏住宅共用部位、共用设施设备所需的修复费用;

(四)根据物业服务合同约定,应当由物业服务企业承担的住宅共用部位、共用设施设备的维修和养护费用。

第二十六条 在保证住宅专项维修资金正常使用的前提下,以住宅专项维修资金为基础设立投资基金,法人团体委托投资管理人进行投资运营。有关住宅专项维修资金基金管理规定由国务院有关部门另行规定。

第二十七条 下列资金应当转入住宅专项维修资金滚存使用:

(一)住宅专项维修资金的存储利息;

(二)利用住宅专项维修资金投资运营的增值收益;

(三)利用住宅共用部位、共用设施设备进行经营的,业主所得收益,但法人团体另有决定的除外;

(四)住宅共用设施设备报废后回收的残值。

第四章 监督管理

第二十八条 房屋所有权转让时,业主应当向受让人说明住宅专项维修资金交存和结余情况并出具有效证明,该房屋分户账中结余的住宅专项维修资金随房屋所有权同时过户。

受让人应当持住宅专项维修资金过户的协议、房屋权属证书、身份证等到专户管理银行办理分户账更名手续。

第二十九条 房屋灭失的,按照以下规定返还住宅专项维修资金:

(一)房屋分户账中结余的住宅专项维修资金返还业主。

(二)售房单位交存的住宅专项维修资金账面余额返还售房单位;售房单位不存在的,按照售房单位财务隶属关系,收缴同级国库。

第三十条 直辖市、市、县人民政府住房与城乡建设主管部门,负责管理公有住房住宅专项维修资金的部门及法人团体,应当每年至少一次与资金托管银行核对住宅专项维修资金账目,并向业主、公有住房售房单位公布下列情况:

(一)住宅专项维修资金交存、使用、增值收益和结存的总额;

(二)发生列支的项目、费用和分摊情况;

(三)业主、公有住房售房单位分户账中住宅专项维修资金交存、使用、增值收益和结存的金额;

(四)其他有关住宅专项维修资金使用和管理的情况。

业主、公有住房售房单位对公布的情况有异议的,可以要求复核。

第三十一条 资金托管银行应当每年至少一次向直辖市、市、县人民政府住房与城乡建设主管部门,负责管理公有住房住宅专项维修资金的部门及法人团体发送住宅专项维修资金对账单。

直辖市、市、县住房与城乡建设主管部门,负责管理公有住房住宅专项维修资金的部门及法人团体对资金账户变化情况有异议的,可以要求资金托管银行进行复核。

资金托管银行应当建立住宅专项维修资金查询制度,接受业主、公有住房售房单位对其分户账中住宅专项维修资金使用、增值收益和账面余额的查询。

第三十二条 住宅专项维修资金的管理和使用,应当依法接受审计部门的审计监督。

第三十三条 住宅专项维修资金的财务管理和会计核算应当执行财政部有关规定。

财政部门应当加强对住宅专项维修资金收支财务管理和会计核算制度执行情况的监督。

第三十四条 住宅专项维修资金专用票据的购领、使用、保存、核销管理,应当按照财政部以及省、自治区、直辖市人民政府财政部门的有关规定执行,并接受财政部门的监督检查。

第五章 法律责任

第三十五条 公有住房售房单位有下列行为之一的,由县级以上地方人民政府财政部门会同同级住房与城乡建设主管部门责令其限期改正:

(一)未按本办法第八条、第十二条第三款规定交存住宅专项维修资金的;

(二)违反本办法第十二条规定将房屋交付买受人的;

(三)未按本办法第二十一条规定分摊维修、更新和改造费用的。

第三十六条 开发建设单位违反本办法第十三条规定将房屋交付买受人的,由县级以上地方人民政府住房与城乡建设主管部门责令限期改正;逾期不改正的,处以10万元以上、30万元以下的罚款。

开发建设单位未按本办法第二十一条规定分摊维修、更新和改造费用的,由县级以上地方人民政府住房与城乡建设主管部门责令限期改正;逾期不改正的,处以3万元以上、10万元以下的罚款。

第三十七条 违反本办法规定,挪用住宅专项维修资金的,由县级以上地方人民政府住房与城乡建设主管部门追回挪用的住宅专项维修资金的,没收违法所得,可以并处挪用金额2倍以下的罚款;构成犯罪的,依法追究直接负责的主管人员和其他直接责任人员的刑事责任。

业主委员会挪用住宅专项维修资金的，没收违法所得，可以并处挪用金额2倍以下的罚款；构成犯罪的，依法追究直接责任人员的刑事责任。

直辖市、市、县人民政府住房与城乡建设主管部门挪用住宅专项维修资金的，由上一级人民政府住房与城乡建设主管部门追回挪用的住宅专项维修资金，对直接负责的主管人员和其他直接责任人员依法给予处分；构成犯罪的，依法追究刑事责任。

直辖市、市、县人民政府财政部门挪用住宅专项维修资金的，由上一级人民政府财政部门追回挪用的住宅专项维修资金，对直接负责的主管人员和其他直接责任人员依法给予处分；造成损失的，依法赔偿；构成犯罪的，依法追究刑事责任。

第三十八条 直辖市、市、县人民政府住房与城乡建设主管部门违反本办法第二十六条规定的，由上一级人民政府住房与城乡建设主管部门责令限期改正，对直接负责的主管人员和其他直接责任人员依法给予处分；造成损失的，依法赔偿；构成犯罪的，依法追究刑事责任。

直辖市、市、县人民政府财政部门违反本办法第二十六条规定的，由上一级人民政府财政部门责令限期改正，对直接负责的主管人员和其他直接责任人员依法给予处分；造成损失的，依法赔偿；构成犯罪的，依法追究刑事责任。

法人团体违反本办法第二十六条规定的，由直辖市、市、县人民政府住房与城乡建设主管部门责令改正，并追究直接责任人员法律责任。

第三十九条 对违反住宅专项维修资金专用票据管理规定的行为，按照《财政违法行为处罚处分条例》的有关规定追究法律责任。

第四十条 县级以上人民政府住房与城乡建设主管部门、财政部门及其工作人员利用职务上的便利，收受他人财物或者其他好处，不依法履行监督管理职责，或者发现违法行为不予查处的，依法给予处分；构成犯罪的，依法追究刑事责任。

第六章 附 则

第四十一条 省、自治区、直辖市人民政府可以依据本办法，制定实施细则。

第四十二条 本办法自　　年　月　日起施行，2007年10月30日建设部、财政部发布的《住宅专项维修资金管理办法》(165号令)同时废止。

三、住宅专项维修资金基金投资管理办法(立法建议稿)

中华人民共和国住房与城乡建设部
中国银行保险监督管理委员会
中国证券监督管理委员会
令　第　号

第一章　总　　则

第一条　为维护住房维修资金各方当事人的合法权益,规范住房维修资金基金管理,根据《物权法》《信托法》《合同法》《证券投资基金法》住宅专项维修资金管理条例等法律和国务院有关规定,制定本办法。

第二条　住房维修资金基金的受托管理、账户管理、托管、投资管理以及监督管理适用本办法。

本办法所称住房维修资金基金,是指根据依法筹集的住房专项维修资金及其投资运营收益形成的住房维修保障基金。

第三条　各小区的法人团体作为委托人,与住房维修资金基金账户管理机构(以下简称账户管理人)、住房维修资金基金托管机构(以下简称托管人)和住房维修资金基金投资管理机构(以下简称投资管理人)分别签订委托管理合同。

第四条　委托人应当将委托管理合同报本级人民政府住房与城乡建设主管部门备案。

第五条　一个小区的法人团体只能委托一个账户管理人和一个托管人,可以根据资产规模大小选择适量的投资管理人。

第六条　同一住房维修资金基金中,托管人与投资管理人不得为同一人;托管人与投资管理人、投资管理人与其他投资管理人的总经理和相关从业人员,不得相互兼任。

第七条　住房维修资金缴费必须归集到受托财产托管账户,并在45日内划入投资资产托管账户。住房维修资金基金财产独立于受益人、委托人(法人团体)、账户管理人、托管人、投资管理人和其他为住房维修资金基金管理提供服务的自然人、法人或者其他组织的固有财产及其管理的其他财产。

住房维修资金基金财产的管理、运用或者其他情形取得的财产和收益,应当归入基金财产。

第八条 委托人、账户管理人、托管人、投资管理人和其他为住房维修资金基金管理提供服务的自然人、法人或者其他组织,因依法解散、被依法撤销或者被依法宣告破产等原因进行终止清算的,住房维修资金基金财产不属于其清算财产。

第九条 住房维修资金基金财产的债权,不得与受益人、委托人、账户管理人、托管人、投资管理人和其他为住房维修资金基金管理提供服务的自然人、法人或者其他组织固有财产的债务相互抵销。不同小区的住房维修资金基金债权债务,不得相互抵销。

第十条 非因住房维修资金基金财产本身承担的债务,不得对基金财产强制执行。

第十一条 账户管理人、托管人、投资管理人和其他为住房维修资金基金管理提供服务的自然人、法人或者其他组织必须恪尽职守,履行诚实、信用、谨慎、勤勉的义务。

第二章 账户管理人

第十二条 本办法所称账户管理人,是指接受法人团体委托管理住房维修资金基金账户的专业机构。

第十三条 账户管理人应当具备下列条件:

(一)经国家有关部门批准,在中国境内注册的独立法人;

(二)注册资本不少于5亿元人民币,且在任何时候都维持不少于5亿元人民币的净资产;

(三)具有完善的法人治理结构;

(四)取得基金从业资格的专职人员达到规定人数;

(五)具有相应的基金账户信息管理系统;

(六)具有符合要求的营业场所、安全防范设施和与基金账户管理业务有关的其他设施;

(七)具有完善的内部稽核监控制度和风险控制制度;

(八)近3年没有重大违法违规行为;

(九)国家规定的其他条件。

第十四条 账户管理人应当履行下列职责:

(一)建立住房维修资金基金小区账户和个人账户;

(二)记录企业、个人缴费以及住房维修资金基金投资收益;

(三)定期与托管人核对缴费数据以及住房维修资金基金账户财产变化状况,及时将核对结果提交委托人;

(四)向法人团体和个人提供住房维修资金基金企业账户和个人账户信息查询服务;

(五)定期向委托人提交账户管理数据等信息以及住房维修资金基金账户管理报告,定期向有关监管部门提交开展住房维修资金基金账户管理业务情况的报告;

(六)按照国家规定保存住房维修资金基金账户管理档案自合同终止之日起至少15年;

(七)国家规定和合同约定的其他职责。

第十五条 有下列情形之一的,账户管理人职责终止:

(一)违反与委托人合同约定的;

(二)利用住房维修资金基金财产为其谋取利益,或者为他人谋取不正当利益的;

(三)依法解散、被依法撤销、被依法宣告破产或者被依法接管的;

(四)被依法取消住房维修资金基金账户管理业务资格的;

(五)受托人有证据认为更换账户管理人符合受益人利益的;

(六)有关监管部门有充分理由和依据认为更换账户管理人符合受益人利益的;

(七)国家规定和合同约定的其他情形。

第十六条 账户管理人职责终止的,受托人应当在45日内确定新的账户管理人。

账户管理人职责终止的,应当妥善保管住房维修资金基金账户管理资料,在45日内办理完毕账户管理业务移交手续,新账户管理人应当接收并行使相应职责。

第三章　托　管　人

第十七条　本办法所称托管人，是指接受法人团体委托保管住房维修资金基金财产的商业银行。

第十八条　托管人应当具备下列条件：

(一)经国家金融监管部门批准，在中国境内注册的独立法人；

(二)注册资本不少于50亿元人民币，且在任何时候都维持不少于50亿元人民币的净资产；

(三)具有完善的法人治理结构；

(四)设有专门的资产托管部门；

(五)取得基金从业资格的专职人员达到规定人数；

(六)具有保管住房维修资金基金财产的条件；

(七)具有安全高效的清算、交割系统；

(八)具有符合要求的营业场所、安全防范设施和与住房维修资金基金托管业务有关的其他设施；

(九)具有完善的内部稽核监控制度和风险控制制度；

(十)近3年没有重大违法违规行为；

(十一)国家规定的其他条件。

第十九条　托管人应当履行下列职责：

(一)安全保管住房维修资金基金财产；

(二)以住房维修资金基金名义开设基金财产的资金账户和证券账户等；

(三)对所托管的不同住房维修资金基金财产分别设置账户，确保基金财产的完整和独立；

(四)根据委托人指令，向投资管理人分配住房维修资金基金财产；

(五)及时办理清算、交割事宜；

(六)负责住房维修资金基金会计核算和估值，复核、审查和确认投资管理人计算的基金财产净值；

(七)根据委托人指令，向受益人发放住房维修资金待遇；

(八)定期与账户管理人、投资管理人核对有关数据；

(九)按照规定监督投资管理人的投资运作，并定期向委托人报告投资监督情况；

(十)定期向委托人提交住房维修资金基金托管和财务会计报告,定期向有关监管部门提交开展住房维修资金基金托管业务情况的报告;

(十一)按照国家规定保存住房维修资金基金托管业务活动记录、账册、报表和其他相关资料自合同终止之日起至少15年;

(十二)国家规定和合同约定的其他职责。

第二十条 托管人发现投资管理人依据交易程序尚未成立的投资指令违反法律、行政法规、其他有关规定或者合同约定的,应当拒绝执行,立即通知投资管理人,并及时向委托人和有关监管部门报告。

托管人发现投资管理人依据交易程序已经成立的投资指令违反法律、行政法规、其他有关规定或者合同约定的,应当立即通知投资管理人,并及时向受托人和有关监管部门报告。

第二十一条 有下列情形之一的,托管人职责终止:

(一)违反与委托人合同约定的;

(二)利用住房维修资金基金财产为其谋取利益,或者为他人谋取不正当利益的;

(三)依法解散、被依法撤销、被依法宣告破产或者被依法接管的;

(四)被依法取消住房维修资金基金托管业务资格的;

(五)委托人有证据认为更换托管人符合受益人利益的;

(六)有关监管部门有充分理由和依据认为更换托管人符合受益人利益的;

(七)国家规定和合同约定的其他情形。

第二十二条 托管人职责终止的,委托人应当在45日内确定新的托管人。

托管人职责终止的,应当妥善保管住房维修资金基金托管资料,在45日内办理完毕托管业务移交手续,新托管人应当接收并行使相应职责。

第二十三条 禁止托管人有下列行为:

(一)托管的住房维修资金基金财产与其固有财产混合管理;

(二)托管的住房维修资金基金财产与托管的其他财产混合管理;

(三)托管的不同小区的住房维修资金基金财产混合管理;

(四)侵占、挪用托管的住房维修资金基金财产;

(五)国家规定和合同约定禁止的其他行为。

第四章　投资管理人

第二十四条　本办法所称投资管理人,是指接受法人团体委托投资管理住房维修资金基金财产的专业机构。

第二十五条　投资管理人应当具备下列条件:

(一)经国家金融监管部门批准,在中国境内注册,具有受托投资管理、基金管理或者资产管理资格的独立法人。

(二)具有证券资产管理业务的证券公司注册资本不少于 10 亿元人民币,且在任何时候都维持不少于 10 亿元人民币的净资产;信托公司注册资本不少于 3 亿元人民币,且在任何时候都维持不少于 3 亿元人民币的净资产;基金管理公司、保险资产管理公司、证券资产管理公司或者其他专业投资机构注册资本不少于 1 亿元人民币,且在任何时候都维持不少于 1 亿元人民币的净资产。

(三)具有完善的法人治理结构。

(四)取得基金从业资格的专职人员达到规定人数。

(五)具有符合要求的营业场所、安全防范设施和与住房维修资金基金投资管理业务有关的其他设施。

(六)具有完善的内部稽核监控制度和风险控制制度。

(七)近 3 年没有重大违法违规行为。

(八)国家规定的其他条件。

第二十六条　投资管理人应当履行下列职责:

(一)对住房维修资金基金财产进行投资;

(二)及时与托管人核对住房维修资金基金会计核算和估值结果;

(三)建立住房维修资金基金投资管理风险准备金;

(四)定期向委托人提交住房维修资金基金投资管理报告,定期向有关监管部门提交开展住房维修资金基金投资管理业务情况的报告;

(五)根据国家规定保存住房维修资金基金财产会计凭证、会计账簿、年度财务会计报告和投资记录自合同终止之日起至少 15 年;

(六)国家规定和合同约定的其他职责。

第二十七条　有下列情形之一的,投资管理人应当及时向委托人报告:

(一)住房维修资金基金单位净值大幅度波动的;

(二)可能使住房维修资金基金财产受到重大影响的有关事项；

(三)国家规定和合同约定的其他情形。

第二十八条 有下列情形之一的，投资管理人职责终止：

(一)违反与委托人合同约定的；

(二)利用住房维修资金基金财产为其谋取利益，或者为他人谋取不正当利益的；

(三)依法解散、被依法撤销、被依法宣告破产或者被依法接管的；

(四)被依法取消住房维修资金基金投资管理业务资格的；

(五)委托人有证据认为更换投资管理人符合受益人利益的；

(六)有关监管部门有充分理由和依据认为更换投资管理人符合受益人利益的；

(七)国家规定和合同约定的其他情形。

第二十九条 投资管理人职责终止的，委托人应当在45日内确定新的投资管理人。

投资管理人职责终止的，应当妥善保管住房维修资金基金投资管理资料，在45日内办理完毕投资管理业务移交手续，新投资管理人应当接收并行使相应职责。

第三十条 禁止投资管理人有下列行为：

(一)将其固有财产或者他人财产混同于住房维修资金基金财产；

(二)不公平对待住房维修资金基金财产与其管理的其他财产；

(三)不公平对待其管理的不同住房维修资金基金财产；

(四)侵占、挪用住房维修资金基金财产；

(五)承诺、变相承诺保本或者保证收益；

(六)利用所管理的其他资产为住房维修资金的委托人、受益人或者相关管理人谋取不正当利益；

(七)国家规定和合同约定禁止的其他行为。

第五章 基金投资

第三十一条 住房维修资金基金投资管理应当遵循谨慎、分散风险的原则，充分考虑住房维修资金基金财产的安全性、收益性和流动性，实行专业化管理。

第三十二条 住房维修资金基金财产限于境内投资，投资范围包括银行存款、国债、中央银行票据、债券回购、万能保险产品、投资连结保险产品、证券投资基金、股票，以及信用等级在投资级以上的金融债、企业（公司）债、可转换债（含分离交易可转换债）、短期融资券和中期票据等金融产品。

第三十三条 每个投资组合的住房维修资金基金财产应当由一个投资管理人管理，住房维修资金基金财产以投资组合为单位按照公允价值计算应当符合下列规定：

（一）投资银行活期存款、中央银行票据、债券回购等流动性产品以及货币市场基金的比例，不得低于投资组合住房维修资金基金财产净值的5%；清算备付金、证券清算款以及一级市场证券申购资金视为流动性资产；投资债券正回购的比例不得高于投资组合住房维修资金基金财产净值的40%。

（二）投资银行定期存款、协议存款、国债、金融债、企业（公司）债、短期融资券、中期票据、万能保险产品等固定收益类产品以及可转换债（含分离交易可转换债）、债券基金、投资连结保险产品（股票投资比例不高于30%）的比例，不得高于投资组合住房维修资金基金财产净值的95%。

（三）投资股票等权益类产品以及股票基金、混合基金、投资连结保险产品（股票投资比例高于或者等于30%）的比例，不得高于投资组合住房维修资金基金财产净值的30%。其中，住房维修资金基金不得直接投资于权证，但因投资股票、分离交易可转换债等投资品种而衍生获得的权证，应当在权证上市交易之日起10个交易日内卖出。

第三十四条 根据金融市场变化和投资运作情况，住房与城乡建设部会同中国银行保险监督委员会、中国证监会，适时对投资范围和比例进行调整。

第三十五条 单个投资组合的住房维修资金基金财产，投资于一家企业所发行的股票，单期发行的同一品种短期融资券、中期票据、金融债、企业（公司）债、可转换债（含分离交易可转换债），单只证券投资基金，单个万能保险产品或者投资连结保险产品，分别不得超过该企业上述证券发行量、该基金份额或者该保险产品资产管理规模的5%；按照公允价值计算，也不得超过该投资组合住房维修资金基金财产净值的10%。

单个投资组合的住房维修资金基金财产，投资于经备案的符合第三十二条投资比例规定的单只养老金产品，不得超过该投资组合住房维修资金基金财产净值的30%，不受上述10%规定的限制。

第三十六条 投资管理人管理的住房维修资金基金财产投资于自己管理的金融产品须经委托人同意。

第三十七条 因证券市场波动、上市公司合并、基金规模变动等投资管理人之外的因素致使住房维修资金基金投资不符合本办法第三十二条、第三十四条规定的比例或者合同约定的投资比例的,投资管理人应当在可上市交易之日起10个交易日内调整完毕。

第三十八条 住房维修资金基金证券交易以现货和国务院规定的其他方式进行,不得用于向他人贷款和提供担保。

投资管理人不得从事使住房维修资金基金财产承担无限责任的投资。

第六章 收益分配及费用

第三十九条 账户管理人应当采用份额计量方式进行账户管理,根据住房维修资金基金单位净值,按周或者按日足额记入住房维修资金基金小区账户和个人账户。

第四十条 账户管理人的管理费按照每户每月不超过5元人民币的限额,从受益人个人账户中扣除。

第四十一条 托管人年度提取的管理费不高于托管住房维修资金基金财产净值的0.2%。

第四十二条 投资管理人年度提取的管理费不高于投资管理住房维修资金基金财产净值的1.2%。

第四十三条 根据住房维修资金基金管理情况,住房与城乡建设部会同中国银行保险监督委员会和中国证监会,适时对有关管理费进行调整。

第四十四条 投资管理人从当期收取的管理费中,提取20%作为住房维修资金基金投资管理风险准备金,专项用于弥补合同终止时所管理投资组合的住房维修资金基金当期委托投资资产的投资亏损。

第四十五条 当合同终止时,如所管理投资组合的住房维修资金基金财产净值低于当期委托投资资产的,投资管理人应当用风险准备金弥补该时点的当期委托投资资产亏损,直至该投资组合风险准备金弥补完毕;如所管理投资组合的住房维修资金基金当期委托投资资产没有发生投资亏损或者风险准备金弥补后有剩余的,风险准备金划归投资管理人所有。

第四十六条 住房维修资金基金投资管理风险准备金应当存放于投资管

理人在托管人处开立的专用存款账户,余额达到投资管理人所管理投资组合基金财产净值的10%时可以不再提取。托管人不得对投资管理风险准备金账户收取费用。

第四十七条 风险准备金由投资管理人进行管理,可以投资于银行存款、国债等高流动性、低风险金融产品。风险准备金产生的投资收益,应当纳入风险准备金管理。

第七章 信息披露

第四十八条 法人团体应当在年度结束后60日内向业主提交住房维修资金使用、管理和财务会计年度报告。

第四十九条 账户管理人应当在每季度结束后15日内向委托人提交住房维修资金基金账户管理季度报告;并应当在每年度结束后45日内向受托人提交住房维修资金基金账户管理年度报告。

第五十条 托管人应当在每季度结束后15日内向委托人提交住房维修资金基金托管和财务会计季度报告;并应当在每年度结束后45日内向受托人提交住房维修资金基金托管和财务会计年度报告。

第五十一条 投资管理人应当在每季度结束后15日内向委托人提交经托管人确认财务管理数据的住房维修资金基金投资组合季度报告;并应当在每年度结束后45日内向受托人提交经托管人确认财务管理数据的住房维修资金基金投资管理年度报告。

第五十二条 账户管理人、托管人和投资管理人发生下列情形之一的,应当及时向住房与城乡建设部报告;账户管理人、托管人和投资管理人应当同时抄报委托人:

(一)减资、合并、分立、依法解散、被依法撤销、决定申请破产或者被申请破产的;

(二)涉及重大诉讼或者仲裁的;

(三)董事长、总经理、直接负责住房维修资金业务的高级管理人员发生变动的;

(四)国家规定的其他情形。

第五十三条 账户管理人、托管人和投资管理人应当按照规定报告住房维修资金基金管理情况,并对所报告内容的真实性、完整性负责。

第八章　监督检查

第五十四条　账户管理人、托管人、投资管理人开展住房维修资金基金管理相关业务,应当向住房与城乡建设部提出申请。账户管理人、投资管理人向住房与城乡建设部提出申请前应当先经其业务监管部门同意,托管人向住房与城乡建设部提出申请前应当先向其业务监管部门备案。

第五十五条　住房与城乡建设部收到账户管理人、托管人、投资管理人的申请后,应当组织专家评审委员会,按照规定进行审慎评审。经评审符合条件的,由住房与城乡建设部会同有关部门确认公告;经评审不符合条件的,应当书面通知申请人。

专家评审委员会由有关部门代表和社会专业人士组成。每次参加评审的专家应当从专家评审委员会中随机抽取产生。

第五十六条　账户管理人、托管人、投资管理人开展住房维修资金基金管理相关业务,应当接受住房与城乡建设行政部门的监管。

账户管理人、托管人和投资管理人的业务监管部门按照各自职责对其经营活动进行监督。

第五十七条　住房与城乡建设行政部门依法履行监督管理职责,可以采取以下措施:

(一)查询、记录、复制与被调查事项有关的住房维修资金基金管理合同、财务会计报告等资料;

(二)询问和调查与事项有关的单位和个人,要求其对有关问题做出说明、提供有关证明材料;

(三)国家规定的其他措施。

委托人、账户管理人、托管人、投资管理人和其他为住房维修资金基金管理提供服务的自然人、法人或者其他组织,应当积极配合检查,如实提供有关资料,不得拒绝、阻挠或者逃避检查,不得谎报、隐匿或者销毁相关证据材料。

第五十八条　住房与城乡建设行政部门依法进行调查或者检查时,应当至少由两人共同进行,并出示证件,承担下列义务:

(一)依法履行职责,秉公执法,不得利用职务之便谋取私利;

(二)保守在调查或者检查时知悉的商业秘密;

(三)为举报人员保密。

第五十九条 账户管理人、托管人、投资管理人违反本办法规定或者住房维修资金基金管理费、信息披露相关规定的，由住房与城乡建设行政部门责令改正。

第六十条 受托人、账户管理人、托管人、投资管理人发生违法违规行为可能影响住房维修资金基金财产安全的，或者经责令改正而不改正的，由住房与城乡建设部暂停其接收新的住房维修资金基金管理业务。给住房维修资金基金财产或者受益人利益造成损害的，依法承担赔偿责任；构成犯罪的，依法追究刑事责任。

第六十一条 住房与城乡建设行政部门将账户管理人、托管人、投资管理人违法行为、处理结果以及改正情况予以记录，同时抄送业务监管部门。在住房维修资金基金管理资格有效期内，有三次以上违法记录或者一次以上经责令改正而不改正的，在其资格到期之后 5 年内，不再受理其开展住房维修资金基金管理业务的申请。

第六十二条 会计师事务所和律师事务所提供住房维修资金中介服务应当严格遵守相关职业准则和行业规范。

第九章 附 则

第六十三条 住房维修资金基金管理，国务院另有规定的，从其规定。

第六十四条 本办法自　　年　月　日起施行。

参考文献

（一）马克思主义经典文献

[1][德]恩格斯：《家庭、私有制和国家的起源》，人民出版社1999年版。

[2][德]马克思：《马克思1844年经济学哲学手稿》，中共中央马克思恩格斯列宁斯大林著作编译局译，人民出版社2000年版。

[3][德]马克思、恩格斯：《德意志意识形态（节选本）》，人民出版社2003年版。

[4][德]马克思、恩格斯：《共产党宣言》，成仿吾译，人民出版社1978年版。

（二）中文著作

[1]董保华：《社会法原论》，中国政法大学出版社2001年版。

[2]韩志红：《经济法调整机制研究》，中国检察出版社2005年版。

[3]何宝玉：《英国信托法原理与判例》，法律出版社2001年版。

[4]李东方：《公司法学》（第2版），中国政法大学出版社2016年版。

[5]梁慧星：《中国物权法研究》（下册），法制出版社1998年版。

[6]刘剑文：《财税法总论》，北京大学出版社2016年版。

[7]刘少军、王一鹤:《经济法学总论》,中国政法大学出版社 2015 年版。

[8]刘文华:《中国经济法基础理论》,法律出版社 2012 年版。

[9]梅夏英:《财产权构造的基础分析》,人民法院出版社 2002 年版。

[10]潘静成、刘文华主编:《经济法》,史际春等撰稿,中国人民大学出版社 2008 年版。

[11]史际春、邓峰:《经济法总论》(第 2 版),法律出版社 2008 年版。

[12]佟柔:《中国民法》,法律出版社 1990 年版。

[13]王利明:《物权法论》,中国政法大学出版社 1998 年版。

[14]王铁雄:《财产权利平衡论——美国财产法理念之变迁路径》,中国法制出版社 2007 年版。

[15]王卫国、李东方:《经济法学》(第 3 版),中国政法大学出版社 2016 年版。

[16]王泽鉴:《民法物权》,北京大学出版社 2009 年版。

[17]王志诚:《信托法》,台北,五南图书出版有限公司 2005 年版。

[18]徐孟洲:《耦合经济法》,中国人民大学出版社 2010 年版。

[19]徐亦让、解庭晨、胡香桂:《人类财产发展史》,社会科学文献出版社 1999 年版。

[20]杨立新:《共有权理论与适用》,法律出版社 2007 年版。

[21]尹田:《法国物权法》,法律出版社 1998 年版。

[22]张世明:《经济法学理论演变研究》,中国民主法制出版社 2009 年版。

[23]张淞纶:《财产法哲学》,法律出版社 2016 年版。

[24]张效羽:《财产权公益限制的异化及其救赎》,国家行政学院出版社 2014 年版。

[25]赵萃萃:《英美财产法之 Estate 研究——以财产和财产权的分割为视角》,法律出版社 2015 年版。

[26]周立胜:《中西古代财产法律制度比较之文化进路》,法律出版社 2016 年版。

[27]周枏:《罗马法原论》(上册),商务印书馆 1994 年版。

[28]朱大旗:《金融法》(第 3 版),中国人民大学出版社 2015 年版。

(三)中文译著

[1][澳]斯蒂芬·巴克勒:《自然法与财产权理论:从格劳秀斯到休谟》,周清林译,法律出版社2014年版。

[2][德]鲍尔·施蒂尔纳:《德国物权法》(上册),张双根译,法律出版社2004年版。

[3][德]曼弗雷德·沃尔夫:《德国物权法》,吴越、李大雪译,新北,韦伯文化国际出版有限公司2006年版。

[4][美]埃莉诺·奥斯特罗姆:《公共事物的治理之道——集体行动制度的演进》,余逊达、陈旭东译,上海译文出版社2012年版。

[5][美]理查德·A. 波斯纳:《法律经济学》,蒋兆康译,中国大百科全书出版社1997年版。

[6][美]路易斯·卡普洛、斯蒂文·沙维尔:《公平与福利》,冯玉军等译,法律出版社2007年版。

[7][美]罗伯特·D. 考特、托马斯·S. 尤伦:《法和经济学》,施少华等译,上海财经大学出版社2002年版。

[8][美]迈克尔·赫勒:《困局经济学》,闾佳译,机械工业出版社2009年版。

[9][美]曼瑟尔·奥尔森:《集体行动的逻辑》,陈郁等译,格致出版社、上海人民出版社2014年版。

[10][美]史蒂文·L. 伊曼纽尔:《财产权》,中信出版社2003年版。

[11][美]斯蒂芬·芒泽:《财产理论》,彭诚信译,北京大学出版社2006年版。

[12][美]唐纳德·A. 威特曼:《法律经济学文献精选》,苏力等译,法律出版社2006年版。

[13][美]维托·坦茨:《政府与市场——变革中的政府职能》,王宇等译,商务印书馆2014年版。

[14][美]伊恩·艾瑞斯:《期权视阈下的法律权益结构》,朱莺等译,复旦大学出版社2014年版。

[15][美]约翰·克里斯特曼:《财产的神话——走向平等主义的所有权理论》,张绍宗译,广西师范大学出版社2004年版。

[16][日]我妻荣:《新订物权法》,罗丽译,中国法制出版社2008年版。

[17][古希腊]亚里士多德:《政治学》,姚仁权译,北京出版社2007年版。

[18][意]彼德罗·彭梵得:《罗马法教科书》,黄风译,中国政法大学出版社2005年版。

[19][英]F. H. 劳森、伯纳德·冉得:《英国财产法》,曹培译,法律出版社2009年版。

[20][英]霍布斯:《利维坦》,黎思复等译,商务印书馆2014年版。

[21][英]詹姆斯·塔利:《论财产权——约翰·洛克和他的对手》,王涛译,商务印书馆2014年版。

(四)中文论文

[1]蔡守秋:《论公众共用物的法律保护》,载《河北法学》2012年第4期。

[2]常鹏翱:《论可登记财产权的多元化》,载《现代法学》2016年第6期。

[3]陈华彬:《论建筑物区分所有权的剥夺——基于对德国法和日本法的分析》,载《法商研究》2011年第6期。

[4]陈华彬:《论区分所有建筑物的管理规约》,载《现代法学》2011年第4期。

[5]陈华彬:《区分所有建筑物修缮的法律问题》,载《中国法学》2014年第4期。

[6]陈家喜:《反思中国城市社区治理结构——基于合作治理的理论视角》,载《武汉大学学报》(哲学社会科学版)2015年第1期。

[7]陈霄:《德国宪法上的财产权保障与股东权利》,载《华东政法大学学报》2016年第1期。

[8]陈新岗:《"公地悲剧"与"反公地悲剧"理论在中国的应用研究》,载《山东社会科学》2005年第3期。

[9]陈占锋:《小区共有财产管理:模式类别与比较分析》,载《中国软科学》2010年第8期。

[10]戴孟勇:《物权法共有制度的反思与重构——关于我国〈物权法〉"共有"章的修改建议》,载《政治与法律》2017年第4期。

[11]戴永盛:《共有释论》,载《法学》2013年第12期。

[12]董慧凝:《信托财产范围的确定》,载《广东社会科学》2012年第5期。

[13]房绍坤:《论共有物分割判决的形成效力》,载《法学》2016年第11期。

[14]冯玉军:《亚当·斯密法律思想述评——以〈法理学讲义〉为中心》,载《中外法学》2016 年第 5 期。

[15]甘培忠、周游:《论当代企业组织形式变迁的趋同与整合——以国家需求与私人创新的契合为轴心 》,载《法学评论》2013 年第 6 期。

[16]何伟:《论混合经济》,载《经济学家》2004 年第 4 期。

[17]侯为民、孙咏梅:《论混合经济的三层含义——与何伟教授商榷》,载《经济学家》2006 年第 4 期。

[18]蒋大兴:《论私法的公共性维度——"公共性私法行为"的四维体系》,载《政法论坛》2016 年第 6 期。

[19]金锦萍:《专项维修资金监管问题研究》,载《政治与法律》2009 年第 2 期。

[20]寇宗来:《反公共地悲剧:一个捕鱼模型》,载《世界经济文汇》2002 年第 5 期。

[21]李石山:《按份共有中的"绝对多数决"处分规则》,载《法学》2009 年第 8 期。

[22]李锡鹤:《论共有》,载《法学》2003 年第 2 期。

[23]李锡鹤:《作为种类物之货币"占有即所有"无例外吗——兼论信托与捐赠财产的法律性质》,载《法学》2014 年第 7 期。

[24]李忠夏:《宪法上的"国家所有权":一场美丽的误会》,载《清华法学》2015 年第 5 期。

[25]刘继峰:《经济法理论的历史负重与现代化拓展》,载《学术论坛》2010 年第 7 期。

[26]刘剑文、王桦宇:《公共财产权的概念及其法治逻辑 》,载《中国社会科学》2014 年第 8 期。

[27]刘少军:《法财产基本类型与本质属性》,载《政法论坛》2006 年第 1 期。

[28]刘文华:《经济法理论在求实、创新中行进》,载《商丘师范学院学报》2012 年第 7 期。

[29]刘文华:《中国经济法的基本理论纲要》,载《江西财经大学学报》2001 年第 2 期。

[30]刘文华、郭飞飞:《包容性发展与经济法的耦合 》,载《政法论丛》

2013 年第 5 期。

[31]聂鑫:《财产权宪法化与近代中国社会本位立法》,载《中国社会科学》2016 年第 6 期。

[32]宁红丽:《共有人分管契约的基本构造》,载《法商研究》2003 年第 6 期。

[33]其木提:《货币所有权归属及其流转规则——对“占有即所有”原则的质疑》,载《法学》2009 年第 11 期。

[34]冉昊:《论两大法系财产法结构的共通性——英美法系双重所有权与大陆法系物权债权二元划分的功能类比》,载《环球法律评论》2006 年第 1 期。

[35]冉昊:《论英美财产法中的产权概念及其制度功能》,载《法律科学》2006 年第 5 期。

[36]任超:《区分所有建筑物共有部分的界定——从实证规范和理论学说的角度展开论述》,载《河北法学》2016 年第 5 期。

[37]史际春:《政府与市场关系的法治思考》,载《中共中央党校学报》2014 年第 6 期。

[38]税兵:《自然资源国家所有权双阶构造说》,载《法学研究》2013 年第 4 期。

[39]苏永钦:《法定物权的社会成本——两岸立法政策的比较与建议》,载《中国社会科学》2005 年第 6 期。

[40]孙宪忠:《“统一唯一国家所有权”理论的悖谬及改革切入点分析》,载《法律科学》2013 年第 3 期。

[41]孙宪忠:《我国物权法中所有权体系的应然结构》,载《法商研究》2002 年第 3 期。

[42]涂四益:《我国宪法之“公共财产”的前生今世——从李忠夏的〈宪法上的“国家所有权”:一场美丽的误会〉说起》,载《清华法学》2015 年第 5 期。

[43]王铁雄:《布莱克斯通的自然财产权理论》,载《河北法学》2016 年第 9 期。

[44]王涌:《财产权谱系、财产权法定主义与民法典〈财产法总则〉》,载《政法论坛》2016 年第 1 期。

[45]席月民:《我国信托业法的制定》,载《广东社会科学》2012 年第 5 期。

[46]肖泽晟:《宪法意义上的国家所有权》,载《法学》2014 年第 5 期。

[47]徐国栋:《“一切人共有的物”概念的沉浮——“英特纳雄耐尔”一定会实现》,载《法商研究》2006 年第 6 期。

[48]徐孟洲:《经济法的理念和价值范畴探讨》,载《社会科学》2011 年第 1 期。

[49]徐孟洲、徐阳光:《论公法私法融合与公私融合法——兼论〈十一五规划纲要〉中的公法私法融合现象》,载《法学杂志 》2007 年第 1 期。

[50]薛克鹏:《论政府经济行为的规制——以社会公共利益为视角 》,载《江西财经大学学报》2013 年第 6 期。

[51]杨红英、童露:《论混合所有制改革下的国有企业公司治理》,载《宏观经济研究》2015 年第 1 期。

[52]杨立新:《民法分则物权编应当规定物权法定缓和原则》,载《清华法学》2017 年第 2 期。

[53]杨师群:《中西方上古社会财产所有权法制建构的对立》,载《华东政法学院学报》2003 年第 6 期。

[54]叶祥松:《西方经济学的产权理论》,载《当代亚太》2001 年第 7 期。

[55]尤佳:《团体法视角下业主对公共物业财产权利的性质之反思》,载《法学家》2013 年第 2 期。

[56]尤佳:《业主共有权行使主体研究——一种团体主义视角下的法经济学分析进路》,载《法商研究》2013 年第 2 期。

[57]尤佳:《业主自治协议中专有权限制条款效力探析》,载《法律科学》2012 年第 5 期。

[58]湛志伟:《“公地悲剧”及其治理的博弈分析》,载《经济评论》2004 年第 3 期。

[59]张佩国:《“共有地”的制度发明》,载《社会学研究》2012 年第 5 期。

[60]张鹏:《按份共有人优先购买权制度的经济分析》,载《法商研究》2016 年第 1 期。

[61]张世明、王济东:《纵横统一说:刘文华与费肯杰经济法学理论比较研究》,载《商丘师范学院学报》2012 年第 7 期。

[62]张守文:《政府与市场关系的法律调整》,载《中国法学》2014 年第 5 期。

[63]张双根:《共有中的两个问题——兼谈对〈物权法(草案)〉“共有”章的一点看法》,载《比较法研究》2006 年第 2 期。

[64]张巍:《物权法定与物权自由的经济分析》,载《中国社会科学》2006 年第 4 期。

[65]赵红梅:《个体之人与集体之人——私法与社会法的人像区别之解析》,载《法商研究》2009 年第 2 期。

[66]赵秀梅:《共有物处分问题研究》,载《法学论坛》2013 年第 6 期。

[67]朱大旗、何遐祥:《中国经济法的立法突破与理论发展》,载《法学家》2008 年第 1 期。

[68]朱宇江:《“公地悲剧”与“反公地悲剧”对称性论证述评》,载《山西大学学报》(哲学社会科学版)2013 年第 3 期。

(五)外文专著

[1]Daniel H. Cole, *Pollution & Property—Comparing Ownership Institutions for Environmental Protection*, Cambridge University Press, 2002.

[2]ELY, James W. Jr., *The Guardian of Every Other Right—a Constitutional History of Property Rights*, Oxford University Press, 1992.

[3]Thomas W. Merrill, Henry E. Smith, *Property: Principle and Policies*, Foundation Press, 2007.

[4]J. E. Penner, *The Idea of Property in Law*, Oxford University Press, 1997.

[5]Michael Taylor, *Community anarchy and liberty*, Cambridge University Press, 1982.

[6]Bruce Ziff, *Principles of Property Law (Fifth Edition)*, Toronto, Carswell(A Division Thomson Reuters Canada Limited), 2010.

[7]Steven Shavell, *Foundations of Economic Analysis of Law*, the Belknap Press of Harvard University Press, 2004.

[8]Dwight Newman, *Community and Collective Rights—a Theoretical Framework for Rights Held by Groups*, Harting Publishing Ltd., 2011.

[9]J. W. Harris, *Property and Justice*, Oxford University Press, 1996.

[10]D. W. Ehrenfield, *Conserving Life on Earth*, Oxford University Press, 1973.

[11] William Blackstone (1766), *Commentaries on the Laws of England* (*II*), The University of Chicago Press, 1979.

[12] Terry L. Anderson, McChesney, *Property Rights—Cooperation, Conflict, and Law*, Princeton University Press, 2003.

(六)外文论文

[1] Gregory S. Alexander, "Dilemmas of Group Autonomy: Residential Associations and Community", *Cornell Law Review* 75(1), 1989.

[2] Gregory S. Alexander, "Pluralism and Property", *Fordham Law Review* 80(3), 2011.

[3] Terry L. Anderson, P. J. Hill, "Privatizing the Commons: An Improvement?", *Southern Economic Journal* 50(2), 1983.

[4] Zachary C. M. Arnold, "Against the Tide: Connecticut Oystering, Hybrid Property, and the Survival of the Commons", *TheYale Law Journal* 124(4), 2015.

[5] Jane B. Baron, "Rescuing the Bundle-of-Rights Metaphor in Property Law", *University of Cincinnati Law Review* 82(1), 2013.

[6] Abraham Bell, Gideon Parchomovsky, "Of Property and Antiproperty", *Michigan Law Review* 102(1), 2003.

[7] Christopher J. Berry, "Property and Possession: Two Replies to Locke—Hume and Hegel", *Nomos* 22, 1980.

[8] James M. Buchanan, Yong J. Yoon, "Symmetric Tragedies: Commons and Anticommons", *Journal of Law and Economics* 43(1), 2000.

[9] Guido Calabresi, Douglas Melamed, "Property Rules, Liability Rules, and Inalienability: One View of the Cathedral", *Harvard Law Review* 85(6), 1972.

[10] Yun-Chien Chang, Henry E. Smith, "The Numerus Clausus Principle, Property Customs, and the Emergency of New Property Forms", *Iowa Law Review* 100(6), 2015.

[11] Eric R. Claeys, "Labor, Exclusion, and Flourishing in Property Law", *North Carolina Law Review* 95(2), 2017.

[12] Robert Cooter, David DePianto, "Community versus Market Values of Life", *William & Mary Law Review* 57(3), 2016.

[13]Hanoch Dagan, Michael A. Heller, "The Liberal Commons", *The Yale Law Journal* 110, 2001.

[14] Michael Diamond, "The Meaning and Nature of Property: Homeownership and Shared Equity in the Context of Poverty", *Saint Louis University Public Law Review* 29(1), 2009.

[15]Robert C. Ellickson, "Property in Land", *The Yale Law Journal* 102(6), 1993.

[16]Sheila R. Foster, "Collective Action and the Urban Commons", *Notre Dame Law Review* 87(1), 2011.

[17]Paula A. Franzese, "Privatization and Its Discontents: Common Interest Communities and the Rise of Government for the Nice", *Urban Lawyer* 37(3), 2005.

[18] David D. Friedman, "Does Altruism Produce Efficient Outcomes-Marshall versus Kaldor", *Journal of Legal Studies* 17(1), 1988.

[19]Kevin Gray, "Property in Thin Air", *Cambridge Law Journal* 50(2), 1991.

[20]Garrett Hardin, "The Tragedy of the Commons", *Science* 162(3859), 1968.

[21] Michael A. Heller, "The Tragedy of the Anticommons: A Concise Introduction and Lexicon", *Modern Law Review* 76(1), 2013.

[22] Wesley N. Hohfeld, "Fundamental Legal Conceptions as Applied in Judicial Reasoning", *The Yale Law Journal* 26(8), 1916.

[23] Wayne S. Hyatt, James B. Rhoads, "Concepts of Liability in the Development and Administration of Condominium and Home Owners Associations", *Wake Forest Law Review* 12, 1976.

[24] Wyane S. Hyatt, "Common Interest Communities: Evolution and Reinvention", *John Marshall Law Review* 31(2), 1998.

[25] Larissa Katz, "Governing through Owners: How and Why Formal Private Property Rights Enhance State Power", *University of Pennsylvania Law Review* 160(7), 2012.

[26]Daniel B. Kelly, "The Right to Include", *Emory Law Journal* 63(4),

2014.

[27]Ronald F. King, Ivan Major & Cosmin G. Marian, "Confusions in the Anticommons", *Journal of Politics and Law* 9(7),2016.

[28] John H. Langbein, "The Secret Life of the Trust: The Trust as an Instrument of Commerce", *The Yale Law Journal* 107(1),1997.

[29] Amnon Lehavi, "Concepts of Power: Majority Control and Accountability in Private Legal Organizations", *Virginia Law and Business Review* 8(1),2014.

[30]Amnon Lehavi, "Mixing Property", *Seton Hall Law Review* 38(1), 2008.

[31] Thomas W. Merrill, Henry E. Smith, "Optimal Standardization in the Law of Property: The Numerus Clausus Principle", *The Yale Law Journal* 110 (1),2000.

[32] Thomas W. Merrill, "Anticipatory Remedies for Takings", *Harvard Law Review* 128(6),2015.

[33] Thomas W. Merrill, "Possession as a Natural Right", *New York University Journal of Law and Liberty* 9(2),2015.

[34] Frank I. Michelman, "Ethics, Economics, and the Law of Property", Ethics, Economics, and the Law, Nomos 24, 1982.

[35]Adam Mossoff, "What Is Property? Putting the Pieces Back Together", *Arizona Law Review* 45(2),2003.

[36]Richard A. Posner, "Some Uses and Abuses of Economics in Law", *University of Chicago Law Review* 46(2),1979.

[37]Laura T. Rahe, "The Right to Exclude: Preserving the Autonomy of the Homeowner's Association", *Urban Lawyer* 34(2),2002.

[38]Charles A. Reich, "The New Property", *The Yale Law Journal* 73(5), 1964.

[39] Carol Rose, "Surprising Commons", *Brigham Young University Law Review*, 2014, 2014(6).

[40] Carol Rose, "The Comedy of the Commons: Custom Commerce and Inherently Public Property", *The University of Chicago Law Review*, 1986,

53(3).

[41] Joseph W. Singer, "Property as the Law of Democracy", *Duke Law Journal* 63(6), 2014.

[42] Sara Singleton, Michael Taylor, "Common Property, Collective Action and Community", *Journal Theoretical Politics* 4(3), 1992.

[43] Henry E. Smith, "Semicommon Property Rights and Scattering in the Open Fields", *The Journal of Legal Studies* 29, 2000.

[44] Lior J. Strahilevitz, "The Right to Destroy", *The Yale Law Journal* 114(4), 2005.

[45] David A. Super, "A New New Property", *Columbia Law Review* 113(7), 2013.

[46] Ross Thomas, "Ungating Suburbia: Property Rights, Political Participation, and Common Interest Communities", *Cornell Journal of Law and Public Policy* 22(1), 2012.

[47] Kellen Zale, "Sharing Property", *University of Colorado Law Review* 87(2), 2016.

[48] Peter Westen, "The Empty Idea of Equality", *Harvard Law Review* 95(3), 1982.

[49] Christine Sypnowich, "Law as a Vehicle of Altruism", *Oxford Journal of Legal Studies* 5(2), 1985.

[50] Cass R. Sunstein, "Choosing Not to Choose", *Duke Law Journal* 64(1), 2014.

[51] Lior J. Strahilevitz, "Absolute Preferences and Relative Preferences in Property Law", *University of Pennsylvania Law Review* 160(7), 2012.

[52] Henry E. Smith, "Property as Platform: Coordinating Standards for Technological Innovation", *Journal of Competition Law and Economics* 9(4), 2013.

[53] Joseph W. Singer, "Property Law Conflicts", *Washburn Law Journal* 54(1), 2014.

[54] Amy Sinden, "the Tragedy of the Commons and the Myth of Private Property Solution", *The University of Colorado Law Review* 78(1), 2007.

[55] Carol Rose, "The Several Futures of Property: Of Cyberspace and Folk Tales, Emission Trades and Ecosystems", *Minnesota Law Review*, 1998, 83(1).

[56] Sally B. Richardson, "Privacy and Community Property", *North Carolina Law Review* 95(3), 2017.

[57] Charles A. Reich, "Individual Rights and Social Welfare: The Emerging Legal Issues", *The Yale Law Journal* 74(7), 1965.

[58] Margaret J. Radin, "Property and Personhood", *Stanford Law Review* 34(5), 1982.

[59] Francesco Parisi, Norbert Schulz & Ben Depoorter, "Duality in Property: Commons and Anticommons", *International Review of Law and Economics* 25, 2005.

[60] Stephen R. Miller, "First Principles for Regulating the Sharing Economy", *Harvard Journal on Legislation* 53(1), 2016.

[61] Gillian E. Metzger, "Privatization as Delegation", *Columbia Law Review* 103(6), 2003.

[62] Thomas W. Merrill, "Direct Voting by Property Owners", *University of Chicago Law Review* 77(1), 2010.

[63] Thomas W. Merrill, Henry E. Smith, "Why Restate the Bundle: The Disintegration of the Restatement of Property", *Brooklyn Law Review* 79(2), 2014.

[64] Ethan J. Leib, Stephen R. Galoob, "Fiduciary Political Theory: A Critique", *The Yale Law Journal* 125(7), 2016.

[65] Amnon Lehavi, "Law, Collective Action and Culture Condominium Governance in Comparative Perspective", *Asia Pacific Law Review* 23, 2015.

[66] Paul J. Jr. Larkin, "The Original Understanding of Property in the Constitution", *Marquette Law Review* 100(1), 2016.

[67] Shelly Kreiczer-Levy, "Consumption Property in the Sharing Economy", *Pepperdine Law Review* 43(1), 2015.

[68] David J. Kennedy, "Residential Associations as State Actors: Regulating the Impact of Gated Communities on Nonmembers", *The Yale Law Journal* 105(3), 1995.

[69] Vanessa Katz, "Regulating the Sharing Economy", *Berkeley Technology Law Journal* 30, 2015.

[70] Kenneth L. Karst, "The Freedom of Intimate Association", *The Yale Law Journal* 89(4), 1980.

[71] Wayne S. Hyatt, "Condominium and Home Owner Associations: Formation and Development", *Emory Law Journal* 24, 1975.

[72] Wesley N. Hohfeld, "Some Fundamental Legal Conceptions as Applied in Judicial Reasoning", *TheYale Law Journal* 23(1), 1913.

[73] Michael A. Heller, "The Tragedy of the Anticommons: Property in the Transition from Marx to Markets", *Harvard Law Review* 111(3), 1998.

[74] Michael A. Heller, "The Boundaries of Private Property", *The Yale Law Journal* 108(6), 1999.

[75] A. I. Hallowell, "The Nature and Function of Property as a Social Institution", *Journal of Legal and Political Sociology* 1(3), 1943.

[76] H. Scott Gordon, "The Economic Theory of a Common-Property Resource: The Fishery", *Journal of Political Economy* 62(2), 1954.

[77] Anthony Fressola, "Liberty and Property", *American Philosophical Quarterly* 18(4), 1981.

[78] Tamar Frankel, "Toward Universal Fiduciary Principles", *Queen's Law Journal* 39(2), 2014.

[79] Eugene F. Fama, Michael C. Jensen, "Separation of Ownership and Control", *Journal of Law and Economics* 26(2), 1983.

[80] David C. Drewes, "Putting the Community Back in Common Interest Communities: A Proposal for Participation-Enhancing Procedural Review", *Columbia Law Review* 101(2), 2001.

[81] Harold Demsetz, "Toward a Theory of Property Rights", *The American Economic Review* 57(2), 1967.

[82] Steven P. Croley, "The Majoritarian Difficulty: Elective Judiciaries and the Rule of Law", *University of Chicago Law Review* 62(2), 1995.

[83] Alison Clarke, "Creating New Commons: Recognition of Communal Land Rights Within a Private Property Framework", *Current Legal Problems*,

Annual, 2006.

[84] S. U. Ciriacy-wantrup, Richard C. Bishop, "'Common Property' as a Concept in Natural Resources Policy", *Natural Resources Journal* 15, 1975.

[85] David L. Callies, J. David Breemer, "The Right to Exclude Others From Private Property: A Fundamental Constitutional Right", *Washington University Journal of Law & Policy* 3, 2000.

[86] James M. Buchanan, "An Economic Theory of Clubs", *Economica* 32 (125), 1965.

[87] Sloan Brian, "Adult Social Care and Property Rights", *Oxford Journal of Legal Studies* 36(2), 2016.

[88] Abraham Bell, Gideon Parchomovsky, "Property Lost in Translation", *University of Chicago Law Review* 80(2), 2013.

[89] Abraham Bell, Gideon Parchomovsky, "A Theory of Property", *Cornell Law Review* 90(3), 2005.

[90] Douglas G. Baird, Anthony J. Casey, "No Exit: Withdrawal Rights and the Law of Corporate Reorganizations", *Columbia Law Review* 113(1), 2013.

[91] Terry L. Anderson, P. J. Hill, "The Evolution of Property Rights: A Study of the American West", *Journal of Law and Economics* 18(1), 1975.

[92] Jerry L. Anderson, "Comparative Perspectives on Property Rights: The Right to Exclude", *Journal of Legal Education* 56(1), 2006.

[93] Gregory S. Alexander, "Ownership and Obligations: The Human Flourishing Theory of Property", *Hong Kong Law Journal* 43(2), 2013.

[94] Gregory S. Alexander, Eduardo M. Penalver, "Properties of Community", *Theoretical Inquiries in Law* 10(1), 2009.

[95] Armen A. Alchian, Harold Demsetz, "The Property Right Paradigm", *The Journal of Economic History* 33(1), 1973.

后　记

20 世纪 80 年代中期一直到 90 年代末，我国实行从初中优秀毕业生中选拔进入以培养中小学教师为目标的中等师范的教育政策，我懵懵懂懂之时就成为其中一员，从而导致求学经历比较曲折。一直是工作与学习交叉进行，在从事 5 年中小学教学工作后获得了成人本科教育机会，拿到英语教育本科毕业证。在中学又从事 1 年教学工作后，全脱产考入天津师范大学攻读经济法硕士研究生，有幸成为韩志红老师的硕士开门弟子，顺利取得经济法学硕士学位。在从事高职教育与律师实务 9 年之后，于不惑之年开始在中国人民大学攻读经济法学博士学位，有幸成为刘文华老师的关门弟子。从功利角度，大家都清楚我这个岁数读博已经改变不了什么，所以很多朋友和同学经常问起：你读博的目的是什么？我常笑答：对学习的一种爱好吧，算是一种精神追求。其实是习惯使然，在不断的工作和学习中来保持积极进取的生活态度，努力体验一种丰富多彩的人生。虽说“问道有先后”，但这个年龄读书也容易让人产生自卑感，因为与你同龄或比你小的同学都已经当了博导，而自己还在读博士。不过，自己仍是一名幸运儿，当 90% 的中师生仍扎根于农村基础教育时，我却能将中国各级教育教学（小学、中学、大专、本科和硕士研究生）工作体验一遍。

基于这样的经历，我非常珍惜这一次学习机会，几乎把所有精力都投入博士学习与博士学位论文撰写工作之中,也得到了人大经济法学专业老师们的一致认可。本书就是在我的博士学位论文《论共有私产及其法律治理》基础上修改完善而成。近年来,中国人民大学法学院对博士学位论文有个不成文的要求,即博士学位论文中最好不要再加"致谢",以免答辩未能通过或抽检不合格给自己与被致谢的老师带来尴尬。这对学位论文而言无不是一个缺憾,因为在整个读博过程中离不开前辈、老师、同学和家人的帮助与支持,需要感谢的人太多。在此专著中增加"后记",算是弥补了之前的一个遗憾。

首先要由衷地感谢我敬爱的博士研究生导师刘文华教授。非常非常感谢刘老师给我人大读博的机会,而且是弥足珍贵、令人荣幸的博士关门弟子机会。刘老师的治学精神与对经济法学的热爱深深地影响了我。我每一次去刘老师家拜访,刘老师都直奔主题,探讨经济法学领域各种问题,质疑每一个常识性的观点与认知。博士入学不久,第一次跟刘老师汇报博士选题想法时,刘老师就积极支持我这个选题,但建议我突破传统民商法学思维,结合经济法学的一些理念进行研究。在论文撰写过程中,刘老师对各个部分提出了宝贵的修改建议,让博士学位论文得以顺利撰写完成。在此,对刘老师说一声:谢谢您!

特别感谢史际春老师、徐孟洲老师、吴宏伟老师、王欣新老师、朱大旗老师、李艳芳老师、刘俊海老师、张世明老师、王宗玉老师、孟雁北老师、杨东老师、宋彪老师、姚海放老师、徐阳光老师等。每位老师都在我读博过程中给予了很大帮助,对博士学位论文的修改提出诸多宝贵意见。尤其是朱大旗老师,他带领和指导我参与财税法各种课题的研究,从学习、生活到工作各方面都给予了很多的无私帮助。另外,特别感谢负责我论文答辩的3位校外专家:北京大学刘剑文老师、中国政法大学刘少军老师和李东方老师,以及博士学位论文的匿名评审专家,各位老师都对完善我的博士学位论文提出了诸多宝贵意见。在此,向各位老师道一声:谢谢你们!

特别感谢我的硕士研究生导师韩志红老师,是韩老师带领我踏入学术之路。韩老师高度灵敏的学术嗅觉,对我读博与博士学位论文选题产生了重大影响。"共有私产"是韩老师一直想研究,但却未真正展开的一个领域,我只是在她的指引下踏入这个领域。谢谢您!

特别感谢朱大旗老师将专著纳入"明德经济法学文库"出版,感谢山东华信清算重组集团有限公司提瑞婷董事长对丛书的无私资助。感谢法律出版社沈小英分社长和刘晓萌编辑，没有你们的辛勤付出就不会促成该书的出版。谢谢你们！

感谢同届博士同学董成惠博士、李金鹏博士、李帅博士、王美舒博士、李琳博士、徐瑞阳博士等，能与你们同学是我的荣幸，你们的优秀激励我不敢停下脚步。另外，感谢天津工业大学法学院的各位领导和同事，尤其是肖强院长、尚绪芝副院长、杨鸿雁老师等，谢谢你们的接纳和认可，我会沿着学术之路继续走下去。

最后要感谢家人的支持。感谢我的父母，理解儿子为了事业未能留在二老身边尽孝。在我读博二年级时，二老先后离开了人世，这是我一生中最大最大的遗憾：一方面，在生命最后时刻没能照顾好你们；另一方面，没能和你们分享儿子博士毕业后的喜悦。感谢我的岳父岳母，无论在经济上还是精神上都给予了我全力支持，让我安心读博，顺利完成博士学业。感谢我的妻子李玉芝女士，在我读博期间，你独自撑起了这个家，付出了巨大的辛劳，我的博士学位论文有你一半的功劳。感谢两个懂事的孩子，在缺少我陪伴的三年里，你们依然在各自学业上取得了优异的成绩。

冗长与枯燥的名单也难以对所有曾经帮助和支持过的前辈、老师、同学、朋友和亲人一一道谢，唯有将那份感激珍藏心中。

付大学

2019年3月28日

于锦程嘉苑

图书在版编目(CIP)数据

论共有私产及其法律治理 / 付大学著. -- 北京：法律出版社，2019
(明德经济法学文库 / 朱大旗主编)
ISBN 978 - 7 - 5197 - 3347 - 6

Ⅰ. ①论… Ⅱ. ①付… Ⅲ. ①个人财产－研究－中国 Ⅳ. ①D923.24

中国版本图书馆 CIP 数据核字(2019)第 057826 号

论共有私产及其法律治理
LUN GONGYOU SICHAN JI QI FALÜ ZHILI

付大学 著

策划编辑 沈小英
责任编辑 刘晓萌
装帧设计 李 瞻

出版 法律出版社
总发行 中国法律图书有限公司
经销 新华书店
印刷 北京虎彩文化传播有限公司
责任校对 李景美
责任印制 吕亚莉

编辑统筹 法治与经济出版分社
开本 710 毫米 × 1000 毫米 1/16
印张 15.75
字数 271 千
版本 2019 年 5 月第 1 版
印次 2019 年 5 月第 1 次印刷

法律出版社／北京市丰台区莲花池西里 7 号(100073)
网址／www.lawpress.com.cn
投稿邮箱／info@lawpress.com.cn
举报维权邮箱／jbwq@lawpress.com.cn
销售热线／010 - 83938336
咨询电话／010 - 63939796

中国法律图书有限公司／北京市丰台区莲花池西里 7 号(100073)
全国各地中法图分、子公司销售电话：
统一销售客服／400 - 660 - 6393
第一法律书店／010 - 83938334/8335
西安分公司／029 - 85330678
重庆分公司／023 - 67453036
上海分公司／021 - 62071639/1636
深圳分公司／0755 - 83072995

书号：ISBN 978 - 7 - 5197 - 3347 - 6
定价：76.00 元
(如有缺页或倒装，中国法律图书有限公司负责退换)